Александр СВИЯШ
Юлия СВИЯШ

Советы брачующимся, забракованным и страстно желающим забраковаться

Москва
АСТ • Астрель
2004

УДК 159.9
ББК 88.37
С24

Оформление обложки — дизайн-студия «Дикобраз»

Свияш А.
С24   Советы брачующимся, забракованным и страстно желающим забраковаться / А. Свияш, Ю. Свияш. — М.: ООО «Издательство АСТ»: ООО «Издательство Астрель», 2004. — 340, [12] с.

ISBN 5-17-022645-4 (ООО «Издательство АСТ»)
ISBN 5-271-06175-2 (ООО «Издательство Астрель»)

УДК 159.9
ББК 88.37

Общероссийский классификатор продукции ОК-005-93, том 2;
953000 — книги, брошюры
Санитарно-эпидемиологическое заключение
№ 77.99.02.953.Д.008286.12.02 от 09.12.2002

Подписано в печать 1.12.03.
Формат 84×108$^1/_{32}$. Усл. печ. л. 18,48.
Тираж 70000 экз. Заказ № 2842.

ISBN 5-17-022645-4
(ООО «Издательство АСТ»)
ISBN 5-271-06175-2   © А. Свияш, Ю. Свияш, 2004
(ООО «Издательство Астрель»)   © ООО «Издательство Астрель», 2004

Оглавление

Введение ... 4
Глава 1. Размышления для тех, у кого все впереди ... 12
Зачем люди брачуются? ... 13
Почему любовь зла? ... 33
«Прикиньте» своего любимого ... 52
А как же любовь? ... 63
Уж полночь близится, а Германа все нет... ... 74
Все мы немного самцы и самки ... 94
Как распознать бракофобию? ... 120
Давайте наполнимся позитивом ... 137
Как привлечь любимого ... 156
Лови рыбу там, где она водится ... 184
Не ходите, девки, замуж! ... 190

Глава 2. Размышления для тех, у кого это уже случилось ... 204
Обходите грабли стороной! ... 205
Долой привычные стандарты, или Как смириться с неизбежностью ... 222
Когда ревность забодала ... 228
Сделайте своему любимому подарок ... 250
Зачем люди заводят детей? ... 259
О чем не рекомендуется думать во время беременности ... 270
Ваш ребенок — юный гений ... 284
Секс — когда он не в радость ... 294
Где найти «сильное плечо» амазонке? ... 304
Несколько невыдуманных историй ... 317

Заключение ... 337
Литература ... 342

Введение

> *Когда читаете мои мудрые мысли, старайтесь избавиться от своих — глупых.*
> К. Цивилёв

Учитывая бешеный темп современной жизни, вы, уважаемый читатель, хотите как можно быстрее получить ответ на вопрос:

Для кого эта книга и зачем она нужна?

Ответим сразу на первую часть вопроса.

Эта книга для тех, кому небезразлична личная жизнь.

Простите за каламбур.
Ответим на вторую часть вопроса: зачем она нужна?
Если ваша личная жизнь является поводом для:
- *душевных страданий (периодических или хронических);*
- *сомнений, терзаний, страхов;*
- *печальных размышлений;*
- *постоянной неудовлетворенности;*
- *неоднократных разочарований;*
- *неприятных воспоминаний;*
- *отчаянных попыток с полным фиаско...*

...в этом случае наша книга станет для вас путеводителем в такую личную жизнь, которая будет поводом для:
- *радостных и волнующих моментов;*
- *интересных открытий;*
- *изменения отношений с партнером (или с противоположным полом);*
- *раскрепощенности в общении;*
- *лучшего понимания друг друга;*
- *нахождения общего языка;*
- *совместного творчества и других желанных изменений.*

Ваша личная жизнь сегодня может быть в разных состояниях. Например, в таких:
- *состояние полного отсутствия;*
- *на личном фронте бывают периодические «всплески», которые ничем не оканчиваются;*
- *личная жизнь бьет ключом и подает далеко идущие надежды;*
- *ваша личная жизнь состоялась, но так, что лучше бы ее не было.*

Соответственно, все эти состояния отражены в названии нашей книги.

Брачующиеся — это те счастливцы, кто уже нашел друг друга (или им так кажется), и теперь они стремятся перевести свои отношения в долгосрочные.

Забракованные — это те, кто уже получил свою порцию семейной жизни и теперь находятся в мучительных раздумьях, что с этим делать.

Мечтающие забраковаться — это одинокие мужчины и женщины, находящиеся в состоянии поиска (активного или пассивного) и порой испытывающие душевные страдания из-за отсутствия любимого человека, желающие его отыскать и вступить с ним в брак. Хотим сразу сказать, что слово *брак* у нас не означает исключительно законный, заверенный государством и церковью союз. Это может быть и незарегистрированный брак, то есть просто совместное проживание, без получения «государственной лицензии».

Понятно, что большинство браков заключается в юном возрасте, когда кровь кипит, желания захлестывают разум и кажется, что весь мир лежит у ваших ног. Разве в таком состоянии хоть кого-то интересуют занудные поучения психологов? Конечно, нет. Они будут востребованы потом, лет через пять—десять—двадцать, когда набитые на жизненном пути шишки начнут сильно болеть. И тогда возникнет мысль: «Ну почему же я в свое время не послушал умных людей, не учел чужой опыт? Почему меня не научили тем правилам, по которым должны жить люди? Почему я должен был добывать эти знания сам?»

Так что попытка помочь молодым не совершать ошибок своих родителей сродни попытке продать полушубок людям, парящимся в сауне.

Но тем не менее браки заключаются не только в юности, но и на протяжении всей последующей жизни, так что наши советы могут быть полезны людям самого разного возраста.

Есть еще люди, у которых все хорошо с личной или семейной жизнью, и им не нужны никакие советы. Им, значит, очень повезло. Или они вовсе не интересуются любовными отношениями. То есть это люди либо вполне счастливые, либо больные, либо слишком молодые или слишком старые для подобных развлечений, либо увлеченные другими сферами жизни. Такие бывают, и эта книга не для них.

• Откуда дровишки?

Откуда взялся материал этой книги? Из огромной практики консультирования по вопросам личной и семейной жизни. Оказывается, множество людей повторяют одни и те же ошибки, не делая из них никаких выводов, то есть наступают на одни и те же грабли по много раз. Понятно, что они имеют на это полное право.

Но, с другой стороны, человечество наработало огромный объем знаний о способах, как избежать этих ошибок. Но эти практические знания о закономерностях Жизни не преподаются ни в детском саду, ни в школе, ни в институтах, поэтому каждый человек вынужден добывать их почти заново, набивая шишки.

Вместо этих практических знаний наши головы забиваются с юности информацией типа исторических дат, тригонометрии, высшей математики и другими совершенно бесполезными для реальной жизни сведениями.

В итоге, столкнувшись с непониманием происходящего вокруг, каждый человек пытается, как может, устроить свою личную жизнь. У некоторых счастливчиков это получается, остальные слепо мечутся по жизни, пытаясь достигнуть того неведомого счастья, о котором столь красиво и восторженно пишут поэты и писатели (обычно сами испытывающие огромные сложности в личной жизни).

Здесь мы расскажем о тех несложных закономерностях, которые влияют на жизнь любого человека и которые нужно учитывать на пути к личному счастью. Конечно, вы можете их проигнорировать и идти своим путем, набивая новые шишки и нарабатывая свой личный опыт. Есть же люди, которым нравится испытывать боль. Кажется, они называются мазохисты. Не принадлежите ли и вы к их славному племени? Если нет, то эта книга — для вас.

• Сказки не будет!

Поскольку тема нашей книги весьма и весьма душещипательная, хотим сразу осведомить вас кое о чем.

В такой области, как любовь, семья и личная жизнь, человек больше всего любит сказки. Он ждет, когда кто-нибудь расскажет ему красивую историю о том, что есть все-таки на земле Вечная Любовь. Что ходит где-то по свету ваша половинка, единственная и неповторимая, предназначенная Провидением исключительно для вас. Вам же нужно только найти ее. И настанет вам счастье.

Человеку хочется верить, что все его проблемы проистекают от незнания какого-то великого секрета, откровения. Стоит лишь узнать его, и жизнь преобразится.

Так вот, уважаемые читатели. Сказки не будет. Почему? Не потому что мы не умеем их сочинять. Совсем по другой причине.

Жажда «волшебного секрета», откровения, волшебной палочки, сказки возникает у человека оттого, что он ищет легких путей. Он ждет, что кто-то (или что-то) оградит его от суровой реальности и защитит его (от кого, спрашивается: от самого себя?). Это все проистекает из одного источника: из-за неверия в собственные силы, неверия в возможность самому что-то изменить. Ведь гораздо легче всю жизнь верить в сказку (в половинку, в судьбу и т.д.), чем начать действовать самому. И тогда ваша неудовлетворенность реальностью будет носить оттенок благородного страдания. «Она верила в Большую Любовь, но Судьба была жестока к ней!» Красиво звучит!

Поэтому люди подсознательно, инстинктивно тянутся к личностям, которые говорят, что обладают великим знанием (даром, информацией из Космоса, откровением и т.д.). Человеку, не верящему в свои силы, нужен поводырь, вожак, кумир. Вот примерные (и не всегда осознаваемые) мысли такого человека: *«Я слаб, немощен, обижен жизнью, а ты мудрый, могучий, ты все знаешь. Ты явишь чудо или по крайней мере объяснишь мне, за что я так страдаю. И тогда мне будет легче терпеть, ибо я узнаю, во имя чего»*.

Так вот, уважаемые читатели. Ничего подобного в этой книге не будет. Душещипательную тему мы разложим по полочкам и будем препарировать. У вас не будет другого вожака и поводыря, кроме вас самих. Нет никого, кто отвечал бы за вашу жизнь, кроме вас. И сказку вы можете сотворить только своими руками (хотя так думать непривычно).

Если это вас не устроит — читайте романтические опусы и пребывайте там, где вы находитесь. Зато у вас будет красивая сказка. Правда, не в вашей жизни, но это не важно. Главное, что вам не надо ничего делать.

Поэтому мы заранее приносим извинения тем восторженным и романтическим читателям, которые могут испытать душевный дискомфорт, читая рассуждения, например, о внутренних механизмах любви и отношений. Авторы — не циники, мы всего лишь выступаем как исследователи, которые вскрывают внутренние механизмы тех сторон нашей жизни, которые мы привыкли украшать бантиками и обрамлять в красивые слова. А потом страдать от того, что действительность не совпала с этими грезами. Если вы будете сильно нервничать и сердиться, то лучше не читайте, поберегите свои нервные клетки. Эта книга предназначена людям, которые еще сохранили способность рассуждать здраво. Мы не будем льстить вам и поощрять ваши грезы. Мы покажем Жизнь, какая она есть в реальности.

• Почему мы обращаемся в первую очередь к женщинам

Читателю может показаться, что авторы видят корни всех проблем в женщинах, в их несовершенствах и вредном характере. И поэтому адресуют свои советы только им. Хотим сразу сказать, что это не так (впрочем, если вы подумаете, что это все равно так, думайте на здоровье).

Дело в том, что с проблемами личной жизни к консультантам и психотерапевтам обращаются в основном женщины. На семейную жизнь жалуются тоже в основном женщины. А, как известно, кто жалуется, тот и болен, тому и надо помогать. Если бы мужчины страдали в той же степени, они обращались бы за помощью. Но поскольку мужчины в основном молчат (хотя это не значит, что им совсем хорошо), разговаривать будем с теми, кто готов поддержать разговор.

Поэтому и примеры будут приводиться преимущественно из жизни женщин.

Но это вовсе не значит, что мужчинам эти советы не нужны или не годятся. ВСЕ изложенное в этой книге относится в равной степени как к мужчинам, так и к женщинам (к юношам и девушкам тоже). А если где-то встречаются различия, так мы будем упоминать об этом прямо в тексте.

• *Здесь использованы идеи Разумной жизни*

Эта книга не является очередным набором рекомендаций психологов, вытекающих из рассмотрения конкретных случаев. Мы пробуем копать глубже — мы хотим дать вам инструменты, которые вы сами примените в своей жизни.

Эта методика получала название «методики Разумной (осознанной) жизни», и она описана в других книгах [1—11]. Там подробно рассмотрено, каким образом люди могут создавать себе проблемы в любой сфере жизни и как от них можно самостоятельно избавиться, то есть перейти в состояние внутренней гармонии и добиться успеха на пути к желанным целям.

Здесь мы рассмотрим, каким образом эта методика может быть применена к такой важной части нашей жизни, как любовь и семья. То есть здесь мы расскажем о тех моментах методики, без которых невозможно обойтись при изложении материала, не вдаваясь в ее подробности. Если вас заинтересует, как можно с помощью предлагаемого подхода найти себе работу, восстановить бизнес или здоровье, отношения с детьми, родителями и сотрудниками и т.д., рекомендуем обратиться к этим книгам.

В настоящей же книге вы встретите рекомендации, которые позволят вам использовать те возможности, которые заложены в вас от рождения. Если вы думаете, что их у вас нет, вы ошибаетесь. Они есть в каждом человеке. Просто мало кто умеет ими пользоваться с пользой для себя. Если же люди сами себе создают неприятности, то это бывает не со зла или по глупости, а просто от незнания тех правил, которые влияют на нашу жизнь.

Если же вы перестанете нарушать эти правила, то в вашей жизни начнут происходить чудеса. Ваши желания станут исполняться самым чудесным образом, то есть вы станете домашним волшебником.

Кто будет исполнять ваши желания? Это будете вы сами в своем высшем проявлении. Мы же будем называть этого «исполнителя» просто Жизнь с большой буквы. А вы можете сами придумать, кто именно стоит за этим словом — в соответствии с вашим мировоззрением.

Вот, собственно, и все. Желаем вам получить настоящее удовольствие и извлечь реальную пользу из того, что вы здесь прочтете.

На этой оптимистической ноте мы заканчиваем введение в нашу книгу и отважившихся ее прочесть приглашаем с собой.

Глава 1
Размышления для тех, у кого все впереди

Эта книга разделена на две части. В первой части мы хотим поговорить с теми, кто только еще собирается в загс (под венец). Причем независимо от того, являетесь ли вы счастливым обладателем партнера для построения семейной жизни или только испытываете страстное желание обрести его. Здесь мы хотим рассказать о том, что может ожидать вас на этом пути.

Вторая часть книги предназначена для тех, кто создал семью и еще пребывает в счастливой эйфории (или уже не пребывает). Эйфория — это чувство. Хорошее чувство. Но чувства — вещь крайне переменчивая. Это не мы придумали. Такова жизнь.

И если вы только что вступили в брак, то, видимо, рассчитываете на долгую и счастливую совместную жизнь. Здесь мы тоже дадим некоторые рекомендации, которые позволят вашим надеждам быть более основательными.

Но это будет потом, а сейчас давайте поговорим о том, зачем люди вообще вступают в брак. На первый взгляд этот вопрос кажется странным. И все же... Поступок-то серьезный. А любой серьезный поступок должен быть осознанным. Чего у основной массы брачующихся не наблюдается даже в отдалении.

Зачем люди брачуются?

> *Замуж, как в магазин,*
> *хоть один раз,*
> *но сходить надо.*
> *Женская аксиома*

Действительно, зачем люди вступают в брак? Является ли этот процесс естественным и необходимым или это очередной миф, внушенный нам неизвестно кем и непонятно зачем? А все мы его старательно воплощаем в жизнь. Понятно, что у каждого человека существует свое мнение по этому вопросу, но все мнения, наверное, можно разделить на несколько типичных групп. Мы это сделаем, но чуть позже, а сейчас давайте ответим на простой вопрос.

• Простой вопрос

А вопрос следующий: что будет сделано с предприятием, если более половины выпускаемой им продукции уходит в отходы, то есть в брак? Наверное, у вас уже готов ответ: такое предприятие обанкротится и его закроют. Видимо, им неправильно управляют или оно неправильно устроено, поскольку выпускает некачественную продукцию.

Наверное, в большинстве случаев так и бывает, но не всегда. Наша система бракосочетаний выпускает «продукцию»: семейные пары. Больше половины из них затем расходится. Да и те, кто не развелся, очень редко ведут такую семейную жизнь, которая бы их полностью устраивала и служила объектом зависти для других. Ну а уж тех, кто хоть раз не раскаивался бы в сделанном выборе, вообще единицы. Просто посмотрите: много ли наберется в вашем окружении пар, которые уже не один год живут вместе в полной гармонии под всеобщее ликование ближних? Посмотрите на ваших родителей, соседей, коллег, друзей. Вы таких знаете? Похоже, их пора заносить в Красную книгу.

~~~~~~~~~~~~~~~~~~~~~~~~~~~~ *Умная мысль*

> *Единственная причина продолжительности браков — свойственное человеку нежелание признавать совершенный когда-то просчет.*
>
> *Сардоникус*

Значит, сам институт семьи и брака имеет в своей основе какие-то дефекты, которые приводят к выпуску такого количества бракованной (то есть некачественной) продукции.

Но, скорее всего, институт брака тут ни при чем. Ведь загс только дает людям возможность узаконить свои отношения (интересно звучит: «узаконить отношения»), если они этого хотят. На этом кончается его ответственность. Далее штурвал управления переходит в руки молодоженов. И тут начинается самое интересное...

Но, невзирая ни на что, миллионы людей вновь и вновь стремятся создать семейную пару. Для некоторых людей «семейное гнездо» является единственной мечтой, которая, как им видится, должна принести неземное счастье.

Какие же мотивы движут людьми на этом пути?

• Счастье с любимым человеком

Почти каждый вступающий в брак человек декларирует одну цель: *«Я хочу жить вместе с любимым и близким мне человеком, с которым мне хорошо, который меня любит и понимает».*

И действительно, на этапе создания семьи большинство пар (за редким исключением) испытывает именно такие чувства. А чувства — вещь переменчивая. Как погода. И это реальность. (Предвидим благородное возмущение некоторых читателей. Конечно, вы — исключение. У вас все по-другому.)

На самом же деле, кроме любви (или влюбленности), существует еще много причин, чтобы вступить в брак. Но поскольку любовь заслоняет собой все, на первом этапе они даже не осознаются. А начинают осознаваться потом.

И тогда один из супругов (или оба) начинает руководствоваться совсем другими (более глубинными) целями, которые несколько расходятся с заявленными выше. Именно поэтому прочными и долговечными семейными парами являются те, где супруги действительно хотят жить с близким по духу и любимым человеком, получать от этого удовольствие и где они готовы уступить и простить любимому человеку некоторые его недостатки. Но таких пар, как показывает жизнь, всего 3—5% из всех брачующихся. Все остальные либо расходятся, либо сосуществуют вместе в силу обстоятельств, которые не позволяют им разойтись (маленькие дети, отсутствие денег или свободного жилья и т.д.). Но, даже получив негативный опыт совместной жизни, многие люди вновь и вновь хотят вступить в брак. Особенно сильно эта тяга проявляется у женщин — более половины всех обращений к психологам так или иначе связано с вопросом замужества или устройства личной жизни. Вот типичный пример такого обращения.

«Уважаемый Александр Григорьевич! Ваши книги читаю уже давно, многое получается. Спасибо. В чем-то преуспела. Но есть одна проблема, которая, видимо, слишком сложна для меня, чтобы решить ее самостоятельно. Дело в том, что я уже 10 лет одна (все это время работаю над собой, и кажется, решение проблемы слишком затянулось). Мне 37 лет. Два раза была замужем, но это было так давно, что уже успела забыть — как это. У меня две дочери, вместе нам очень хорошо и комфортно. Меня беспокоит то, что я одна. Мне очень не хватает близкого человека. Но в то же время я, видимо, боюсь разрушить тот мир в нашей

семье, который создан. Я вижу интерес к себе со стороны мужчин. Мне нужен мужчина. Пытаюсь понять — ДЛЯ ЧЕГО? Для душевного комфорта, для сотрудничества, для секса. Хочется любить и быть любимой. Кажется, все просто. Но вот не просто. Панический страх каких бы то ни было отношений. За эти 10 лет было много мужчин, и ни одного более 2—3 месяцев, причем отношения рву сама, любые привязки меня тяготят и пугают. Иногда кажется, что надо просто найти постоянного любовника и успокоиться. Но и это не получается. Даже такие, казалось бы, ни к чему не обязывающие отношения меня тяготят. Отсутствие любимого человека тяготит еще больше...»

Как видим, автор письма сама пробует провести анализ того, зачем ей нужен мужчина. Понятно, что за годы одинокой жизни у нее уже выработалось ощущение своей полной независимости, и она панически боится попасть под чье-то влияние, но тем не менее бессознательно стремится выйти замуж. Но далеко не все женщины (или мужчины) в стремлении к браку задумываются о своих истинных желаниях.

Тем не менее любовь в явном, классическом виде далеко не всегда присутствует даже на стадии замужества или женитьбы. Или она принимает самые причудливые формы. Например, такие.

«...Меня любят трое, теперь я понимаю, что во многом сама виновата (надо было просто не допускать троих сразу в свою жизнь, но теперь уже поздно каяться, теперь я пытаюсь найти выход). Все трое мне нравятся, и я не знаю, на каком остановиться, кого выбрать. Выберешь одного, значит, другим сделаешь больно, хотя я ни кому из них надежды на совместную жизнь не даю. Я всегда спрашиваю себя: уж не «посланы» ли они мне, чтобы я научилась быть твердой и принимать решения? Но именно это решение труднее всего и найти. Я уже им желала да и говорила, чтобы они нашли с другой свое счастье, но они хотят оставаться мне верными и о других даже не помышляют...»

Что, здесь тоже любовь? Но уже сразу к троим мужчинам? Ведь автор этого письма готова выбрать любого из троих, лишь бы они не заставляли ее делать мучительный для нее выбор. Будет ли подобный выбор, если она его все же сделает, выбором по любви? Скорее всего, нет, со всеми вытекающими последствиями.

Поэтому можно смело утверждать, что пламенная любовь к одному любимому (одной любимой) — далеко не единственный мотив выхода замуж (или женитьбы). Какие же еще мотивы могут лежать в основе такого поступка, обычно имеющего очень долговременные последствия? Давайте рассмотрим их по порядку. А вы, уважаемый читатель, попытайтесь понять, что из этих рассуждений относится к вашей жизни, независимо от того, находитесь вы сейчас в браке или нет. Ничто не вечно под Луной. Итак, первая, и самая распространенная в прежние времена, причина вступления в брак — это удобство совместного выживания.

• Вместе легче жить

Как все мы помним из школьного курса истории Древнего мира, первобытные мужчина и женщина стали жить вместе потому, что так было удобнее выживать в мире, полном опасностей и лишений. Мужчина брал на себя функцию защиты и добычи пищи, женщина занималась домашним хозяйством и воспитывала детей, которые обычно возникали в результате такого разделения труда. Можно ли сказать, что в основе создания семейных пар лежала только любовь? Конечно нет, поскольку выбор был ограничен свободными обитателями своего племени или рода, имеющими равное положение в обществе. Стерпится — слюбится, говорили люди, и действительно, само по себе совместное проживание часто приводит к тому, что мы называем любовью. Это имело место и тысячи лет назад, имеет место и сегодня. В литературе много раз описаны случаи, когда в силу каких-то обстоятельств совершенно незнакомые друг другу мужчина и женщина вынуждены были проводить определенное время вместе, и в итоге у них возникала любовь. Да и в нашей жизни где чаще всего возникают влюбленности? На работе или в компаниях, то есть там, где люди проводят вместе большую часть своего времени.

Совместное проживание с целью решения материальных проблем (получение жилплощади, финансовой поддержки и т.д.) и сегодня — один из самых важных мотивов, по которым люди вступают в брак. Это называется «брак по расчету», и хотя принято скрывать этот мотив, важно самому осознавать, что именно он явился основным при выборе «любимого» (или «любимой»), и не впадать в переживания по поводу того, что у вас нет страстной любви. Вы просто не учли ее при своих расчетах.

«Брак по расчету» — это ни хорошо, ни плохо. Важно то, что вы из него сумеете сделать. Многие люди вполне довольны таким браком, многие несчастливы. Так что все зависит от вас.

• Внешние программы

Многие люди очень подвержены внешним влияниям — они верят тому, что говорят им окружающие. А если вы поверили кому-то, то у вас в подсознании сформировалась программа, которую вы затем начинаете отрабатывать. Такие программы могут влиять на ваше здоровье и поведение, в том числе на процесс замужества. Приведем пример из письма.

«...Когда я познакомилась со своим будущим мужем, я ужаснулась, что мне придется за него выйти замуж (мне его предсказал астролог за два года до знакомства). Во время встреч с ним мы все время ругались, но я с ним всегда мирилась первая, даже если считала, что он виноват. Решение расстаться с ним я все время откладывала до следующего праздника (скорее всего, чтобы не

сделать больно ему). Вскоре я забеременела, и мы поженились...»

Как видите, автор письма прекрасно понимала, какая семейная жизнь ждет ее впереди, но не сделала ни одного шага, чтобы избежать этого. Одна из причин этого — внешняя программа со стороны астролога. Он давно забыл о своем предсказании, а мнительная девушка вынуждена его исполнять.

Конечно, вы имеете полное право поступить и так, но зачем тогда потом жаловаться на свою судьбу? Это был ваш выбор (правда, неосознанный), и теперь вы пожинаете его плоды.

• Общественное мнение

Ей стыдно быть одной, когда ей уже — какой ужас! — двадцать три года. Или двадцать пять. Или тридцать, что совсем ужасно. Каждый год прибавляет спешки. Ее очень тревожит то, что скажут о ней люди. Ей невыносимо видеть их сочувственные взгляды, слышать ободряющие слова. Ей кажется, что все поведение окружающих свидетельствует о том, что она — неудачница, бедняжка, у нее не сложилась жизнь, и ее очень раздражает это.

И она решает: «Я — не неудачница!», делает стремительный рывок и выходит замуж. Все равно за кого, лишь бы уесть всех этих лицемеров и не давать им повода для пересудов. В итоге получается, что она жертвует своей жизнью лишь затем, чтобы соответствовать общественному мнению, не давать окружающим повода для разговоров и сочувствия. Ведь когда она выходит замуж любой ценой, у нее не остается времени и возможностей для выбора. Она хватает первого попавшегося под руку мужчину (даже если она не нашла в нем ничего хорошего). Естественно, трудно ожидать хорошей и счастливой семейной жизни при таком браке. Она сделала свой странный выбор и теперь пожинает его плоды.

Анекдот в тему

> *Мать разговаривает с дочерью:*
> *— Вот выйдешь замуж, дочка, тогда поймешь, что такое счастье!*
> *— Да?*
> *— Да, но будет уже поздно!*

Этот вариант брака подходит под ранее рассмотренную категорию «внешние программы», но особенностью данного случая является то, что нет конкретного человека (гадалки, ясновидящего, астролога и т.д.), который внушил вам какую-то программу. А просто есть устоявшееся общественное мнение о том, что человек после 25—30 лет обязательно должен жить в семье. А если у него так не получается, то это человек несчастный, который достоин сочувствия и сожаления. Хотя такое отношение может совершенно не соответствовать реальным обстоятельствам его жизни — у него могут быть друзья, увлечения, деньги, секс, прекрасная работа и т.д. Но, невзирая на все это, люди будут смотреть на него и сочувственно кивать головой: вот ведь жизнь не сложилась у человека! Хотя у них самих она может в браке так сложиться, что впору бежать от нее хоть на край земли. Но главное — «чтоб было»!

Сегодня этот стандарт звучит так: *«Иметь семью — это показатель успешности, социальной реализованности, семья снова в моде, семья — часть полноценной, здоровой жизни нормального человека»*. Звучит это красиво, как рекламный слоган. И, как многие рекламные слоганы, заставляет человека чувствовать свою неполноценность, пока рекламируемый товар не приобретен.

Наверное, в эту же категорию относятся браки «по залету», когда влюбленные (или просто юноша и девушка, обоюдно интересующиеся сексом) не соблюли мер предосторожности и неожиданно (!) наступила беременность. И хотя любви здесь может и не быть, мужчина, как «порядочный человек», должен жениться на забеременевшей от него особе. Довольно часто это происходит против его воли, и результат совместной жизни будет соответствующий.

Вот еще один вариант:

— *Мама и папа, мы с Борисом попробуем пожить вместе...*

— *Никаких гражданских браков! Ишь, чего выдумали! Нечего блуд разводить! В загс!*

Знакомо? Конечно, этот вариант создания семьи все больше уходит в прошлое, но он еще далеко не изжил себя.

Весьма часто можно встретить программу, которую закладывают родители своим дочерям: «Первый мужчина должен стать единственным на всю жизнь». И хотя в основном дочери успешно игнорируют эту заповедь, прецеденты все же случались и случаются до сих пор.

По-иному преувеличение значения общественного мнения может проявиться у мужчин, особенно обеспеченных. Желание любой ценой соответствовать общественному мнению приводит к тому, что они выбирают себе жену, как породистую лошадь — по статям. Не имеет значение, есть ли у нее ум, какое у нее образование, характер, пристрастия, увлечения — она должна выглядеть так, чтобы ее не стыдно было показать важным людям. Но красивая внешность не всегда сочетается с большим умом и покладистым характером, и ему нередко приходится потом жалеть о выборе, сделанном лишь в угоду общественному мнению и своему тщеславию.

Нужно сказать, что общество иногда буквально навязывает людям, с кем им можно и с кем нельзя вступать в брак. Вспомним всем известный шлягер: «Все могут короли... жениться по любви не может ни один, ни один король». И такие ограничения в выборе партнера по браку имеют не только короли, но и множество других людей. Например, общество (семья, родственники, знакомые, религиозные деятели и т.д.) может требовать от вас, чтобы брак заключался только с партнером из своего сословия, статуса (дворяне с дворянами, крестьяне с крестьянами и т.д.), своей национальности, своей религии и т.д. Понятно, что в условиях таких ограничений не приходится говорить о совершенно свободном браке двух любящих друг друга людей — здесь хоть с кем-нибудь вступить бы в брак. То есть люди жертвуют своим потенциальным счастьем в угоду общественному мнению.

• Подчинение чужой воле

«И тогда мама сказала: вот жених для тебя хороший. Выходи за него».

Вы думаете, это цитата из книги позапрошлого века? Ничего подобного, и сегодня такая практика встречается. Авторитарные родители, воспитав инфантильную дочь, которая до пенсии будет беспомощной девочкой, а иногда, просто заботясь о «счастье дочери», сами выдают ее замуж за приглянувшегося им жениха. Довольно часто ничего хорошего из этого не получается — вот пример из письма, где приводится подобная ситуация.

«...Через четыре года — новое замужество. Теперь понимаю, что не хотела этого. Пошла на поводу у мамы: «Такой парень! Он тебя любит». А я?.. Глупо, конечно. Но тогда казалось естественно. Пусть лучше он меня любит, а я всегда сумею быть благодарной. Но в результате он забывает меня взять в загс. Просто приехал за мной, вышел с гостями, а я осталась в квартире с родителями. Первое желание было — закрыть дверь и никуда не идти. Но... Гости, все готово. Осадок остался, хотя никогда никому не рассказала об этом. Обернула в шутку. Начали жить...»

Подобные браки существуют долго в том случае, когда оба супруга очень заняты — жена воспитывает множество детей, муж с утра до вечера занят на работе, чтобы их прокормить. У них просто нет времени и сил на то, чтобы разобраться в своих чувствах и желаниях. Понятно, что о сильной или еще какой-то любви тут говорить не приходится, это просто способ совместного выживания.

Но мы описали крайний случай, когда родители оказывают прямое влияние на выбор ребенком супруга. Гораздо чаще родители оказывают косвенное воздействие. Вам знакома ситуация, когда мама или папа запрещают встречаться с «неподходящим» женихом (невестой) или поощряют отношения с «подходящим»? Как говорится, сплошь и рядом.

«Я просто не могу найти парня, который нравился бы моим родителям, — жалуется Алина Т. — Не то чтобы они мне запрещают встречаться, но просто создают такие условия, когда отношения становятся «подпольными»: в дом не приводи, по телефону долго не говори, замуж за него — через наш труп и т.д. Ну кто это выдержит?»

• И пучина страсти поглотила их...

«Почему я вышла замуж за Андрея? — рассуждает Ирина С. — У нас был такой яркий секс... До него ни с кем из мужчин у меня ничего подобного не было».

Ну чем не повод для замужества? Кстати, многие мужчины и женщины соглашаются, что одна из причин создания семьи — возможность иметь устраивающего их постоянного сексуального партнера. В этом нет ничего плохого. Когда людей объединяет секс, это все же лучше, чем когда их совсем ничего не объединяет.

Просто нужно отдавать себе отчет в двух моментах. Первое: что у вас останется, если вдруг секс как объединяющее начало отойдет на второй план (или, не дай бог, вообще отойдет?). И второе: любой, даже самый яркий секс имеет свойство блекнуть со временем. И для того чтобы он продолжал фонтанировать, потребуются усилия, не исключено, что обоюдные.

Вот и все. Продолжайте наслаждаться.

• Жалость к хорошему человеку

«Теперь я понимаю, что Женя меня «измором» взял. Он был давно влюблен в меня. Смотрел восхищенными глазами. И потом, мы уже так долго встречались... Однажды я попыталась «увильнуть», но он даже заболел. Сказал, что без меня жить ему незачем. Он даже не просил моей любви. Мне достаточно было просто быть рядом. Я долго думала, сомневалась... А потом решила: ну кто еще будет меня так любить? Он же пылинки с меня сдувал... Он и сейчас хороший, но меня все в нем раздражает. Как он ходит, как он ест, как он говорит...»

Вот и еще одна причина, по которой люди иногда вступают в брак. Жалость. Сострадание. Милосердие к ближнему. Хорошему, влюбленному, несчастному. Вам нестерпимо быть источником страданий для другого, лучше страдать самому.

Что происходит при наличии такого внутреннего убеждения? Понятно, что ничего хорошего. Вас любит кто-то, а вы не испытываете к нему никаких взаимных чувств. Но этот влюбленный в вас человек очень хочет быть вместе и сильно страдает от того, что вы обращаете на него мало внимания. Возможно даже, что он делает попытки что-то сделать с собой, лишь бы добиться вашего внимания. Вы полны к нему жалости, сочувствия, сострадания. И через некоторое время вы из жалости (человек ведь так мучается!) начинаете отвечать на его знаки внимания, а затем и даете согласие на брак. И хотя никакой любви с вашей стороны нет, вы идете под венец в надежде, что «стерпится-слюбится», что «лучше пусть любят безответно меня, чем буду любить безответно я», и т.д.

Это вполне нормальный мотив для вступления в брак, просто нужно понимать, что вряд ли вам можно будет рассчитывать на большую и пламенную взаимную любовь с этим человеком, и не испытывать никаких переживаний по этому поводу. Кроме того, нужно понимать, что в один прекрасный момент ему может надоесть доказывать вам свою любовь. Он просто устанет. Ведь бывает же такое?

Другой вариант: вы жертвуете собой, выходя замуж за нелюбимого, но обеспеченного мужчину, и тем самым спасаете свою семью от бедности, разорения или получаете тем самым средства для лечения родителя (родственника). Или другой вариант: вы встречаете очень увлеченного наукой (искусством, литературой и т.д.) мужчину и видите, что ему нужна заботливая женская рука. Понятно, что от такого фанатика своего дела трудно ожидать ответных чувств или традиционного проявления внимания, он этого просто не умеет. Но вам его очень жалко, и вы решаете посвятить свою жизнь служению ему и его идее. Таких женщин история знает немало.

Бывает еще один вариант брака по мотивам жертвенности. Он происходит из женской жалости, желания защитить и помочь слабому и обиженному существу, то есть в данном случае мужчине. Порой женщины «подбирают» хронических неудачников, спившихся, опустившихся или вышедших из заключения и потому не умеющих адаптироваться к жизни мужчин и связывают с ними свою жизнь в надежде дать им то, чего они лишены. То есть внимание, заботу, уют и многое другое. Понятно, что здесь имеет место попытка исправить кажущуюся несправедливость Жизни, поэтому она редко заканчивается благополучно, особенно если вы ожидаете, что ваш любимый должен быть вам благодарен за ваш странный выбор.

Каждый человек имеет право сделать любой поступок, в том числе выйти замуж (или жениться) из жалости или милосердия. Понятно, что традиционной взаимной и пламенной любви здесь ожидать не приходится, зато можно получить другие радости. А пламенную страсть вы будете испытывать либо вне брака, либо в следующей жизни. Вы сами это создали, так что принимайте свой выбор.

- **Обмен**

Иногда люди вступают в брак в порядке взаимного обмена. Самый распространенный — я выхожу за тебя замуж (или женюсь), но за это ты даешь мне деньги (связи, другой уровень жизни, выход в другие сферы общества, возможность служебного или творческого роста и т.д.). Более сложный вариант — это вынужденный брак, например в обмен на обещание молчать о каком-то прегрешении. Конечно, это должно быть серьезное деяние, если человек готов пожертвовать всей жизнью в ответ на молчание, но бывает и так.

В общем, люди договариваются, что в результате брака каждый и них что-то приобретает. Все это может перемежаться красивыми словами о любви, но в целом участники процесса прекрасно понимают, что настоящей любовью здесь и не пахнет. Ну и что? Это нормальный процесс создания семьи, важно только не забывать о нем и не предъявлять позже претензии партнеру об отсутствии у него пылких чувств. Да откуда бы им взяться при таком раскладе?

- **Страх одиночества**

Еще одна значимая идея, которая толпами гонит людей в загс, это страх перед неизвестным будущим. Страх порождает желание человека контролировать все вокруг себя, в том числе свое будущее. А поскольку будущее никому не известно (мы творим его в каждый момент сами), то у «контролера» возникает нестерпимое желание обеспечить себе безопасность в будущем — например, путем замужества.

То есть реальная причина выхода замуж — всего лишь страх одиночества (вдруг я никогда не выйду замуж?), страх перед одинокой и больной старостью, в которой «некому стакан воды будет подать» и т.д. В той или иной мере эти страхи присущи всем людям, но некоторых они могут заставить совершить абсолютно необдуманные поступки, в том числе выйти замуж за кого попало — лишь бы был. И затем с огорчением убедиться, что вас угораздило выйти замуж за того человека, от которого можно меньше всего ожидать, что он подаст вам стакан воды в старости — скорее отберет последнее.

Именно так Жизнь реализует ваш необычный заказ — ведь ваши многочисленные страхи и являются тем самым мысленным «заказом», который она постарается исполнить. И дать вам все то, что вы желали получить в ваших страхах. Тем самым она даст вам урок того, что для спокойной старости нужно не копить деньги или запасаться мужьями или детьми, а иметь позитивные мысли в голове и доверять Жизни. К сожалению, как раз с этим у большинства людей имеются большие трудности.

- *Закрепить за собой свое имущество. Пока не отняли*

Еще одна форма контроля окружающего мира проявляется тогда, когда у вас есть горячо любимый вами человек. Ваша любовь взаимна, вам хорошо, но в душе поселился червь сомнения: «А как долго будет все это длиться? А вдруг мой любимый уйдет куда-то (кто-то его отнимет) и мое счастье разрушится? Я этого не переживу!» И на всякий случай вы тащите своего любимого (или любимую) в загс, чтобы документально подтвердить свои права на него. У вас появляется штамп в паспорте, и вы немного успокаиваетесь: ваше имущество «оприходовано», теперь оно никуда не денется. И хотя умом вы понимаете, что половина браков распадается и штамп в паспорте мало кого останавливает на пути к свободе, особенно если любовь проходит, все же вы хотите закрепить свои права на любимого. На всякий случай. Так спокойнее. Иногда для этого используется и церковь — любимого тащат в церковь для совершения обряда венчания, тогда наброшенная на него узда будет еще более жесткой (опять возможен вздох возмущения). И вам будет спокойней.

Этот вариант брака является более или менее удачным, поскольку создается семья из близких и любящих друг друга людей. Но если стремление к контролю будущего все же продолжает подбрасывать вам мысли о ненадежности всех земных связей и вы испытываете страх перед тем, насколько прочным окажется ваш брак, то рано или поздно ваши страхи реализуются. Ведь любой страх есть высокоэнергетический посыл к Жизни, в котором записано, чего вы хотите получить (даже не желая этого сознательно). Так что нужно научиться доверять себе, Жизни и любимому, иначе вы сами сформируете нежелательное для вас событие.

- *Уязвленное самолюбие*

Следующий нередкий мотив выхода замуж (или женитьбы) — назло кому-то. Вы любили какого-то человека, а он не ответил вам взаимностью или сделал другой выбор. Эта ситуация встречается очень часто. Вас отвергли, у вас взыграла гордыня, и вы совершаете необдуманные поступки «назло» любимому (любимой), хотя он (она) может и не подозревать об истинных мотивах вашего поведения. То есть вы подхватываете ближайшего мужчину (или женщину) и галопом несетесь в загс. Он (она) может догадываться или не догадываться об истинных причинах вашего выбора — вам это все равно. Вы в запале, вы погружены в свои переживания, и все происходящее вокруг вас воспринимается как бы издалека, в нереальности. А потом, когда запал проходит, вы вдруг понимаете, что живете с совершенно чужим и неинтересным вам человеком, но разойтись вы не можете, поскольку уже появились дети, нажито имущество, налажен быт и т.д.

Подобные случаи настолько часты, что стали темой для многих песен и литературных произведений. Сначала человек в запале совершает поступок (вступает в брак), а потом долгие годы пожинает плоды этого минутного затмения разума.

> **Умная мысль**
>
> *Женщины, обманутые мужчинами, стараются женить их на себе. Это своего рода месть, столь же действенная, как и всякая другая.*

• Отсутствие смысла жизни

Еще одна причина вступления в брак — отсутствие смысла существования без мужа и детей. Человек создан для полета души, радости, развития, созидания, самореализации. Но многие люди все это сводят только к рождению и воспитанию детей, после чего считают, что их земная миссия на этом закончена. Соответственно, такому человеку нужно выйти замуж (или жениться) любой ценой, поскольку иначе жизнь теряет всякий смысл. Поскольку есть спрос, возникает и предложение. На помощь приходят разного рода свахи, брачные агентства, родственники и знакомые и т.д. — лишь бы помочь человеку обрести смысл существования, который в этом случае сводится лишь к продолжению рода и обустройству гнезда, поскольку никакие другие аспекты жизни человеком не востребованы.

«Мне обязательно нужна семья. А иначе зачем я тогда родилась женщиной?» — спрашивает саму себя Елена К., которая хочет развестись с супругом, но не может, потому что новой кандидатуры в мужья у нее нет.— *Что я буду делать одна? Для чего жить? Я так не могу!»*

Остаться на какое-то время одной — это значит быть предоставленной самой себе и неизбежно столкнуться с внутренней пустотой. Пустотой, которая отчаянно требует заполнения внешними событиями.

• Авантюризм

Наверное, существует еще множество разных мотивов, по которым люди стремятся выйти замуж или жениться. Например, желание испытать новые, острые ощущения. Или съездить в другую страну. Или попасть в другой слой общества. Или заработать денег при разводе. Или что-то еще, что в целом можно охарактеризовать словом «авантюризм». О высокой любви и светлых чувствах тут особо говорить не приходится, поскольку брак в этом случае рассматривается как сделка, в которой одна сторона продает себя в обмен на какие-то желанные блага. Вторая сторона обычно находится в состоянии любовного оглупления (пардон) и не понимает истинных мотивов происходящего. Очень редко бывают браки, выгодные обеим сторонам, но супруги не испытывают особых чувств друг к другу. Это браки членов монархических семей, кино- и поп-звезд и т.д.

Понятно, что если вы вышли замуж или женились по этим мотивам, то вам не нужно ожидать пылкой любви, верности или полного взаимопонимания от партнера по семейной жизни. То есть нужно осознанно пожинать плоды того, что вы сами же и посеяли.

Кроме того, нужно заметить, что редко кто из читателей найдет у себя только один явно выраженный мотив вступления в брак. Обычно таких скрытых мотивов бывает несколько, и все они замазаны чувством влюбленности. Но это ничего не меняет, поскольку влюбленность довольно быстро проходит, и начинают преобладать истинные причины вступления в брак. А они обычно не приводят к налаживанию хороших и доверительных отношений между супругами.

• Зачем все это

А действительно, зачем нужны все эти долгие рассуждения о причинах вступления в брак? Ответ здесь стандартен. Все наши рассуждения направлены на одно: **чтобы человек осознал, что он сам создал свою реальность**. Следовательно, он должен ее принять (даже если не может быть ею доволен), то есть должен перестать переживать и жаловаться на то, что его не устраивает семейная жизнь. Мы всегда пожинаем то, что сами же сеем.

То есть, если вы вступили (или еще только вступаете) в брак по любой иной причине, нежели желание жить вместе с **любящим и понимающим** вас человеком, вам не нужно ожидать, что ваша семейная жизнь будет похожа на розовую сказку. Вы посеяли отнюдь не взаимную любовь и понимание, так почему они должны вырасти в вашей семейной жизни? Точнее, они могут появиться, но не сами собой — их нужно взращивать на той скудной почве, которая лежала в основе вашего брака. То есть **вам нужно полюбить то, что вы приобрели**. Вам нужно научиться прощать и полностью принимать те черты характера и привычки вашего партнера по семейной жизни, которые вы сегодня относите к недостаткам. Вам нужно приложить все силы для того, чтобы особенности вашего характера не слишком отравляли жизнь вашему мужу (или жене). Вам нужно научиться поддерживать и одобрять его (или ее). И тогда любовь и взаимопонимание станут нормой вашей семейной жизни, какими бы ни были ваши мотивы вступления в брак.

Если же вы ожидаете, что все должно устроиться само собой или все усилия по налаживанию взаимопонимания должен предпринимать только ваш партнер (то есть меняться должен только он, а у вас и так все хорошо), то ничего хорошего у вас не выйдет. А выйдет один скандал (точнее, много скандалов) и нерадостная жизнь. Иначе говоря, то, что имеется сегодня во многих семьях.

● *Что делать тем кто еще не в браке*

Но эти рассуждения о прощении и принятии нужны только тем, кто уже забраковался и теперь испытывает нерадостные переживания по этому поводу. Мы еще не раз будем возвращаться к этой теме, но уже во второй части книги.

Если же приятный момент вступления в брак для вас еще не наступил, то рекомендации будут несколько иными. В своих рассуждениях мы исходим из того, что любой человек имеет право принимать любые решения — это в его власти. Мы просто хотим, чтобы эти решения принимались хотя бы немного осознанно — не зря же мы называемся «homo sapiens», человек разумный. То есть хотелось бы, чтобы, совершая такой серьезный поступок, как вступление в брак, вы реально оценивали свое будущее, а не пребывали в розовых грезах, не тешили себя надеждами, что «все устроится», «он станет лучше» или «я сделаю из него человека». Не сделаете. Никому, кроме Творца, это еще не удавалось, особенно если ваша «переделка» сопровождается негативными эмоциями, то есть осуждением.

Поэтому мы рекомендуем заранее приготовиться к тем обстоятельствам и ситуациям, которые может создать вам близкий и любимый сегодня человек. Это обязательно произойдет, особенно если в основе вашего брака лежит не истинная взаимная любовь и полное принятие друг друга, а что-то еще. А теперь давайте подведем первые итоги.

ИТОГИ

- *Большинство людей не задумываются над тем, какими мотивами они подсознательно руководствуются при вступлении в брак. То есть часто они совершают неосознанный поступок. Поступок, который будет иметь серьезные последствия.*
- *Желательно осознавать все мотивы вашего вступления в брак, чтобы затем не испытывать разочарований и претензий к партнеру по семейной жизни.*
- *Долговременными и счастливыми являются те редкие браки, где супруги прощают друг другу их недостатки и больше обращают внимание на положительные стороны.*
- *Если истинным мотивом вашего вступления в брак является не желание идти рука об руку с любимым и близким вам по духу челове-*

ком, а что-то еще, то вам нужно приложить усилия по отношению к себе (не к нему!!!), чтобы адаптироваться к своему избраннику и создать с ним комфортные отношения. Это, впрочем, в полной мере относится и к тем, кто искренне влюблен.*

Почему любовь зла?

> *Если у вас растут рога, не спешите обвинять жену. Может, вы сами козел.*
>
> Н. Козлов

«*Когда ты женился на мне, ты был совсем другим*», — в порыве разочарования кричит женщина в халате и стоптанных тапочках.

«*Когда я ухаживал за тобой, ты была не той, что сейчас*», — с сожалением вздыхает мужчина в майке, надетой наизнанку.

«*Любовь зла, полюбишь и козла*», — гласит народная мудрость. Это звучит как приговор розовой мечте о вечной любви и согласии. Но разве кто-то хотел или планировал влюбляться в того, которого потом сам же стал величать «козлом» или каким-то еще неласковым словом? Конечно нет.

Объявление

Бестселлером в этом месяце стала книга Маргарет Мент «Как найти мужчину своей мечты и что потом делать с этим подонком».

Почти все влюбляются в Мужчину или Женщину своей мечты, которые затем почему-то меняются, и обнаруживается их «истинная» (с вашей точки зрения) сущность.

Причем эта закономерность касается не только отношений мужчины и женщины. Она действует во многих (а точнее, во всех) сферах нашей жизни.

Разочарование. Обман ожиданий. Разбитые надежды на лучшую жизнь. Полоса неудач.

Можно ли как-то избежать этих ужасных изменений?

Можно. И мы расскажем, как это делается. Только это будет не совсем то, что вы ожидаете. А чтобы вы поняли, почему же так получается, давайте немного отвлечемся от этой темы и поговорим о Жизни в целом.

• Как все начинается

А начинается все очень просто. Рождается человек. Мальчик или девочка. Это маленькое создание еще не знает, что хорошо, что плохо, что можно, что нельзя. У него есть только то, что дала ему Природа: рефлексы и инстинкты.

Но у этого человечка есть родители. Их функция — адаптировать его к внешнему миру и научить жить по крайней мере безопасно для него. Мозг новорожденного похож на большой, но пустой ящик (простите за прозаичное сравнение). И вот в этом ящике постепенно начинают формироваться полочки. Их создают родители. Есть, например, такие полочки: хорошо — плохо, можно — нельзя, красиво — некрасиво, возможно — невозможно, мужчины — женщины, работа, деньги, семья, любовь, родители. Есть там и полочка под названием «Я».

Что могут сообщить ребенку родители о мире? Только то, что знают сами. И то, в чем сами заблуждаются. То есть они сообщают ему свою картину мира. И ребенок принимает ее, потому что это единственное, что есть в его жизни. В голове у него образуется большая картотека. На все основные жизненные вопросы там есть ответы.

Потом, помимо родителей, появляются и другие источники информации, которые отвечают на вопрос «каков этот мир?».

Человек смотрит телевизор, слушает радио, читает газеты и журналы. Из них он узнает, как ненадежен и суров наш мир. Постоянно где-то происходят катастрофы, стихийные бедствия, аварии, войны, теракты и другие ужасные события. Слава богу, что вас это серьезно не коснулось, вы живы, практически здоровы и хотите построить счастливую жизнь. Это замечательно. Но от Жизни невозможно спрятаться ни за какими стенами, поэтому нужно все же учитывать ее влияние на нас. А оно происходит в любой момент, независимо от того, хотим мы этого или нет.

В общем, мозг человека к 15 годам подобен большому шкафу, полки которого на 90% заполнены разной информацией. Или это большой компьютер, в котором много файлов, картинок.

Как работает этот компьютер? Когда из внешнего мира поступает информация, какой-то факт, мозг быстро начинает искать в своих картотеках файлы. Его задача — ответить на вопрос «что это такое?» или «что происходит?». Он находит какую-то картинку, созданную ранее (родителями, другими людьми или случаями из жизни), и мгновенно выдает ответ.

И человек, получив от своего мозга сигнал, начинает иметь дело не с реальностью, а... с картинкой, которую нашел мозг. И эта картинка, заметьте, может не иметь (и чаще всего не имеет) ничего общего с реальностью.

Предположим, молодой человек встречает девушек. Его мозг включается и выдает соответствующие файлы. Но вот одна из девушек оказалась похожа на какую-то картинку, которая живет в голове этого юноши. Может быть, она похожа на маму (или на ее противоположность), может быть, на собирательный образ молодой красавицы, может быть, на вожделенную подругу его сестры, может быть, она произнесла слова, которые вызвали его волнение (опять же, какая-то картинка активизировалась), в общем, мозг выдает ответ: «Это Она».

И молодой человек, окрыленный судьбоносным чувством, начинает общаться с горячо любимой... картинкой из своей же собственной головы. Он имеет дело не столько с реальной девушкой, сколько с ее образом, который отпечатался в его сознании. Он влюблен в ту картинку, которая живет в его голове. Реальная девушка остается как бы ни при чем. Да и зачем ему она? Ведь у него же есть прекрасный образ! (Со стороны девушки, кстати, происходит тоже самое.)

И потом спустя месяцы (или годы) они вдруг замечают, что изменились. И их отношения уже не те, что прежде. Вот тогда и оказывается, что она полюбила «козла», а он... стало быть, козу.

На самом деле он недоволен не своей избранницей, а той разницей, которая обнаружилась между ней и его внутренней картинкой, фантомом, который однажды нарисовало его воображение. Она имеет претензии не к нему, а к тому прекрасному принцу, который жил в ее голове и вдруг «ни с того, ни с сего» оказался козлом.

Мы имеем дело не с реальными людьми, а с теми образами, которые есть у нас в воображении. Каждый живет в своей виртуальной реальности и думает, что она объективна.

Все самые большие драмы и трагедии возникали оттого, что реальность коренным образом отличалась от виртуальной картинки!

Причем эти картинки у нас в голове обладают завидной стойкостью. Мы порой готовы пожертвовать чем угодно, лишь бы не расставаться с ними. Мы готовы пожертвовать отношениями, семейным счастьем, любовью, нервами, здоровьем, жизнью, в конце концов, лишь бы остаться при своей картинке. Несмотря на реальные факты, человек бьется до последнего.

• Непридуманная история

Светлане 38 лет. Она пришла на психологический тренинг, чтобы изменить свою жизнь. Она 15 лет замужем. Из них — восемь лет на грани развода. Вышла замуж по любви. По ее словам, муж совсем не любит ее. Он не уделяет ей внимания, ему дороже его досуг: друзья, выпивка (и возможно, другие женщины). К тому же он постоянно врет. Он каждый день на протяжении последних пяти лет обещает ей, что выходные они проведут вместе, а сам исчезает неизвестно куда.

Света же каждый раз верит ему и каждый раз бывает жестоко обманута. Единственный вопрос, на который она не может найти ответа: ну почему он такой и как она могла так ошибиться в человеке?

Как видим, Света не хочет признать реальность уже восемь лет. Она все еще держится за ту картинку, которую нарисовала себе давно. И ненавидит мужа за то, что он не такой, каким она сама его и нарисовала. А он искренне не понимает, что он делает не так. Он доказывает ей, что он всегда был таким и что она сама его выбрала и согласилась за него выйти замуж (ведь он ее не тащил в загс насильно!).

Света же самоотверженно бьется за образ честного и ответственного мужа уже восемь лет. Реальность, как говорится, и не маячила перед ней.

Она готова потерять последнее здоровье, но не расстаться со своими ожиданиями.

Отсюда берут начало все претензии, осуждения, обиды, гнев и злость на наших ближних, а там и до болезней недалеко.

• Жизнь пробует достучаться до каждого

У каждого из нас есть выбор: биться с Жизнью за свои ожидания, неизвестно когда внушенные, или стать более **осознанным** человеком, видящим реальность, а не только свои иллюзии и галлюцинации.

Осознанный человек не пускается в рассуждения и не предъявляет претензии себе или окружающим людям. Он не проклинает обстоятельства. Потому что осознанный человек видит в первую очередь реальность, а не свои ожидания и требования.

Но, к сожалению, таких людей меньшинство. В основном они не желают (или не умеют) слушать Жизнь, они упираются до последнего, отстаивая свои взгляды и идеи. Те самые, которые Жизнь пытается откорректировать. В итоге возникают все те неприятности, которые мы переносим на окружающих нас людей, непринужденно обзывая их «козлами» или «дурами» и негодуя на несправедливость Жизни. А она очень справедлива, просто она работает над нашей осознанностью, о чем мы и не догадываемся.

Фактически каждый человек стоит на пути повышения своей осознанности, своего духовного развития. Просто кто-то действительно стоит, а кто-то движется. Причем кто-то вперед, а кто-то назад.

Каким же образом осознавать себя?

• Ты получаешь то, что осуждаешь

При всем разнообразии тех несносных ситуаций, в которых мы оказываемся, Жизнь преподносит человеку один и тот же урок: **глупо судить окружающих людей и негодовать на обстоятельства, потому что большую их часть мы создаем сами же!**

О путях создания нами желанных или нежеланных событий мы поговорим позднее, а сейчас давайте рассмотрим, как же Жизнь отучает нас осуждать что-то. Это происходит очень просто: **мы без конца получаем то, что осуждаем в других людях или в себе**. Или по-другому, мы получаем то, что не принимаем в жизни (то есть косвенно осуждаем), с чем мы боремся, от чего бежим.

Это похоже на мистику или какие-то сверхъестественные влияния, но это так. Вспомните свою жизнь и окружающих вас людей — не встречались ли вы с подобными обстоятельствами? Скорее всего да, но вы не задумывались об этом.

Вы не любите хамов — в вашем окружении обязательно кто-то будет вести себя нетактично. Вы не любите врунов — кто-то возле вас обязательно будет врать (муж, ребенок, подруга, начальник и т.д.). Вы мечтаете о сексе, только и думаете о нем — вам никак не удается реализовать свое устремление, хотя у других все это получается мимоходом. Вы не можете жить без любимого (то есть осуждаете жизнь без любви) — все они куда-то исчезают с вашего горизонта. Вам обязательно нужно выйти замуж (то есть вы не приемлете одиночества) — вам встречаются только женатые мужчины или ваши любимые исчезают с горизонта при первом намеке на брак и т.д.

Вы думаете, что все это случайность, что стоит приложить еще немного усилий, применить какой-то прием, сходить к гадалке или астрологу, и все сразу изменится. Но точно так же думали все те многие миллионы мужчин и женщин, которые потом с причитаниями и всхлипами разводились или просто били посуду в напрасной попытке переделать друг друга. Вам хочется войти в эту недружную, но внушительную компанию? Скорее всего нет. А это очень просто — просто нужно понять, чего хочет от нас Жизнь, и учитывать ее пожелания.

Что нужно знать или делать, чтобы усвоить этот главный урок Жизни?

• Возьмите на себя ответственность

Вы никогда не распутаете клубок проблем, если не возьмете на себя ответственность за все происходящее. Вы без конца будете выдумывать истории о том, как кто-то или что-то помешало вам. Всегда найдутся виноватые в вашем несчастье и несложившейся жизни. У вас всегда будет «больничный лист» для оправдания своих неудач. Если вы хотите этого — продолжайте в том же духе.

Если вам наскучила роль страдальца (или борца), запомните простую формулу: **все, что с вами происходит, вы сами создали.**

Некоторые люди говорят так: я виноват во всем, что произошло!

Вина и ответственность — разные вещи. Если вы будете считать себя виноватым, вы подсознательно будете привлекать в свою жизнь то, что будет для вас наказанием. Ответственность — это значит: я сам создал свою жизнь такой, какая она есть, значит, я сам могу ее изменить. Я — не жертва. Никто не виноват в том, что мне плохо.

• *Научитесь быть спокойнее*

Когда вас достают мелкие пакости со стороны близких людей (или любимого человека), и даже когда вам кажется, что случилась трагедия всей жизни, прежде чем начать биться головой о стену или выпрыгнуть с балкона, скажите себе: **картинка не совпала!** Не совпала картинка ваших ожиданий и того, что реально происходит.

Спросите себя: зачем вы имеете такие ожидания от мира, которые постоянно заставляют вас разочаровываться?

Например, ваш любимый уже в который раз забыл вам позвонить (прийти на свидание, поздравить с днем рождения, как вас зовут и т.д.), и вы испытываете по этому поводу огромные душевные страдания. Почему? Потому что **вы твердо знаете, как он должен был вести себя в этой ситуации.** А он повел себя как-то иначе, и вы его за это осудили. Да, да, осудили — именно в этом причина ваших страданий. Вы не можете принять (то есть осуждаете!) Жизнь в том ее проявлении, что ваш любимый забывает вам позвонить. При этом вас совершенно не интересует, по какой причине это произошло. Важно то, что он должен был это сделать(!) и не сделал(!!!). Какой подлец! А вы, стало быть, жертва подлеца. Несчастная, но благородная.

Раз вы не принимаете Жизнь в таком варианте, то ей придется дать вам очередной урок. И своим «инструментом» она выберет вашего любимого, который раз от разу будет предъявлять вам то, что вы осуждаете. То есть, скорее всего, он и дальше будет забывать вам звонить, приходить на свидания и т.д. Если вы по этим поводам будете все больше нервничать (а как же иначе?), то он может даже забыть, как вас зовут, — и это невзирая на все ваше общее прошлое. Ну не негодяй ли? А в действительности вовсе не негодяй, а всего лишь «инструмент», который Жизнь использует для вашего духовного воспитания. Причем он даже сам не будет понимать, почему так получается.

Таким образом, некоторые женщины специализируются на:

- *алкоголиках (хотя всей душой хотят трезвого мужика);*
- *альфонсах (хотя сами ждут заботы и поддержки);*
- *донжуанах (хотя мечтают о мужской верности);*
- *женатых мужчинах, которые кормят их бесконечными обещаниями;*
- *«горячих парнях», которые могут в случае чего и в глаз заехать.*

Это только самые общие примеры. И пока мы не научимся спокойно относиться к своим трепетным ожиданиям, которые были внушены нам неизвестно когда, нам придется испытать множество душевных мук. Если они вас привлекают, то вперед, к борьбе за свои идеалы. Если же вы хотите просто радости и счастья, то научитесь философски и с юмором смотреть на то, что мир не совпадает с картинками в вашей голове.

• Научитесь прощать

«Ну как можно простить такое? Разве это можно забыть?!» — в порыве праведного гнева восклицает Жертва негодяя. И хотя «ужасный эпизод» произошел еще в лед-

никовый период, она до сих пор заботливо хранит его в своей памяти.

Некоторые обиды мы носим годами и десятилетиями, любовно складывая и перебирая их время от времени, словно фамильные драгоценности. В нужный момент мы достаем их и демонстрируем окружающим.

Нам только кажется, что со временем все наши переживания проходят, забываются навсегда. К сожалению, не проходят, не забываются.

Ведь что такое сильное переживание? Это бессознательное напряжение всего нашего организма, своего рода удар по организму. Но удар не снаружи, а изнутри. Организм не заслужил этого удара, ведь он все делал правильно, это какой-то другой человек что-то сделал, что не совпало с вашими прогнозами! Он сделал, а вы бьете себя! Наверное, по принципу: бей своих — чужие бояться будут. Не будут, к сожалению. А ваш организм, который вы постоянно изводите своими бесконечными переживаниями, рано или поздно заболевает. Ему надоедает такая жизнь, и он быстрее стареет или через болезни пытается отвлечь ваше внимание от новых переживаний. А разве ваш организм заслужил такое отношение к себе?

Что нужно делать, чтобы не заниматься внутренним самобичеванием? Нужно всего лишь научиться не обижаться на людей за их «неправильное», на ваш взгляд, поведение. Понятно, что это противоречит всему вашему предыдущему опыту и тому, что сообщили вам другие люди. А еще появляется мысль, что если всех прощать будешь, так и на шею быстро сядут. А кому этого хочется? Так что внутренних доводов против прощения и в защиту своей позиции найдется немало. Никому не хочется меняться самому, всяк норовит переделать другого по своему разумению. И хотя это мало у кого это выходит, люди пробуют вновь и вновь.

«Я обиделся». Вдумайтесь в эту фразу. Что означает слово обиделся? Оно имеет окончание «ся», а это значит, что это слово с возвратным значением. Обозначает оно действие, направленное на самого себя, например: «умылся» — умыл себя, «оделся» — одел себя, «причесался» — причесал себя. То есть сделал что-то сам с собой. Обиделся — значит обидел сам себя.

Это не другой вас обидел, это вы сами себя обидели! Вы приняли решение себя обидеть. Вы расценили его поступок как задевающий ваше достоинство и решили обидеться.

Поэтому если другой человек сделал что-то, что, по вашему мнению, ни в какие ворота не лезет, **не обижайте сами себя**. И не потому, что обижаться нельзя. Можно! Никто не запрещает! Но хуже вы сделаете только себе. Конечно, если вам некуда девать свою энергию, здоровье и свободное время, если всего этого у вас в избытке и хочется куда-нибудь это деть — обижайте себя.

Если же вы обидели себя и вам это не понравилось, **простите**. Просто осознайте, что вы больше не будете себя обижать, что вам это невыгодно, что пользы от этого — никакой.

Для прощения можно использовать совсем простую формулу, о которой мы рассказывали в других книгах много раз [2, 5, 7, 10]. Она имеет следующий вид: «С любовью и благодарностью я прощаю (имя того, кого прощаете) и принимаю его таким, каков он есть. Я прошу прощение у (имя) за мои мысли и эмоции по отношению к нему». Эту формулу нужно мысленно повторять много-много раз до тех пор, пока вы перестанете думать и вспоминать об обидчике. Или перестанете реагировать на его слова и поступки, если он находится рядом с вами. Иногда на такое прощение уходят десятки часов мысленной работы — понятно, что не сразу, а небольшими порциями, минут по 10—15.

Простить — не значит одобрять те действия, которые вам не нравятся. Вы не обязаны одобрять те поступки, которые не вызывают у вас восторга. Хотя внешне вы вполне можете высказать свое неодобрение. Вы имеете на это право! (Но в душе у вас должно быть полное спокойствие или даже сочувствие.)

Если же вы думаете, что другой человек обладает телепатическими способностями и может читать ваши мысли, что он поймет всю ошибочность своих действий, вы ошибаетесь. Если вы будете все время молчать, ему и в голову не придет, что вам это не нравится.

Вместо того чтобы обижаться (обижать себя), откройте рот и скажите!

Если же вы постоянно недовольны собой и обижаетесь на себя, считаете себя недостойным, недостаточно хорошим человеком, то не удивляйтесь, что у вас нет денег и личной жизни, успеха и интересных друзей. Зачем недостойному человеку все это? Обойдется! Пусть сидит в темном углу и помалкивает. Если вы сами решили, что недостаточно хороши, то Жизнь не будет с вами спорить.

• Знайте свои идеализации

Наблюдайте, по какому поводу вы переживаете чаще и больше всего. Если вы задумаетесь над этим, то поймете, что **основания для ваших переживаний все время одни и те же**. То есть у вас набор оснований для переживаний может быть один, а у вашей подруги — совсем другой, но они у вас постоянны.

А «начинка» этих наборов совсем проста. Это набор из нескольких, очень значимых для вас идей, при нарушении которых у вас возникает стандартная (понятно, что нерадостная) реакция.

Эти сверхзначимые, сверхценные для нас идеи называются «идеализациями». У каждого человека имеется 3—5 избыточно значимых идей, а у идеалистов и того больше.

Все наши избыточно значимые ожидания можно разделить на несколько сфер жизни, то есть на ряд идеализаций [1—5, 11].

Вот самые характерные из них.

- **Идеализация семьи и семейной жизни**. Она возникает, когда у вас есть избыточно значимые ожидания, как именно должен вести себя ваш муж, сколько он должен зарабатывать, как относиться к детям и т.д. И вообще избыточно значимой может быть сама идея о том, что у вас обязательно должен быть муж или ребенок. Соответственно, когда эти ожидания как-то нарушаются, вы испытываете долгие и нерадостные переживания.

- **Идеализация своего несовершенства.** Она проявляется в виде постоянных мыслей о том, что у вас чего-то не хватает для счастливой жизни: таланта, красоты, воспитания, знания английского, веселости, коммуникабельности, деловитости, активности, настойчивости и т.д. и т.п. Каждый человек придумывает себе свой набор недостатков, а потом десятилетиями убивается по этому поводу. Ну что ж, тоже занятие.

- **Идеализация отношений между людьми.** Она проявляется в виде длительных переживаний, когда вы обнаруживаете, что кто-то возле вас недостаточно тактичен, деликатен, честен, воспитан, благодарен и т.д. То есть вы знаете, как этот человек должен себя вести, а он поступает иначе: врет, хамит, не проявляет деликатности, внимательности, не ценит ваши усилия, не считается с вами в желанной степени и т.д.

- **Идеализация контроля окружающего мира.** Она проявляется в авторитарном навязывании окружающим того, как они должны себя вести. Естественно, они ведут себя как-то иначе, и это вызывает у «контролера» постоянное раздражение, гнев и прочие нерадостные эмоции. Либо проявляется в бесконечных страхах и сомнениях по поводу своего будущего, верности любимого, жизни и здоровья близких людей и т.д.

- **Идеализация секса.** Она проявляется в виде длительных претензий к партнеру из-за того, что он не так относится к сексу, не так себя ведет, недостаточно активен и т.д. И вообще в навязчивой идее о том,

что секс у вас обязательно должен быть. В итоге Жизни приходится давать вам урок, доказывая, что все может быть по-иному.
- **Идеализация внешности**. Это бесконечные трагические переживания по поводу своей внешности, недовольства какой-то частью тела, избыточного (или недостаточного) веса и т.д. Но вот беда, если старую мебель и одежду, которая вам не нравится, можно выбросить, то свои ноги, волосы или уши на помойку не отнесешь.

Мы привели перечень из шести идеализаций, а на самом деле их имеется гораздо больше. Еще у вас может быть **идеализация своих способностей** (я сам все знаю!), **идеализация независимости** (не терплю никакого контроля!), **идеализация разумности людей** (и как он мог сделать такую глупость!), **идеализация цели** (я умру, если этого не произойдет!), **идеализация исключительности** (для меня это унизительно) и другие. Более подробно об этом вы можете прочитать в других наших книгах [1, 5, 11].

Собственно, не очень важно, как именно называется ваша идеализация. Важно то, что стоящая за ней идея является для вас постоянным источником переживаний. То есть вы судите людей, себя или Жизнь, если они не совпадают с вашими ожиданиями. А мы уже сказали, что вы должны спокойно к этому относиться и прощать людям их недостатки (в том числе самому себе). Тем более что это недостатки только с вашей точки зрения.

А раз у вас имеются избыточно значимые ожидания (идеализации), то Жизни ничего не остается, как каким-то образом доказать вам ошибочность ваших ожиданий, то есть разрушить ваши идеализации. Она делает это не со зла, а чтобы вы научились не судить мир, людей и себя. То есть стали более осознанны.

Приведем простой пример — его прислала одна из наших читательниц.

• Непридуманная история

«Мне 24 года, второй раз замужем, работаю юристом на небольшом заводе. На сегодня у меня основная проблема — денежная. Чем больше думаю о ней, тем больше кажется, что в ней виновата я сама, а если не виновата, то имею к ее возникновению какое-то отношение. Дело в том, что во втором моем браке у меня возникают те же самые проблемы что были и в первом. Поначалу семейная жизнь складывалась хорошо, муж нормально зарабатывал, затем постепенно становилось все хуже и хуже, жили только на мою стипендию и на помощь моих родителей. В результате за 2 года совместной жизни, можно сказать, я возненавидела мужа за его леность, нежелание хоть как-то напрячься и решить не только мои проблемы, но и свои. Все это привело к разрыву. Закончив через полгода институт, я устроилась работать в строительную компанию (оклад был положен мизерный) и уже на практике поняла, что не зря училась на юридическом и что все, чем я занимаюсь, мне очень нравится, в этом мне очень повезло. Правда, из-за моей застенчивости иногда мне бывает трудно в профессиональном отношении, но я ободряю себя тем, что с возрастом я «заматерею» и многие вещи будут восприниматься по-другому. Параллельно с моим устройством на работу я познакомилась с моим нынешним мужем, через некоторое время я приняла решение выйти за него замуж, так как посчитала, что надежней его я никогда не смогу кого-либо найти. На сегодняшний день события развиваются по сценарию первого брака, разница только в том, что я работаю, а не учусь. Вся моя зарплата уходит на взносы по кредиту, на сумасбродства мужа (например, заплатить взнос, чтобы его выпустили из вытрезвителя), за квартиру и т.д. Еще тяжеловато приходится из-за характера мужа, он тяжелый на подъем, людям не верит совершенно, и вообще очень трудно ему решиться на какое-нибудь решительное действие. Все это очень расстраивает. Несмотря ни на что, я все равно люблю своего мужа и надеюсь, что все у нас будет хорошо, что этот период временный и что характер у него станет *лучше. В свою очередь, стараюсь думать о хорошем и добром, мечтать о светлом будущем.*

Учитывая то, что моя семейная жизнь в обоих случаях имеет между собой нечто общее, я склонна полагать, что в этом есть моя вина. То ли я сама даю послабления мужчинам, то ли какая то другая причина, в общем, мне самой сложно разобраться.

...У моих родителей была стопроцентно патриархальная семья. Мама много лет была домохозяйкой и только полгода как начала работать. Мамина зарплата никогда существенной роли в бюджете семьи не играла. Папа был и остается главой семьи.

Надеюсь, что найду в ваших книгах ответы на свои вопросы, и, может быть, вы дадите так необходимый мне совет. С уважением, Гульжан».

Как видите, Гульжан в целом — замечательный человек, но ей не везет с мужьями. Почему она вынуждена все время влюбляться в мужчин, которые не способны (или не склонны) содержать семью? Ответ прост: у нее есть очень значимая для нее модель семейной жизни, в которой мужчина должен быть главой семьи, содержать ее и заботиться о семье. Именно таким был ее отец, и только такую семейную жизнь она может себе представить, любой другой вариант неминуемо вызовет ее осуждение. Именно поэтому Жизнь подсовывает ей того, кто не будет соответствовать ее ожиданиям. И так будет продолжаться до тех пор, пока Гульжан не научится смотреть на мужчин-бездельников без осуждения. Она правильно решила, что сама является источником своих проблем. Но проблема лежит не в сфере денег, а вызвана ее избыточными ожиданиями по отношению к мужу.

Заметим сразу, что человек имеет право иметь любые убеждения, идеи и ожидания и руководствоваться ими в своей жизни. Важно только, чтобы эти ожидания не стали избыточно значимыми для него, то есть не переросли в идеализации. Отличить идеализацию от значимой для вас идеи очень легко: если при нарушении ваших ожиданий вы погружаетесь в длительные переживания (на недели, месяцы, годы), то ваша идея стала идеализацией. Если же ваши переживания ограничиваются минутами, часами или днями и вы потом можете посмеяться над своей ситуацией, то идеализаций у вас нет, и Жизни незачем давать вам свои суровые уроки духовного воспитания.

Мы еще будем рассматривать приемы работы с негативными переживаниями. Здесь лишь заметим, что чем раньше вы узнаете свой личный набор избыточно значимых идей (идеализаций), тем меньше шансов, что Жизни придется давать вам свой урок духовности, то есть учить вас не судить, если ваша идея будет как-то или кем-то нарушаться. Поэтому вы будете жить спокойно и счастливо, если не будете иметь идеализаций, то есть не будете судить людей и себя.

• Так почему же любовь зла?

Здесь мы подошли к пониманию того, почему любовь может быть «зла». Она на самом деле не зла, просто любовь — это средство, которое Жизнь нередко использует для разрушения ваших идеализаций. Через любовь к вам может притянуться любимый, который по-иному будет относиться к очень значимым для вас вещам, то есть будет разрушать ваши идеализации. И если бы не любовь, то вы бы сразу заметили эти особенности его мировоззрения и поостереглись бы пускать этого чуждого вам человека в свою жизнь так близко. Возможно даже, что ваши невлюбленные родственники и друзья видят эти различия и предостерегают вас, но вы ничего не слышите. Любовь надевает на влюбленных розовые очки, и в результате искажается восприятие реальности.

А потом, когда эти очки спадают, то обнаруживается, что любимый вовсе не соответствует вашим ожиданиям. И вы начинаете его переделывать. Вступаете с ним в борьбу за то, чтобы он вел себя так, как желаете (ожидаете) вы. А он начинает с вами борьбу за то, чтобы вы стали соответствовать его ожиданиям. Вот тут-то и обнаруживается, что был прекрасный человек, а стал «козлом» или «полной дурой».

Умная мысль

> *В любви теряют рассудок, в браке же замечают эту потерю.*
>
> М. Сафир

Можно ли избежать этих неприятных трансформаций? Конечно, можно. Для этого нужно знать свои избыточно значимые идеи и научиться принимать любимого с теми его несовершенствами, которые в нем рано или поздно могут обнаружиться. И, главное, не впадать в сильные переживания, когда он станет делать что-то вовсе не так, как вы ожидаете. И **не пытаться переделать его принудительно**, через гнев, раздражение, конфликт — это прямой путь к разводу, пьянству, изменам и т.д.

Если же заранее знаете свои идеализации и поработали над ними, то есть перевели их в раздел не очень значимых для вас идей, то Жизни будет незачем сводить вас через любовь с вашим духовным «воспитателем» — вас не нужно воспитывать, вы уже все поняли. То есть вы сможете влюбиться в хорошего и приятного вам человека, ваша семья будет существовать долго и благополучно. И вы не будете обижаться на небольшие несовершенства, которые все же будете порой обнаруживать друг в друге.

Мы еще не раз будем возвращаться к этой идее принятия Жизни во всем ее многообразии. А не только в том единственно приемлемом для вас варианте семейной жизни, какой возник в вашем воображении под влиянием прочитанных книг, просмотренных кинофильмов, сообщенного родителями или знакомыми.

А теперь пора подвести очередные итоги.

ИТОГИ

- *Каждый человек имеет право ставить перед собой любые цели и достигать их, в том числе создавать семью и жить счастливой семейной жизнью. Но одновременно он должен уметь не впадать в негативные переживания (не судить), если что-то в жизни не совпадает с его ожиданиями.*
- *«Не судить» совсем не означает, что вы должны становиться таким, как тот человек, который вам не нравится. Вы можете оставаться таким, каким вам хочется, но важно уметь не впадать в долгие переживания, если что-то не совпадает с вашими ожиданиями.*
- *Идеи, которым человек придает избыточное значение, называются «идеализациями». У большинства людей имеются 3—5 идеализаций, которые разрушаются Жизнью с целью повышения нашей духовности.*
- *Если человек переводит свои идеализации в разряд просто важных для него идей, то есть перестает испытывать длительные переживания, когда его ожидания как-то нарушаются, то Жизнь перестает преподносить ему свои уроки.*
- *Семья есть типичное место взаимного духовного воспитания, то есть доказательства того, что мир многообразен и в реальности никакая система ценностей не имеет преимуществ над другой. С целью доказать это, Жизнь сводит через любовь людей, имеющих разные системы ценностей, чтобы затем они научились прощать и уважать друг друга. Но люди обычно не понимают этого замысла и начинают заниматься взаимной переделкой. Результаты такой переделки бывают обычно негативные — обиды, скандалы, разводы, измены, пьянство и т.д.*

■ Если муж и жена, исчерпав все возможности по переделке друг друга, расходятся с взаимными претензиями и накопленным осуждением, то Жизни придётся повторно дать им этот же урок. То есть, скорее всего, они снова найдут себе любимых, которые снова будут предъявлять им то, что они не приняли в предыдущем браке (пьянство, измены, хамство, ревность и т.д.). И так будет продолжаться до тех пор, пока они не поймут, что их любимые просто дают им урок принятия мира и учат их не судить то, что не совпадает с их ожиданиями.

■ Если человек (хотя бы один из пары) усвоил уроки и поблагодарил Жизнь и своего прежнего любимого за данные им уроки духовности, то воспитательные процессы по отношению к нему прекращаются, и он может получить то, к чему всегда стремился (например, принца на белом коне или в черном «Мерседесе»).

«Прикиньте» своего любимого

Мужчина — хам, зануда, деспот,
Мучитель, скряга и тупица.
Чтоб это стало нам известно,
Нам просто следует жениться.

Игорь Губерман

Теперь вы знаете, сколько всякого разного может с вами произойти, когда вас посетит приятное чувство влюблённости (искренне надеемся, что мы вас не очень напугали).

У вас вполне может возникнуть законный вопрос: «Что же делать? Я не хочу набивать шишки и наступать на грабли! Я хочу любить и быть любимой (любимым)! Неужели все мои лучшие ожидания непременно разрушатся?»

К счастью, избежать этого можно. И в этой главе мы поговорим о том, что нужно сделать уже сегодня, чтобы завтра не было мучительно больно за разбитые надежды.

• Узнайте о своих избыточно значимых ожиданиях

Первое, и самое главное, — вам нужно знать, какие именно идеализации у вас имеются. Ведь тогда Жизни не нужно будет подыскивать вам любимого, который будет разрушать их, и тем самым давать вам уроки духовного воспитания, сам того не подозревая. То есть вы будете иметь полное право встретить и полюбить такого человека, с которым вам будет хорошо хоть всю жизнь. Так бывает, но, к сожалению, очень редко. Припомните жизнь ваших знакомых — все ли у них благополучно в семейной жизни? Если такие есть и брак у них длится больше пяти—семи лет, то это замечательный пример для вас, особенно если это искренние и теплые отношения между супругами, а не просто вынужденное существование на одной жилплощади и с периодическим выполнением супружеских обязанностей. Посмотрите, как они относятся друг к другу, как реагируют на странности друг друга. Это очень поучительно.

Но такие варианты встречаются, к сожалению, довольно редко. Большинство браков распадается из-за того, что через несколько лет после свадьбы любовный пыл спадает и супруги с удивлением обнаруживают, что их выбор был ошибочным. Оказывается, супруг не так воспитан (или не воспитан вообще), зарабатывает слишком мало денег, не помогает по дому или с ребенком, слишком много времени и сил уделяет своим увлечениям, не соблюдает так любимую вами чистоту в доме и т.д. Да и он вдруг замечает, что его любимая перестала обращать внимание на свой внешний вид, без конца требует денег (вместо секса), все время тратит на болтовню по телефону или с подругами, требует какой-то внимательности или не соблюдает верности и т.д.

В общем, выясняется, что супруги в каких-то моментах не соответствуют ожиданиям друг друга. А поскольку нет умения прощать и позволять друг другу быть собой, то остается только обижаться или пытаться навязать любимому ту модель поведения, которая так дорога вашему сердцу.

А он, ясное дело, сопротивляется. И даже пытается заставить вас выполнять свои нелепые требования! Тут и идут в ход все известные вам литературные и прочие выражения, сердце захлестывает от негодования или обиды и т.д. Началась обычная семейная жизнь.

А ведь в основе лежит всего-то пустячок — несколько идей, неизвестно откуда и как полученных. А мы бьемся за них всю жизнь, меняя семьи или оставаясь в нежеланном одиночестве.

• Пример битвы с Жизнью

На консультацию пришла Надежда, которая собирается выйти замуж. В четвертый раз. По ее словам, предыдущие три брака завершились досрочно по одной и той же причине. Когда она влюблялась, ее избранники были вполне достойными мужчинами, работающими и имеющими возможность оказывать ей знаки внимания. Но после женитьбы, через год-два, все они теряли свою работу и никуда не могли устроиться. Они садились ей на шею, и Надежда вынуждена была их содержать. Все попытки устроить их на работу ничем не заканчивались, при этом они не пили, а просто сидели дома, ухаживали за ребенком и т.д. В конце концов ее терпение кончалось, и она разводилась. Что характерно, после развода дела у них резко шли на лад, и один из ее бывших мужей даже стал вполне обеспеченным предпринимателем. Но, будучи ее мужем, он был иждивенцем.

Собственно, предметом консультации стал вопрос — а не сядет ли и четвертый любимый ей на шею после женитьбы? Сейчас он вполне успешен, у него собственный бизнес, но чего в жизни не случается, и Надежду это тревожит.

Ответ был понятен. Конечно вероятность того, что рано или поздно это случится, велика. Поскольку у Надежды есть типичная **идеализация семейной жизни** в виде ожидания, что муж обязательно должен быть кормильцем, основным добытчиком в семье. Именно так было в семье ее родителей, ее отец всегда много зарабатывал и содержал семью, и у Надежды сложилось впечатление, что **только так** должно быть и в ее жизни (при этом она сама очень активная, деловая и хорошо зарабатывающая женщина). Она не может понять и принять ситуацию, когда ее мужчина не может содержать семью и зарабатывать достаточное количество денег, такое положение дел вызывает ее хроническое раздражение. Надежда осуждает таких мужчин. По большому счету, она их даже мужчинами не считает. Именно поэтому Жизнь сводит ее с теми, кто по каким-то своим причинам вскоре должен потерять работу и доходы, соответственно. Она влюбляется, создает семью, потом наступает процесс разрушения ее идеализации семейной жизни. И так уже три раза. Для особо недогадливых Жизни приходится повторять представление по несколько раз.

Повторится ли ситуация четвертый раз? Если Надежда будет опасаться этого и делать всю ставку на то, что сейчас-то, наконец, она найдет нормального мужика и настанет ей простое человеческое счастье... Вы уже догадываетесь, что произойдет.

Умная мысль

Скелеты несбывшихся утопий удобряют почву для еще более пышного роста новых грез.

Павел Мороз

То, что мы осуждаем, мы получаем. То, от чего мы бежим, нас догоняет. Если же Надежда снимет свои ожидания с мужчин и перестанет осуждать их за никчемность, то ее любимому не нужно будет терять работу. Мы сами создаем желанные и нежеланные события своей жизни. Как это происходит, мы будем рассматривать еще очень подробно, а здесь лишь отметим, что при наличии идеализаций ваш любимый просто вынужден будет поучаствовать в процессе их разрушений. Да вы просто не сможете влюбиться в того, кто не обладает убеждениями или привычками, противоречащими вашим очень значимым ожиданиям! Любовь зла, полюбишь и козла.

• Как узнать свои идеализации?

Это очень легко. Посмотрите, по каким поводам вы многократно испытываете душевный дискомфорт, — это и есть прямое указание на наличие идеализаций.

Если вы часто обижаетесь на подруг или любимого за его поведение (невнимательность, неблагодарность и т.д.), то у вас есть **идеализация отношений между людьми** (очень значимая для вас модель того, как должны складываться отношения). И нужно, пока не поздно, позволить людям иметь другие взгляды и привычки, нежели желаете вы. Сможете вы дружить с ними, если они никогда не изменят своих привычек и взглядов? Если да, то просто перестаньте их осуждать и продолжайте общение, не реагируя на их особенности поведения. Если нет, то вам лучше расстаться, иначе вы все равно сделаете это, затратив годы жизни и массу душевных сил на попытки заставить их вести себя как-то иначе. Никому еще не удавалось переделать другого человека силой, а вот через любовь и прощение это вполне возможно.

Но продолжим об идеализациях. Понаблюдайте за собой. Заведите себе дневник и записывайте туда все свои переживания. И тут же записывайте, как должны вести себя окружающие вас люди, чтобы вы не убивались по этому поводу. И вы с удивлением обнаружите, что все время наступаете на одни и те же грабли. То есть требуете, чтобы люди думали и поступали так же, как думаете и поступаете вы (идеализация разумности). Или вас одолевают постоянные страхи, поскольку вы не доверяете Жизни и хотите все знать заранее и точно (идеализация контроля) и т.д.

Наблюдая за собой месяц-два, анализируя свои переживания, вы легко выясните свою систему избыточных ценностей.

Потом спросите себя: *«Если я и дальше буду убиваться по этому поводу, будет ли у меня: больше денег, больше времени, больше здоровья и счастья?»*

Если вы убеждены, что будет, можете смело убиваться (то есть убивать себя) дальше. И отложите скорей эту книгу! Она для вас вредна!

Если же денег, здоровья и счастья у вас от этого не прибавится, вы скажете себе: *«Все, я больше не буду портить себе нервы и издеваться над собой только из-за того, что эти люди не хотят вести себя по-моему! Я позволяю им оставаться самими собой! Я буду общаться с теми из них, кого я могу принять с их недостатками, остальным я говорю мысленное «прости» и перестаю обращать на них внимание!»*

Тогда все в вашей жизни будет складываться самым лучшим образом (более подробно о порядке ведения дневника самонаблюдений можно прочитать в [11]).

Если вы сможете так сделать, то Жизни не придется сводить вас через любовь с мужчиной, который будет разрушать ваши идеализации. То есть вас ждет счастливая и радостная жизнь. Но не обольщайтесь, что вы сможете избавиться от всех своих идеализаций за пару месяцев, новые из них могут проявиться в новых условиях, так что будьте готовы использовать этот инструмент прощения и принятия людских недостатков всю свою жизнь.

• Прикиньте своего любимого

А теперь давайте вернемся к вашему любимому человеку.

Если его у вас нет, невзирая на ваше страстное желание, то нет ли в вашем мысленном арсенале **осуждения**

своей нынешней жизни без любимого? Скорее всего, не без этого. Но если у вас есть хроническое недовольство своей текущей ситуацией и вы считаете, что настоящая жизнь начнется только тогда, когда любимый появится (а сейчас, следовательно, не жизнь), то вы сильно ошибаетесь.

У вас есть явная идеализация семейной жизни и любви, и сейчас идет процесс ее разрушения. То есть вы считаете, что без любимого жизни нет, а на самом деле она есть — ведь вы живете же! Но считаете, что это не жизнь.

А если помните, мы получаем то, что осуждаем. И вы снова и снова получаете свое одиночество. И так будет продолжаться до тех пор, пока вы не смиритесь с ним, то есть перестанете его осуждать (свое одиночество). Или, уступив вашим страстным желаниям, Жизнь все же даст вам любимого (вы продавите ситуацию). Но обязательно такого, чтобы **он доказал вам, как хорошо и радостно вам было в одиночестве!** Пройдет пару лет столь желанной вами семейной жизни, и вы станете вспоминать дни своего одиночества и свободы так, как будто это были минуты счастья, когда вас никто не ругал, не унижал, не заставлял совершать неприятные действия и т.д. Многие женщины получили такой результат, не понимая, что сами же его создали. Так стоит ли заставлять Жизнь применять к вам подобные процессы, не легче ли начать радоваться своей свободе прямо сейчас? А там и любимый набежит ненароком.

Но ваше принятие одиночества должно быть истинным. Торг с Жизнью типа «я вот сделаю вид, что мне хорошо одной, а за это пусть Жизнь подбросит мне женишка» не проходит.

Жизнь не обманешь таким простым лукавством. Ей нужна ваша истинная радость в любой момент времени, независимо от наличия или отсутствия у вас любимого.

Если любимый у вас есть, уже муж или пока просто друг, то **не мешает прикинуть заранее, какие уроки он должен и будет вам давать.** То есть в чем он вас уже сегодня не устраивает, но вы пока еще не видите этих неувязочек из-за любви. Вы думаете, что он останется таким же совершенным на всю жизнь. Или если вы и видите его недостатки, то свято убеждены: он обязательно исправится, потому что ваша любовь способна свернуть горы, а уж переделать одного мужчину — и того легче. Это ошибка.

Точнее, любовь действительно может изменить другого человека. Но это любовь без осуждения и без избыточных претензий, без борьбы за свои идеалы. А такую любовь мало кто способен дарить, особенно в наше суетное и малоромантическое время. Всем хочется получить желанный результат побыстрее. И всем кажется, что для этого нужно лишь пнуть любимого посильнее, и он сразу же исправится и станет таким, как нужно.

И при этом вы обычно забываете, что и любимый тоже при этом пытается пнуть вас, чтобы вы стали такой, как ему хочется. Но стоит ли обращать внимание на эти его нелепые претензии!

Поэтому, если вы видите, что он обладает рядом качеств или убеждений, которые вы никогда не сможете принять (избыточно ревнив, эгоистичен, маловоспитан, пьет, гуляет и т.д.), то вам **стоит очень сильно подумать, надо ли надолго связывать с ним свою судьбу**. Если вы пока что его мало знаете, но есть возможность познакомиться с его семьей, то не поленитесь это сделать. Все мы вырастаем в семьях и за детство и юность впитываем в себя те принципы и правила, по которым живут родители. А потом неосознанно руководствуемся ими в своей семейной жизни. (Помните пословицу: яблоко от яблони недалеко падает? Она об этом.) То есть, если в семье вашего любимого принято по любому поводу повышать голос и использовать нелитературные выражения, то не сомневайтесь, рано или поздно вас ждет такое же будущее. Если там никогда не обращали внимания на детей и ваш любимый не получил в детстве достаточной порции родительского тепла, то он не сможет быть сердечным отцом — он этого просто не умеет, и не стоит ожидать от него другого поведения. Возможны, конечно, варианты, но в целом этот принцип сохраняется почти всегда. Хотим мы этого или нет, мы похожи на наших родителей!

Приведем пример письма женщины, которая на своем горьком опыте познала, что при выборе любимого нужно поддаваться не только порывам души, но и хоть немного использовать свой разум.

• Письмо-размышление

«Не знаю почему, но у меня была сильная установка, что в союзе все зависит от женщины, и если быть совершенно идеальной во всем, то и союз будет счастливым. Но ведь тогда и союза не будет! Действительно, будет нечто вроде того, что один тащит за собой другого в рай!!! Но этот рай-то только его! Если у свиньи рай — грязная лужа, то, как бы я ни чистила ее, она все равно будет грязи искать!

Итак: вместо того чтобы любить неудачника, брошенного женой после 14 лет совместной жизни, жалеть его и мучиться, я выбрала мужчину с очень похожими взглядами на мои.

Я ЖИВУ В РАЮ!!! Я СЧАСТЛИВА БЕЗМЕРНО!!! Он воплощает все мои идеалы. Такое мне даже в снах не снилось!!! Он умный, нежный, добрый, сильный, сексуальный, страстный, веселый, интересный, красивый, из-за одинаковой профессии он высоко меня ценит, уважает, любит, на руках носит в прямом смысле. У него нет той рабской психологии, которую я вижу в мужчинах, а лишь свобода в мыслях и взглядах. У него большой кругозор, мы не можем часами наговориться, он не ограничивает меня, не навязывает мне ничего, мы постоянно смеемся. Мы сходимся практически по всем жизненным позициям, он умеет наслаждаться жизнью, он молод. Он не расценивает поцелуи как прелюдию к сексу, а сам ими наслаждается...

Господи! Я даже не знала, что такое бывает!!! Я даже плачу от счастья!!! Не знаю, но, наверное, мужчине этого не понять... Но описать все, что мне в нем нравится, не хватит времени. Я даже когда в зеркало смотрюсь, уже начинаю понимать, зачем мне быть прекрасной. Кстати, с моим мужчиной я расцвела капитально: как утренняя роза с капельками бриллиантовой росы. Чувствую, что я уже не хожу по земле — я парю. Изменилась до неузнаваемости. И я вижу то же самое в нем: я вижу, как светятся его глаза, когда он смотрит на меня, я чувствую какой-то ореол голубоватый вокруг нас. А когда мы встречаемся, вообще происходит чудо: погода становится солнечной и лучезарной до тех пор, пока мы не расстанемся. Вообще потрясающее явление! Идет дождь, ураганный пронизывающий ветер, а когда мы встретились, то все куда-то исчезает! Выглядывает солнце, и становится тепло-тепло!

И сравнить с тем, чего я лишилась, на ум приходит одна народная истина: «Есть сволочь, есть последняя сволочь, есть москвич, а есть москвич из Одессы».

Ну а в целом получается, что он — полная противоположность приведенному выше описанию, и даже гораздо хуже. Получается, что я сама виновата в том, что выбрала такое... Я теперь поняла, что это была просто весьма заниженная самооценка и какое-то жуткое желание помочь и открыть многое человеку, до чего он просто не может додуматься. Я пыталась катить квадрат. Но, быть может, без этого горького опыта я бы не смогла многое понять и оценить то, что сейчас имею. А в особенности поняла, что нельзя помогать страждущим, как это ни странно звучит: они сами выбирают этот путь и должны сами додумываться до уроков, которые себе ставят. Этот урок у меня повторяется на новом уровне: прошлый был еще в школе, когда я всем давала списывать по всем предметам. В один прекрасный день я поняла, что общаюсь с дебилами, которые основательно сидят на моей шее... Пришлось долго и упорно исправлять косяк, хоть и жаль было их...

Жестоко? Да. Но всех же не подберешь, как бы они ни страдали. Меня одно удивляет: что же его надоумило слинять от меня? Глупо. Но теперь меня это событие очень-очень радует. Ведь иначе бы я не узнала счастья, всю жизнь видела бы его грустные глаза и сама грустила... А я до-

стойна гораздо большего. И вообще замечательные люди должны быть вместе».

Опыт множества людей показывает, что переделать или переубедить любимого вы никогда не сможете, а вот сможете ли принять его со всеми его заморочками? Даже если это будет дуб со скворечником? (Или сварливая стерва с претензиями на роль королевы — для мужчин.) Если да, и вы «за базар отвечаете», то вперед, в долгую и счастливую семейную жизнь! Если, конечно, он разделяет ваше убеждение о необходимости создания семьи. Поскольку, по общему правилу, чем больше оно для вас дорого, тем меньше он будет его разделять.

Самый лучший брак — брак людей, умеющих прощать недостатки любимого человека. А еще точнее, не обижаться изначально. То есть брак людей, не имеющих избыточно значимых ожиданий, ради борьбы за которые вы готовы пожертвовать годами своей жизни, здоровьем и напрасно прожитыми годами без радости и любви.

Так что теперь у вас есть все возможности построить себе счастливую жизнь, и воспользуетесь ли вы ими, зависит только от вас. А мы подведем очередные итоги.

ИТОГИ

- *Перед вступлением в брак очень важно знать свои избыточно значимые ожидания (идеализации). Тогда Жизни не нужно будет подсовывать вам любимого, который затем станет их разрушать.*
- *Чтобы выяснить свои идеализации, нужно некоторое время понаблюдать за тем, что вызывает ваши длительные (или частые) негативные эмоции. Вы выясните, что все время раздражаетесь по одному и тому же поводу, то есть количество очень значимых для вас идей совсем не велико.*
- *Затем примите осознанное решение, что вы больше не будете портить свои нервы по*

этим поводам, то есть вы осознанно снижаете значимость для вас этих ожиданий. И руководствуйтесь этим решением все последующее время.

■ *А затем посмотрите, что является очень значимым для вашего любимого (если он имеется, конечно), за какие свои идеи он будет бороться до конца. Приемлемы ли для вас его требования, и готовы ли вы измениться с тем, чтобы соответствовать его ожиданиям? Если нет, то нужно очень хорошо подумать, прежде чем вы примете решение связывать с ним свою жизнь на многие годы.*

■ *Лучший брак — брак людей, умеющих прощать недостатки любимого человека. Научитесь этому, и вас ждут долгие годы счастливой совместной жизни.*

А как же любовь?

> *Любовь — это торжество воображения над разумом.*
>
> Карди

Прочитав предыдущий параграф, самые горячие читатели могут воскликнуть: «Так что же, нас призывают вступать в брак по расчету? А как же любовь? Где горение сердец, неуемная страсть, пылкость чувств и все те божественные ощущения, которые мы хотим получить от любви?»

• Любовь и разум — две вещи несовместные?

А действительно, как страстная любовь сочетается с рекомендациями «прикинуть» своего любимого с тем, чтобы заранее понять, чем он будет вас доставать через пару-тройку лет?

Ответ будет простой: сочетается туго. Поступками человека обычно руководят или разум, или чувства (сюда еще вмешиваются инстинкты, но об этом мы поговорим позднее). Понятно, что любовь — это чувство, а пламенная любовь — это чувство в квадрате. Так что разум (рациональный ум) у влюбленного человека совершенно не востребован, его способности оценивать последствия своих поступков подавлены (если, конечно, они когда-то были). Именно так воспринимают любовь большинство людей, и именно так ее восхваляют в своих произведения поэты и писатели-романтики. Они, кстати, имели массу проблем в личной жизни, которых никак не может пожелать себе нормальный человек, вступающий в брак. Они воспели свои безумства, а мы хотим испытывать их в своей прочной и долговременной семейной жизни.

Стих в тему

> А Байрон прав, заметив хмуро,
> Что мир обязан, как подарку,
> Тому, что некогда Лаура
> Не вышла замуж за Петрарку.
> И. Губерман

В общем, неувязочка получается, как видите. Либо безумная страсть, но ненадолго. Либо прочный брак, но с безумной любовью будут сложности. А сложить всё это, как пробуют многие, обычно не получается.

• Что есть любовь

Кстати, можно немного порассуждать на тему, что есть любовь. Чувство это очень многогранное, поэтому мы рассмотрим только одну ее сторону, обычно упускаемую из внимания, а именно энергетический аспект любви.

С этой точки зрения любовь есть очень приятное бурление энергий (жизненных сил) в нашем организме.

А пылкая любовь — это просто фонтан энергий, которые наполняют нас и изливаются на окружающих. Влюбленный человек «летает на крыльях любви» — переполняющая его энергия делает его движения легкими, танцующими, воздушными. Он весел, бодр и счастлив независимо от обстоятельств окружающей жизни, поскольку его рациональный ум в это время не способен оценивать реальность. Эндорфины (гормоны удовольствия) в огромном количестве выбрасываются в горячую кровь, человек находится в возбужденном, очень приятном состоянии эйфории, весь мир кажется ему прекрасным, и любые цели для него достижимы. Выражаясь другим языком, у него возбужден центр удовольствий, и он готов оставаться в этом состоянии бесконечно долгое время.

Позже, когда по каким-то причинам любовь проходит (гормональный фон меняется), и человек выпадает из своего высокоэнергетического состояния эйфории, весь мир кажется ему пресным, скучным и пустым, порой ему даже не хочется жить — так сильно различаются его ощущения во время влюбленности и во время обычной жизни. И он, помня о тех прекрасных ощущениях, которые он испытал в состоянии влюбленности, стремится испытать их вновь и вновь. Для этого он ищет новую любовь. Именно так поступали обычно те самые поэты и писатели, которые прославляли пламенную страсть.

Либо, если в голове сидят страхи о том, что новой любви не найти, он **зависает на воспоминаниях** о прежних, прекрасных и сильных ощущениях и пробует (требует, просит) получить их вновь и вновь от своего любимого. Отсюда возникает «зависимость» от любимого, который уже не может вам дать то, что вы требуете. В ее основе лежит воспоминание о тех прекрасных минутах самых сильных в вашей жизни ощущениях (энергетических всплесках), которые вы когда-то испытали. Если этих острых ощущений не было, то и зависимости быть не может — вспоминать нечего.

• Люди зависят от прошлых переживаний

Зависимость от испытанных когда-то очень сильных ощущений относится не только к любви. Получить острые ощущения можно многими способами, и если вы их когда-то пережили, то воспоминания о них записываются на уровне клеточной памяти и вы постоянно будете стремиться вновь вернуться к этим ощущениям.

Умная мысль

> Единственный способ навсегда запомнить что-то прекрасное — лишиться его навсегда.
>
> Сардоникус

Например, если человек был на войне и там его жизни угрожала реальная опасность, но он выжил и испытал при этом сильнейшие эмоции (а попробуйте оставаться бесстрастным при этом!), то память об этих переживаниях может жить в нем долгие годы и все время заставлять вспоминать о них. У медиков эта память о прошлых энергетических всплесках, испытанных человеком на войне, получила название «афганский синдром», «чеченский синдром» и т.д.

Если человек когда-то достиг больших успехов или славы и испытал при этом огромный подъем душевных сил, то он легко может зависнуть на воспоминаниях о них, не находя в текущей жизни ничего достойного внимания. Просто участвуют в боевых действиях или достигают вершин успеха немногие, а сильнейшие любовные переживания доступны практически всем, поэтому и зависание на воспоминаниях о прошлых эмоциональных (энергетических) всплесках наиболее часто по теме любви.

Собственно, ничего не мешает вам испытать эти ощущения вновь, но уже с другим любимым. Ничего, кроме собственных страхов и неверия в то, что вы сможете еще раз испытать то же самое.

То есть все эти рассуждения говорят о том, что **любовь можно рассматривать как высокоэнергетическое состояние**, дающее человеку сильнейшие ощущения. Особенно они сильны, когда любовь романтическая (на уровне сердечных центров) соединяется с любовью сексуальной (на уровне сексуальных центров). Обмен энергиями между влюбленными в таком случае достигает максимального значения, и им очень трудно найти в обычной жизни хоть что-то, что давало бы подобные сильные ощущения. Именно поэтому люди стремятся испытать страстную любовь вновь и вновь, невзирая на ту боль, которую она иногда приносит после завершения.

- *Чем сильней, тем короче*

Кстати, здесь наблюдается одна закономерность: чем сильнее страсть, то есть чем более сильные ощущения она вам дает, тем она короче. Почему так происходит, понятно. Поскольку страсть есть затяжное нахождение человека в состоянии крайнего возбуждения, на надрыве, когда все возможности организма брошены на поддержание этого энергетического подъема, то ресурсы организма довольно быстро истощаются.

Люди, живущие в состоянии крайнего возбуждения, обычно долго здесь не задерживаются — они расходуют свои жизненные ресурсы быстрее, чем они восстанавливаются (кто же станет думать о своем здоровье, находясь в состоянии пламенной страсти?). Об этом говорят биографии известных людей, проживших пламенную, но короткую жизнь.

Но, похоже, что мудрая Природа предусмотрела механизм принудительного отключения этого источника удовольствий для того, чтобы люди жили дольше и выполняли какие-то иные задачи, кроме нахождения в состоянии любовной эйфории. То есть она намекает: получил порцию удовольствия от любви — пойди займись делом. Поработай, сотвори что-нибудь полезное, вырасти детей, благо они при наличии сильной любви появляются как бы сами собой. Если все делаешь правильно, то можешь получить еще порцию пламенной страсти, но в разумных пределах, и так много раз.

А перекрывает нам любовный пыл, скорее всего, наш же инстинкт самосохранения, который заинтересован в максимальном продлении жизни человека. Все помнят известный эксперимент с мышами, которым в мозг в центр удовольствий ввели электроды, и мыши могли возбуждать его, нажимая на кнопку. Так ведь они умирали от жажды и голода прямо на этой кнопке, не желая хоть на миг лишить себя удовольствия, хотя вода и пища стояла рядом.

Сильно ли люди отличаются от мышей в стремлении к удовольствиям? Если вспомнить те толпы наркоманов, алкоголиков или любителей экстремальных занятий, которые легко жертвуют жизнью ради сиюминутных удовольствий, то не очень. А род человеческий должен продолжаться, какими бы странными желаниями мы ни руководствовались. Вот у нас и отнимают «кнопку с удовольствиями», как только энергетические затраты на поддержание любовного горения превышают те ресурсы, которые ваш организм может направить на это развлечение. А люди пока еще не придумали препарата или прибора, чтобы снова и снова входить в состояние любовного возбуждения.

Отсюда, кстати, возникает понимание того, почему в юности любовные страсти более часты и сильнее, нежели во взрослом возрасте. В юности все мы полны жизненных сил, энергия бьет ключом и находит свое применение в любовных переживаниях. Мы влюбляемся часто и сильно, это очень приятные ощущения, поэтому хочется находиться в этом состоянии всю жизнь.

С возрастом количество мест, куда могут уходить наши жизненные силы, резко увеличивается. Это работа, учеба, приготовление пищи, воспитание детей, уход за домом, дача, какие-то увлечения, повседневные переживания. В итоге свободных ресурсов у организма остается все меньше, особенно если вы хронически не высыпаетесь или ваша голова постоянно занята какими-то мыслями. Соответственно, энергетических возможностей для того, чтобы испытать «пламенную страсть», остается совсем не много. Не говоря уже обо всех остальных заботах, которые могут блокировать приход к вам желанной любви.

Когда человек вырывается из привычного круга дел, забирающих все его силы, и уезжает на пару-тройку недель на отдых, его энергетические ресурсы резко возрастают. Соответственно, появляется лишний ресурс жизненных сил, который можно направить на любовь и секс. Поэтому на курортах так быстро завязываются страстные романы, которые моментально гаснут после возвращения в обычную жизнь, где нет свободных ресурсов для любви.

То есть, если вы жаждете страстной любви, вы как минимум **должны иметь необходимый энергетический ресурс для ее разжигания** (дровишки для пламени любви должны быть наготове). А если вы погрузились в длительные переживания по поводу ушедшей любви и близки к депрессии, то есть находитесь в низкоэнергетическом состоянии, то вы сами перекрываете себе возможность воспламенения страсти — вы все свои силы отдали на бесполезные переживания. И страстная любовь может к вам вернуться после того, как вы отмучаетесь переживаниями, забудете о них и начнете жить настоящим, а не прошлым.

Отсюда, собственно, вытекает идея о том, какими могут быть «таблетки от любви».

• Таблетка от любви

Люди порой ищут средство, чтобы избавиться от любви. Понятно, что не от тех пламенных и нестерпимо приятных ощущений, которые они испытывают в моменты любви. Избавиться нужно от навязчивых воспоминаний об этих прекрасных моментах. Причем умом вы можете понимать, что любовь прошла, ваш любимый исчез с горизонта и ничто не может его вернуть назад, но сердцу, как говорится, не прикажешь. В воспоминаниях вы вновь и вновь возвращаетесь к пикам ушедшей любви и хотите испытать их вновь и вновь и с тем же человеком, поскольку именно он доставил вам моменты блаженства. Вы находитесь в зависимости от своих воспоминаний о приятных ощущениях. Это наркомания, хотя внешне это трактуется как любовь.

Умная мысль

> *Порицать молодого человека за то, что он влюблен, все равно что упрекать кого-либо в том, что он болен.*

Можно ли быстро избавиться от этой мучительной зависимости? Наверное, можно, если приложить определенные усилия и стереть информацию о ваших прошлых любовных переживаниях. Понятно, что таблеток, которые смогут стереть память о прошлых моментах удовольствий, нет, во всяком случае, пока. Но вот психотерапевтических методов очистки нашего тела от разного рода переживаний существует множество. Это работает, конечно, если любви уже нет, а сами воспоминания о прошлом сильно отравляют вашу нынешнюю жизнь.

Дадим несколько рекомендаций.

• Работаем с идеализацией контроля

Первая рекомендация. Вы можете цепляться за прошлое потому, что **боитесь и не доверяете будущему**. Вы не верите, что сможете еще раз встретить такую же «чистую и светлую любовь», и поэтому всячески затягиваете расставание с прошлым. Выражаясь языком методики Разумной жизни, у вас есть **идеализация контроля** в форме страхов перед будущим и недоверия Жизни. Эта идеализация часто блокирует нам возможность сделать шаги вперед, к желанному будущему, и вы зависаете в том состоянии, которое вас совершенно не устраивает. Например, вам не нравится ваша работа, но вы боитесь ее бросить, потому что не уверены, что найдете другую, страх удерживает вас. Или вы живете с нелюбимым мужем (женой) и давно мечтаете о разводе, но не делаете этого шага, опасаясь, что никого больше не встретите и останетесь одиноки.

Это все слова из одной песни: «Я боюсь будущего. Я готов(а) сделать решительный шаг, если буду абсолютно уверен(а), что впереди все будет хорошо. Я откроюсь новой любви, если вы гарантируете мне, что она будет».

Понятно, что гарантий не дает никто, и «контролер» зависает в состоянии душевного дискомфорта, которое в нашем случае принимает форму зависимости от прошлой любви.

Значит, **чтобы избавиться от зависимости, нужно поработать со своими страхами, научиться доверять Жизни** и смело смотреть в будущее — там есть все, что вы пожелаете получить. А сегодня вы создаете себе будущее, о котором сами же много раз заявляли Жизни своими страхами: «Все самое прекрасное осталось позади. Любви больше не будет. Я никому не нужна. Будущее ужасно» и т.д. Как только вы измените свои мысли на противоположные, позитивные, то ваше будущее изменится в тот же миг и вас будет ждать то, что вы позволяли себе получить.

Некоторые рекомендации по работе со своими страхами мы дадим в разделе про ревность.

• Очистим свой эмоциональный багаж

Вторая рекомендация сводится к тому, что в памяти нужно стереть (или просто уменьшить) информационный импульс, в котором записано, как классно было у вас в прошлом. Если такого воспоминания не будет, то и зависать вам будет не на чем.

Как это можно сделать самому? Например, используя технику, похожую на одитинг (из Дианетики), то есть **способ многократного пересказывания вслух самых значимых ваших воспоминаний**. Для этого нужно либо найти терпеливого собеседника, либо сесть просто перед зеркалом и вслух рассказать все о вашем замечательном прошлом, с мельчайшими подробностями, включая описание окружающей обстановки, времени суток, цветов, запахов, фактуры материалов и т.д. И так раз 30—40. На тридцатый раз вы почувствуете, что вам не о чем уже рассказывать, ваше воспоминание стало пустым и неинтересным.

Подобный эффект испытываем все мы, например, после летнего отдыха. Первым трем знакомым мы рассказываем о самых интересных моментах отдыха с энтузиазмом. Следующим трем — скомканно и без азарта, а от последующих любопытных просто стараемся увернуться — нам просто неинтересно все, что там было. Точно так же можно поступить с прошлой любовью, но только рассказывать нужно со всеми подробностями, эмоционально и раз 30—40. Потом это все забудется, как кошмарный сон.

Другой способ — применить технику интенсивного дыхания (холотропное дыхание, ребефинг), в ходе сеансов которой можно вновь пережить все прошлые эмоции и тем самым вывести их из своего тела.

Наверное, можно еще воспользоваться помощью психотерапевта — если он, конечно, может уделить вам достаточное количество времени, а не отделывается выпиской рецепта.

Так что от воспоминаний о любви излечиться можно. И пустить в свою жизнь новую любовь тоже можно, если не совершать тех ошибок, о которых мы рассказываем в этой книге.

На этом мы завершаем рассуждения о любви и переходим к итогам.

ИТОГИ

- *Любовь есть сильная эмоция, которая подавляет способность человека рационально оценивать свое будущее. Если же человек не позволяет своим чувствам захлестнуть его, то у него явно будут большие проблемы с сильными чувствами — он просто не пускает их в свою жизнь.*
- *Любовь есть многогранное явление, и можно рассматривать разные ее аспекты. Если рассматривать ее с точки зрения нашей энергетики, то страстная любовь есть состояние сильнейшего энергетического подъема, для обеспечения которого привлекаются все ресурсы организма.*
- *Поскольку сильная страсть требует слишком большого расхода внутренних ресурсов, то инстинкт самосохранения периодически «выключает» это состояние — когда оно начинает угрожать жизни человека.*
- *Чтобы испытать сильную любовь, нужно (но не достаточно!) иметь свободный энергетический ресурс. Если же вы с утра до вечера заняты в бесконечных делах и хлопотах, то страстная любовь вряд ли посетит вас.*
- *Чтобы избавиться от зависимости от прежней любви, нужно стереть воспоминания о ней в своей эмоциональной памяти и открыться для новых чувств.*
- *Сделать шаг в будущее часто мешают страх и вытекающее из него стремление точно знать (контролировать), что вас ждет впереди. То есть нужно учиться доверять Жизни и изгнать страхи из своей головы.*
- *Затем нужно применить какие-то техники, с помощью которых можно будет сделать ваши воспоминания о прошлом не такими яр-*

кими. Здесь годится способ многократного проговаривания своих прошлых переживаний, или техники интенсивного дыхания, или психотерапия.

Уж полночь близится, а Германа все нет...

> *Я стою у ресторана,
> Замуж — поздно, сдохнуть рано...*

Хотя мы и осведомили читателя о том, какие сюрпризы таит в себе семейная жизнь, вряд ли у кого-то из тех, кто еще не замужем (не женат), отпало желание забраковаться. Действительно, как говорил один небезызвестный персонаж, главное — ввязаться в бой, а там видно будет.

Ну что ж, тогда вперед, к теме брачевания.

Этот раздел будет предназначен для тех читателей, **кто страстно желает забраковаться, но не имеет такой возможности** из-за полного отсутствия второго участника этого процесса. А брак, как известно, совершается между двумя людьми, преимущественно разного пола.

Так вот, что же можно или нужно делать, если страсть как хочется выйти замуж (или жениться), а ничего не получается? Нет любви, нет достойного объекта для любви или достойный объект всячески брыкается и не хочет жениться. А годы идут и шансы изменить положение становятся все призрачнее... Можно ли как-то изменить эту ситуацию? Конечно, можно.

Но для этого нужно кое-что понять. А вы как думали? Легкой жизни никто и не обещал.

А поразмыслить надо будет вот над чем: что привело вас к нынешнему положению? Ибо ничего в жизни не происходит просто так, и все мы создаем сами, порой, правда, даже не подозревая об этом.

• Вселенная идет нам навстречу

Вы, наверное, замечали, что если о чем-то долго и страстно мечтать, то желаемое каким-то чудесным образом исполняется. Почти каждый человек может вспомнить в своей жизни случай, а порой и не один, когда что-то происходило, и вы получали желанную вещь, поездку, встречу и т.д. Вспомните о таких случаях. Это важно.

Вы наверняка относили эти события к чуду, то есть к тому, что происходит по неведомой для вас воле и никак от вас не зависит.

Это ошибка. **Эти чудеса создавали вы сами**, своими мыслями и желаниями. Вспомните, сколько таких чудес было в вашей жизни? Наверняка не одно и не два. А уж если брать мелкие счастливые совпадения — то ими наверняка пестрит ваша биография, каким бы несчастным и обделенным вы себе ни казались.

Отсюда вывод. **Жизнь изначально готова пойти вам навстречу**, благосклонна к вам. Она готова предложить вам любые блага. И только от вас зависит, как вы распорядитесь этой возможностью.

То, что Жизнь скупа и несправедлива, то, что в жизни всего недостаточно — это самая большая иллюзия, которую создали люди. Жизнь щедра и изобильна, просто мы сами мешаем ей помогать нам.

Например, вам хочется найти увлекательную и хорошо оплачиваемую работу. Жизнь готова пойти навстречу вашей мечте. Но как она это сделает, если вы сами себя считаете недостойным ни работы, ни денег? Если вы ни словом, ни делом, ни мыслью своей не даете Жизни возможности реализовать для вас желаемое? К тому же вы твердо убеждены, что ничего приличного вам не светит, что вы так и будете прозябать за копейки еще долгие годы. И ведете себя соответствующе (постоянно жалуетесь, охотно участвуете в разговорах на тему, «как тяжела жизнь, как все плохо», не идете учиться и т.д.). То есть вы все сделали для того, чтобы остаться в этом тяжелом положении, потому что оно соответствует вашей картине мира. При таком раскладе Жизнь просто не в состоянии помочь вам. Слишком глубоко вы забрались в свою нору! Вас оттуда не вытащить.

Умная мысль

*Человек ни во что не верит,
но за все переживает.*

Сардоникус

Давайте посмотрим, как же мы сами сопротивляемся собственному счастью и отказываемся от тех безграничных возможностей, которые каждый человек имеет от рождения. А именно от возможностей создать благополучную, обеспеченную и счастливую жизнь с помощью реальных усилий и позитивного мысленного настроя.

• Жизнь — это большой ксерокс

Наша жизнь — не что иное, как большой копировальный аппарат, который воспроизводит все, что мы думаем, говорим и делаем. Она «печатает» то, что есть у нас в голове. И возвращает вам уже не в виде мыслей, но в виде своего отношения к вам.

А теперь задайте себе вопрос: ксероксу не все ли равно, что вы хотите распечатать? И если вы засовываете в него листки с фразами: «Жизнь — дерьмо», «Денег нет» и «Меня никто не любит», он исправно выполнит свою задачу. То есть отразит содержание листов на всей вашей жизни.

• Что у вас в голове?

А теперь вспомните, какие мысли по поводу семейной жизни, замужества преобладают в вашей голове. Что вы засовываете в огромный вселенский ксерокс? Нет ли там бесконечных страхов и сомнений типа:

- *Кому я нужна, такая ... (подставьте свое: старая, страшная, толстая, глупая, с ребенком и т.д.)!*

- *Всех приличных мужиков уже разобрали, мне ничего не достанется.*
- *Женщин слишком много, мужчин на всех не хватит, я останусь одна.*
- *В нашем селе (поселке, городе, стране, планете) нельзя встретить ничего приличного.*
- *Я никогда не найду себе любимого! Я обречена на одиночество!*
- *Я недостойна любви, ее нужно заслужить (вариант: для нее нужны особые качества, которых у меня нет)!*

И так далее, перечень можно продолжать до бесконечности.

Но если весь этот словесный мусор все время крутится у вас голове, то **он и является тем самым заказом, который Жизнь вынуждена исполнять!!!** Это и есть те самые листы, которые вы кладете в копировальный аппарат. То есть вы сами заказываете себе одиночество, своими страхами и бесконечными сомнениями. Никакого реального значения не имеет тот факт, что в вашем поселке или городе в действительности мало мужчин, что все они заняты и т.д. Если вы пожелаете, Жизнь доставит вам его хоть из далекой Австралии (а в Австралию — из Сибири). **Важно только то, что вы думаете по поводу возможной встречи с любимым.** И если вы думаете, что такая встреча невозможна, то в этот самый момент сами делаете ее невозможной!!!

• Думаем только позитивно

Вывод из этих рассуждений очень простой: если вы хотите чего-нибудь хорошего в этой жизни, оставьте страхи и сомнения! Еще никому от них лучше не стало. Пускайте в себя только позитивные мысли, наполните себя уверенностью в желанном будущем, и оно обязательно реализуется.

Конечно, тут есть определенные правила и ограничения, и мы еще будем их рассматривать, но если ваши амбиции не чересчур велики и если вы не претендуете на принца Уэльского (если такие бывают) или на американского миллиардера Билла Гейтса (кстати, женатого), то ваш заказ обязательно реализуется!

И на этом славном пути важно не совершать некоторых ошибок, то есть не попасть под процессы разрушения ваших идеализаций.

Хотя, если вы научитесь мыслить только позитивно и улыбка никогда не будет сходить с вашего лица (даже во сне), то и идеализаций у вас быть не может. Если помните, идеализация характеризуется длительными переживаниями по поводу того, что кто-то (а то и вы сами) не соответствует очень значимым для вас ожиданиям. Какие тут улыбки, если на носу вскочил прыщик или любимый не звонит уже второй час! Поэтому давайте рассмотрим поподробнее, как идеализации могут разрушить проекты вашего семейного счастья. А это очень не сложно.

• *Идеализация отношений между людьми*

Эта идеализация очень многолика и может стать мощным барьером на пути к личному счастью. Например, в семье ваших родителей (бабушек, знакомых, у литературных героев) муж часто дарит жене цветы, целует ее при встрече и всячески заботится о ней. Вам это очень нравится, и вы решаете для себя: «Вот он, мой идеал! Мой любимый должен вести себя только так, а всех остальных примитивов я просто презираю!»

Как понимаете, это идеализация, и Жизнь будет доказывать вам, что наряду с такими отношениями между любимыми могут быть и другие. То есть буквально все встречающиеся и обращающие на вас внимание молодые люди будут предъявлять вам как раз то, что вы презираете. А те редкие мужчины, которые соответствуют вашему идеалу, почему-то не станут обращать на вас внимания, несмотря на ваши призывные взгляды или иные усилия. Или кто-то из них обратит на вас внимание, но позже выяснится, что он только играл роль галантного кавалера на пути к своей цели, а на деле — все такой же примитив, только вы это сразу не поняли.

Это был пример с романтическим вариантом ожидаемого брака. Но идеализация отношений многолика, и вы можете «зависнуть» на честности, благодарности, деликатности, верности, чуткости, внимательности или других аспектов человеческих отношений. Для вас они очень важны, и вы не можете допустить, чтобы ваш любимый их не разделял. Вы ищете любимого только с такими же взглядами на жизнь, а он все не попадается. «Уж полночь близится...», то есть годы идут, а желанного все нет и нет. Понятно, что разного рода страхи и сомнения, переходящие в головные боли и депрессии, стали вашим постоянным спутником. А все потому, что вы готовы принять Жизнь только в очень узком ее диапазоне. А она вам подсовывает совсем другую продукцию.

Конечно, не всегда идеализация выражается в явном предпочтении одних черт и презрении к другим. Гораздо чаще бывает так: встретили человека, ничего не загадывали и вроде бы ничего особенного от него не ждете. И все вроде бы нормально, но вот он делает что-то. И это что-то вызывает у вас шок. Причем иногда неожиданно для вас же. Вы долго отходите от этого шока. Но повторение этого же поступка опять вызывает шок (или депрессию, или долгую и сильную обиду). Вы можете расстаться с этим человеком. И встретить другого. И когда он совершит нечто подобное, у вас снова будет шок. Это и есть идеализация.

• *Случай из жизни*

Приведем пример конкретной ситуации, диагностика которой была дана в одной из интернет-рассылок.

«Здравствуйте. Меня зовут Лилия, мне 29 лет, у меня есть сын шести лет, мы живем с моими родителями. Я в 19 лет вышла замуж и через год развелась (по моей иници-

ативе). *После этого у меня были мужчины, от одного из них я родила. Мы с ним не встречаемся, с ребенком он также не общается. У меня нет никаких комплексов относительно того, что сын растет без отца. Тем не менее я полагаю, что ребенку нужен если не отец, то старший друг, а мне — муж.*

Года два назад я познакомилась с мужчиной, безумно в него влюбилась, наш роман продолжался около трех месяцев, после чего мы расстались. Я очень тяжело переживала это расставание. Однако время все лечит, я успокоилась, поменяла работу. В сентябре я на работе познакомилась с мужчиной, он наш сотрудник. Мы с ним встречались, говорили о дальнейшей совместной жизни, строили планы на будущее. Он в хороших отношениях с моим ребенком. Все шло нормально, он познакомил меня со своей мамой. Некоторое время назад я начала замечать, что он стал относиться ко мне несколько прохладно. Если раньше он мне звонил с работы пару раз в день, то теперь мог вообще не позвонить, стал гораздо менее внимательным. Меня такое отношение обижает, и я предложила поговорить. В разговоре он мне сказал, что, видимо, нам придется расстаться, потому что для него работа — главное и он не хочет портить мне жизнь. Мне кажется, что это не причина, а лишь неуклюжий повод не говорить мне правды. Посоветуйте, что мне делать. Я его люблю и хочу провести с ним всю жизнь. Может быть, я совершаю какие-то ошибки раз за разом, но не могу понять, какие именно?»

— Лилия, а какую «правду» может скрывать от вас ваш друг? И в чем вы видите повторяющиеся ситуации?

— *Мне кажется, что правда заключается в том, что он испугался серьезных отношений, обязательств. А повторяющиеся ситуации, как мне кажется, состоят в том, что мужчины, с которыми я встречалась, сначала заводили речь о женитьбе и дальнейшей совместной жизни, а потом, видимо, передумывали.*

Как видите, Лиля практически сама дала ответ, не осознавая этого. Ее избранники пугаются той ответственности, с которой она относится к браку и совместной жизни и которой пытается нагрузить их. Нормальному человеку не нужны лишние проблемы, и ее мужчины идут поискать кого попроще, кто не будет их так «грузить ответственностью» еще до брака. Они прикидывают, что могут не потянуть все требования Лили, и благоразумно удаляются. Они благородные люди, не желающие огорчать ее в будущем, а она их осуждает. Лиля вроде бы даже ничего особенного от них и не требует, но они чувствуют, сколько надежд она возлагаете на них. Они просто понимают, что не смогут нести это бремя. Так и ее последний любимый после обсуждения перспектив совместной жизни понял, как много она от него ждет и что ему придется ограничить свои интересы и потребность в работе, и благоразумно решил не доводить дело до брака. Он не хочет перестраивать свою жизнь под ожидания Лили, бросать или ограничивать свое любимое дело, чтобы быть для нее хорошим. Он имеет на это полное право. А если он этого не сделает, то заведомо будет плохим мужем, то есть ничего хорошего от такого брака ожидать не приходится.

Так что это проблема Лили, а не ее мужчин. Выход здесь один — изменить свое отношение к браку. Ей нужно попробовать рассматривать брак не как глобальное и очень значимое событие, в котором на карту поставлено все, а как легкое приключение. Обесценить драматизм происходящего.

«А не сходить ли мне замуж?» — при таком искреннем подходе Лиля не будет пугать мужчин бременем ответственности. Да и счастлива она сможет быть уже сегодня, а не в будущем, когда выйдет замуж. Но изменение отношения к браку должно быть искренним, а не напускным: я поиграю в легкость и тем самым обману Жизнь. Жизнь не обманешь. Ей все равно, замужем вы или одиноки, ей важно научить нас не иметь идеализаций.

• Еще один случай из жизни

«Я очень прошу помочь мне. Я живу в Литве. Моя мама умерла от рака — мне было 5, сестре 11 лет. Отец женился опять, но она нас не любила, а отец не был почти дома — пил, гулял и издевался над нами с сестрой. Он служил в КГБ, так у нас дома был ГУЛАГ! Рано ушла из дома, но все равно не могу найти свое место в жизни, ничего не имею — ни дома, ни семьи, ни любви, ни денег. Сестра живет лучше, слава богу.

А я все ищу место, куда приткнуться, ищу любви, но по жизни у меня так — я люблю отца, и сестру, и брата, друзей, близких и др. Но ко мне обращаются, только если что нужно. Я последнее отдаю: деньги, вещи, так как не могу сказать «нет», у меня материальное не на первом месте. Но скажите, почему, когда мне нужен просто совет или деньги, те, кому помогала, не помогают, а чужие добрее и помогают? Я не требую, но не понимаю, почему так. И скажите, что мне делать, чтобы избавится от этого душевного одиночества, что меня недолюбили, что я с 6–7 лет все делала сама и могла надеяться только на себя. Я очень устала от борьбы за выживание... Я становлюсь все замкнутее, грустнее, и очень одиноко мне в душе, вроде всегда среди людей, друзей, но в то же время одна. Правда, с мужчинами отношения нормальные. Извините за сумбурное письмо. Спасибо заранее. Анжелика, 27 лет».

Анжелика как читатель наших книг должна бы знать, что все мы в жизни проходим те или иные уроки. Суть большинства этих уроков сводится к простой мысли: не берись судить себя или окружающих людей, позволь им всем быть такими, какие они есть в реальности. Судите вы окружающих людей или нет, легко определить по тем эмоциям, которые характерны для вас. В письме Анжелики явно сквозит осуждение тех ее знакомых, которые в ответ на благодарность и помощь отвечают ей черствостью. То есть у нее есть очень значимая идея о том, как должны вести себя близкие люди — они должны быть благодарны ей за помощь. В нашей методике это называется «идеализация отношений между людьми». И Жизнь через этих людей разрушает эту идеализацию. То есть Жизнь доказывает, что идея о том, какими должны быть отношения между родственниками, ошибочна, и что эти отношения могут быть самыми разными, и нам не стоит по этому поводу погружаться в переживания.

Анжелике нужно просто принять своих родственников такими, какие они есть: занятыми своими делами, эгоистичными и не считающими необходимым отказывать себе в пользу других людей. А другие люди легко приходят к ней на помощь потому, что она не имеет к ним никаких претензий и ожиданий, то есть они не включены в ее идеализацию.

Кстати, тем самым близкие Анжелики дают ей прекрасный урок того, в какую сторону нужно меняться. Ведь они, в отличие от нее, явно довольны жизнью. Может быть, ей стоит поучиться у них, а не тащить их в свою депрессию? Скорее всего, такая мысль никогда не приходила ей в голову, она всегда считали свое поведение единственно правильным.

А ей действительно не хватает любви к себе, заботы о себе, внимания к себе. Анжелика ищет любовь и внимание у окружающих людей и не находит его в достаточном количестве (и даже обвинила в этом своих родителей!). Но пока у нее не будет любви к себе самой, пока она будет считать себя недостойной ее, никто ее не даст. **Если и родители не научили Анжелику любить себя, то нужно научиться этому самой! Все, что нам нужно для счастливой жизни, есть внутри нас**, а Анжелика ищет это у других. Ей нужно обратить внимание на себя, начать заботиться и помогать себе так, как она это делала для других людей — чем она хуже их? Нужно перестать раздавать деньги по первой просьбе — разве они не нужны ей самой? Нужно научиться говорить «нет» тогда, когда не хотите выполнять чужую просьбу. Нужно начать говорите себе приятные слова любви и уважения, хвалить себя, заботиться о себе. Вы такое же божественное создание, как и остальные люди, вы достойны любви и уважения, обратите их на себя. И Жизнь изменит к вам отношение.

• **Идеализация семьи**

Следующая избыточно значимая идея, которая может заблокировать ваше счастье, это... сама идея наличия семьи.

Да, да, не удивляйтесь. Почему вы решили, что вам обязательно нужно выходить замуж, создавать семью, рожать детей? Откуда у вас взялась эта идея? (Предвидим ваше возмущение.) Но вместо того чтобы возмущаться, подумайте вполне серьезно: откуда, от кого вы позаимствовали эту затею?

Внушили в детстве бабушки и дедушки? Мама сказала? Боитесь одинокого будущего? Надоело видеть сочувствующие лица родителей или подруг? Не дает покоя инстинкт продолжения рода?

Мы уже рассматривали причины, по которым люди стремятся создать семью. Их множество, и любая из них может привести вас к бесконечным переживаниям, то есть к идеализации семейной жизни. А идеализации, как известно, разрушаются Жизнью. То есть при всем вашем стремлении выйти замуж за кого угодно и вашем постоянном беспокойстве возможности такой не будет. Все подходящие для этой цели мужчины будут просто игнорировать вас. Возможно, на вас будут обращать внимание женатые мужчины, но ведь для вас это не вариант?

Такая вот неувязочка. Вроде бы хочу замуж, но получаю одиночество, и так до тех пор, пока не научусь улыбаться и радоваться Жизни во всех ее проявлениях, в том числе в одиночестве (и то, как посмотреть: для кого одиночество, а для кого — свобода).

Но это только малая часть проявления идеализации семьи. Если вы все же вышли замуж, то эта идеализация заставит вас бороться за ту модель семейной жизни, которую вы создали в своем воображении. Например, вам почудилось, что муж должен приносить в дом деньги. Или что он должен помогать жене готовить или убирать квартиру. Или уважать вашу маму.

Или заниматься воспитанием детей (невзирая на то что работает с утра до вечера, а она сидит дома). И так далее.

Вариантов подобных фантазий существует множество, и любой из них с успехом может отравить вам жизнь и расстроить брак. Ведь, обнаружив через некоторое время после свадьбы, что любимый в чем-то дефектен, вы начинаете его подправлять в лучшую, по вашему мнению, сторону. Понятное дело, сначала с лаской, с мягкими просьбами, уговорами, небольшими обидами. Обычно это не помогает, он не желает «подправляться». Тогда вы наращиваете усилия и начинаете «делать из него человека» более суровыми средствами, но и это обычно не помогает.

И он действительно начинает меняться. Но только не в ту сторону, в которую нужно вам. А совсем даже в другую. Представьте себе, в противоположную.

К тому же он, бестолковый, предъявляет вам встречные, совершенно нелепые требования, чтобы вы сами как-то изменились. Но ведь вы — само совершенство, божественная частица, зачем вам-то меняться? В угоду его нелепым претензиям? Пусть сначала сам станет человеком!

Притча

Поймал старик золотую рыбку. Взмолилась рыбка:
— Отпусти меня, старче, что хочешь для тебя сделаю! Хочешь, твоя старуха станет молодой и красивой? Хочешь, она будет самой сексуальной? Или будет божественно готовить?
Старик задумался.
— Не надо, — сказал он рыбке. — Пусть она перестанет делать из меня человека!

Так или примерно так развивается семейная жизнь у большинства людей, имеющих идеализацию семейной жизни. Никто не хочет принимать другого таким, каков он есть, хотя выбирали его чуть раньше в мужья вроде бы без насилия.

Все то же в полной мере относится и к мужчинам. У них тоже в голове может завестись нелепая фантазия, что жена должна быть сексуальна, не должна часами разговаривать по телефону или не должна требовать денег. Понятно, что когда реальность несколько не совпадает с ожиданиями, у мужа возникает желание как-то «поправить» жену. Естественно, из самых лучших побуждений. А дальше, исходя из уровня своего воспитания и проявления диких инстинктов, это делается самыми разными средствами, начиная с поучений и заканчивая рукоприкладством. И все в борьбе за полное совершенство своей любимой!

И ведь все бьются только за светлые идеалы! Хоть кто бы сказал, что «я стараюсь, чтобы мой муж стал хуже!». Никто ведь так не говорит и не думает, у всех самые лучшие побуждения. А в итоге конфликты, скандалы, драки, разводы, суды и т.д. Никто не хочет мириться с несовершенством близкого человека, всяк его переделывает до последних сил.

• Здравствуй, любимая!

Наташа не могла пожаловаться на свою семейную жизнь: любящий и заботливый муж Андрей, интересная работа, друзья — в общем, маленький земной рай.

Однажды Наташа пришла в гости к своей подруге Галине. Они сидели на кухне и разговаривали о своем, о девичьем. Раздался звонок в дверь. С работы вернулся Галин муж. Он зашел в коридор, протянул жене изящную розочку, поцеловал в щечку и тихо сказал: «Здравствуй, любимая». Пока Галя ставила цветок в вазу, Наташа спросила: «У вас что, праздник?» Галя ответила «Да нет, что ты! Это у нас традиция такая. Он почти каждый день мне приносит цветочек».

Наташа была поражена. Так красиво и трогательно. А главное, просто!

Она вернулась домой и сказала Андрею: «Ты можешь завтра вечером подарить мне цветочек, поцеловать в щечку и сказать: «Здравствуй, любимая!»?» Андрей удивился: «Конечно, могу. А у тебя что, есть сомнения в том, что я тебя люблю?» — «Нет, — ответила Наташа, — просто сделай для меня эту малость».

Когда следующим вечером Наташа открыла дверь, на пороге стоял улыбающийся Андрей. Без цветочка. Зато с картошкой. «Ну что, ужинать будем?» — весело спросил он. «Будем... — растерянно пробормотала Наташа. — А где цветочек?» — «Ах, черт, забыл совсем, извини. Завтра будет тебе цветочек». Их ужин оказался молчаливым и напряженным.

Следующим вечером Андрей снова стоял в дверях без цветочка. Но с помидорами. Наташа уже возмутилась: «Ну что в этом сложного, Андрей?»

Когда следующим вечером Андрей снова забыл это сделать, Наташа была не на шутку обижена. О чем и высказала ему тут же. На следующий день Андрей снова пришел без цветочка, но уже не потому, что забыл, а потому что не хотел. И вообще эта манера поведения — дарить цветы, целовать в щечку и т.д. — была не его! Он почти никогда себя так не вел. Вот отвезти жену на шашлыки или сходить в ресторан — это пожалуйста. Но Наташе было уже не до этого. Она встречала его напряженная, ожидая, что он наконец-то поймет, как для нее важен этот пустяк, и подарит цветочек. Но нет, он специально не делает этого. Наверное, хочет показать, что не любит...

Через месяц Андрей стал задерживаться с работы и ужинать с друзьями. А заодно и периодически выпивать. Как-то не хотелось ему идти домой и видеть жену, которая всем своим видом показывает ему, как она обижена и как он виноват. И тут Наташа уже забыла про цветочек и стала предъявлять претензии мужу по поводу его поздних возвращений.

Еще через месяц Андрей сказал, что проведет выходные у родителей. Мол, давно не виделись. На просьбу жены взять ее с собой он ответил: «Ну тебе же с ними все равно неинтересно». Наташа была в бешенстве. Они несколько дней не разговаривали.

И тут, как это часто бывает, «не совсем вовремя», Наташа поняла, что ждет ребенка. Она сказала Андрею: «Ну хоть сейчас-то ты можешь быть поласковей?»

Самым ужасным было то, что Андрей не проявил к ребенку большого интереса. Когда в очередной раз жена решила выяснить отношения, Андрей прервал ее фразой: «Ты знаешь, я подумаю, стоит ли нам быть вместе...»

И вот, вся в слезах, Наташа сидела вечером у Гали и жаловалась на жизнь, на Андрея. Прозвенел звонок. Пришел Галин муж. Он достал из-за плаща хризантему, обнял жену и тихо сказал: «Здравствуй, любимая». И тут Наташу осенило. Она оттащила Галю на кухню и сказала: «Галька, ты знаешь, а ведь у нас с Андреем все началось с цветочка... Сначала я была недовольна этим, потом другим, потом третьим... И все только хуже и хуже... Что же делать?» Подруги просидели до позднего вечера.

Андрей сидел с ребенком дома. В двенадцатом часу раздался звонок в дверь. На пороге стояла Наташа, мокрая от дождя. Она смотрела на него как-то странно, будто пытаясь чего-то разглядеть. Потом вынула из-за куртки длинную алую розу, протянула ее Андрею и сказала: «Здравствуй, любимый... Прости меня».

• Идеализация своего несовершенства

Еще одна характерная причина проблем с брачеванием — преувеличение своего несовершенства. Почти все люди в той или иной мере критично относятся к себе. Но у некоторых это становится патологией.

Характерный набор мыслей примерно таков: *«Я недостаточно хороша, чтобы меня полюбили! Я слишком... и дальше идет произвольный список недостатков: некра-*

сива, неумна, толста (худа), некоммуникабельна, у меня плохая фигура (голос, нос, волосы, кожа, ноги, голова) и т.д. и т.п. Вот если бы я была другая, то тогда все сложилось бы иначе! А так я недостойна любви, внимания, семьи, детей и всего остального! Да никто на меня и не посмотрит!»

Знакомая пластинка, не так ли? Тем более что она не возникает из пустоты. Ее активно сочиняют своим детям родители: «На тебе никто не женится! Ты никому не нужна! Посмотри на себя! Ты некрасива, неряха, не умеешь......!» Подруги и знакомые тоже бывают порой очень жестоки в своих суждениях.

Понятно, что они говорят это не со зла, а просто по глупости. Так говорили им их родители в детстве, теперь они повторяют эти же слова, не задумываясь об их последствиях. А они достаточно тяжелые. Мнение авторитетных для вас людей становится вашим собственным мнением о себе, а дальше Жизни остается только исполнить ваш заказ. А раз вы уверены, что никто не обратит на вас внимания, что у вас не будет не только мужа, но и любовника из-за ваших вопиющих недостатков, то так оно и будет! Или все же замуж возьмут, но ваша семейная жизнь будет не слаще одиночества. А как может быть иначе, если, выходя замуж или просто начиная жить с другим человеком, вы все равно берете в эту жизнь себя! То есть такого человека, которого вы считаете несносным!

Если вы сами себя считаете недостойным человеком, то Жизнь откопирует это и вернет вам, что называется, в лучшем виде. Общаясь с людьми, вы будете на бессознательном уровне передавать им сообщение: «Я недостойна (недостоин) вашей любви! Я несовершенный человек! Как мне заслужить вашу любовь?» И люди, порой сами того не понимая, будут относиться к вам так же, как вы сами к себе относитесь. Чему же тут удивляться?

Есть ли выход из этого положения? Конечно есть! Нужно изменить негативные мысли о себе на позитивные, нужно полюбить себя независимо от чужого мнения, не искать одобрения в чужих словах или взглядах. И тогда улыбка не будет покидать ваше лицо, а все свободные (и рвущиеся на свободу) мужчины захотят идти с вами рядом по жизни, вам останется только выбрать то, что вас устроит.

• Идеализация способностей

Еще одна причина отсутствия желанного результата появляется, когда вы преувеличиваете свои возможности в достижении поставленной цели. Такая ситуация может возникнуть у людей в целом успешных, способных достигать поставленные перед собой цели и не склонных впадать в избыточные переживания при временных неудачах.

Обычно это вполне успешная бизнес-леди, имеющая свой бизнес или занимающая хорошо оплачиваемую и престижную работу. У нее многое есть: деньги, свое жилье, независимость, секс, престижная и интересная работа. Для комплекта не хватает мужа. Понятно, что муж должен быть достоин ее, то есть занимать приличное положение в обществе, быть обеспеченным, должен любить ее и все остальное. Она ставит перед собой такую очередную задачу и с присущим ей напором и уверенностью в успехе пытается реализовать эту цель. И тут вдруг наступает облом, то есть желанный мужчина никак не материализуется.

В ход идут все возможные средства, начиная с брачных бюро и размещения анкеты в Интернете и заканчивая обращением к ясновидящим или другим кудесникам. В промежутке используются различные методики по формированию нужных событий. И хотя все усилия приложены, и особых переживаний вроде бы нет, желанная цель все еще не достигается, хотя прошел месяц, второй, третий напряженных действий. Любая другая цель уже давно бы была реализована, а здесь результат нулевой. Почему так может быть?

Один из вариантов ответа — потому что **заявленная цель не истинна**. То есть нет истинного, реального желания выйти замуж. А есть желание добавить к комплекту своих профессиональных и личных достижений еще и престижного мужа. Это социальный проект. Внутренняя программа: «Я способна достичь всего, чего пожелаю. Для подтверждения моей полной успешности мне нужен хороший муж. Сейчас я желаю достойного меня мужа. И хотя по большому счету он мне не нужен, я желаю его получить и обязательно получу. Я способна достичь всего, чего пожелаю».

В принципе такой внутренний настрой очень хорош при достижении любых целей, в том числе при охоте на любимого. И если поддерживать такой внутренний настрой достаточно долгое время, то любимый обязательно появится, ему от вас не увернуться. А через задержку в реализации вашего заказа **Жизнь подсказывает вам, что результат будет не совсем таким** сладким, как вам представляется сейчас. И что ваш любимый, кроме денег, положения в обществе и любви к вам, будет обладать еще рядом достоинств/недостатков (это с чьей стороны смотреть), которые, возможно, отравят вам вашу будущую совместную жизнь.

Но так будет, если задержка в достижении поставленной цели будет вызывать у ваш лишь азарт и желание нарастить свое мастерство. Если же вы все-таки станете нервничать по поводу того, что у вас, такой крутой, что-то вдруг не получается, то наступят воспитательные процессы по разрушению вашей идеализации (преувеличения) своих способностей достичь любой поставленной цели. И чем больше вы будете тревожиться и раздражаться по поводу непонятной задержки с любимым, тем больше сложностей по этому вопросу у вас будет возникать. Вы не позволяете себе проиграть, усомниться в ваших способностях, и Жизни придется доказать вам, что вы не так уж круты.

У мужчин все эти процессы развиваются обычно в области денег, когда Жизнь все время лишает их возможности достичь желанной суммы (обязательно большой!). У женщин идеализация способностей чаще проявляется в виде недовольства собой из-за задержек с созданием семьи. И так будет продолжаться до тех пор, пока потребность в муже не станет для нее реальной, а не придуманной. И когда она научится с юмором относиться к своим промежуточным неудачам.

- *Это еще не все!*

Мы рассмотрели только четыре идеализации, которые легко могут заблокировать вам возможность выйти замуж, а вообще идеализаций существует значительно больше [5, 11]. И каждая из них может стать реальным препятствием на пути к желанной цели. Тем более что редкий человек имеет только одну идеализацию, обычно они водятся пачками. И бывают совершенно дикие сочетания, которые делают жизнь человека невыносимой. Например, соединение идеализации своего несовершенства (я ничего не знаю и ничего не стою!) и идеализации контроля (все будете делать, как я велю!).

Понятно, что при наличии таких убеждений Герман не придет, хотя пройдет одна полночь, вторая, десятая, сотая, тысячная... И наоборот, под вашим окном может топтаться целый табун Германов, если вы научитесь с любовью и радостью относиться к себе, Жизни и окружающим людям, какими странными они бы ни были. Вы будете излучать в окружающий мир только радость, и каждому мужчине захочется быть поближе возле этого светлого источника, вам останется только выбирать. Так что все зависит только от вас! Подумайте об этом.

А мы пока подведем итоги.

ИТОГИ

- *Одной из самых распространенных причин отсутствия объекта любви или партнера для создания семьи являются страхи, которые наполняют вашу голову. Страх есть прямой заказ Жизни того, что не хотите иметь, то есть одиночества.*
- *Жизнь — это большой копировальный аппарат, который возвращает нам то, что есть в нашем сознании.*
- *Чтобы привлечь любимого, нужно научиться контролировать свои мысли и посылать Жизни только такие заказы, которые вы потом будете получать с радостью.*
- *Еще одним моментом, блокирующим возможность появления любимого возле вас, могут быть воспитательные процессы по разрушению ваших идеализаций. Больше всего проблем с созданием семьи создают идеализация семьи, идеализация отношений между людьми, идеализация (то есть преувеличение) своего несовершенства и идеализация своих способностей. Хотя и любая другая идеализация легко может стать барьером на пути к вашему счастью.*
- *Чтобы выйти из-под воспитательных процессов Жизни, нужно сделать так, чтобы избыточно значимые для вас ожидания стали просто значимыми и не вызывали у вас внутреннего протеста или других длительных нерадостных эмоций. Тогда вы избавитесь от идеализаций, а оставшиеся реальные цели будут проявляться в вашей жизни легко и с радостью.*

Все мы немного самцы и самки

> *Для мужчины женщина является биологической реальностью.*
> *Для женщины мужчина является социальной фантазией.*
>
> Павел Мороз

Наверное, дальше следовало бы перейти к рассмотрению того, как же сделать так, чтобы Герман пришел и в полночь случилось все то, что обычно в это время случается (интересный оборот речи, не так ли?).

Но мы сделаем иначе. Мы рассмотрим то, что оказывает огромное влияние на поведение брачующихся (и уже забракованных) мужчин и женщин. Мы рассмотрим некоторые особенности поведения людей, которые выпадают из привычной нам логики, хотя и описываются самыми красивыми словами, но только до тех пор, пока не настает не очень красивая обыденность.

Речь идет о таких поступках, которые никак не могут объясниться разумом, логикой, опытом, воспитанием, общественным мнением и прочими понятными нашему уму факторами. А они, к сожалению, встречаются в нашей жизни сплошь и рядом.

Вот об этих «непонятках» мы и поговорим. Оказывается, для них тоже можно найти вполне разумное объяснение, хотя и несколько неожиданное.

• Мы тоже немного животные

Речь идет о том, что человек является существом, ведущим свое происхождение от животных. Каких именно — до сих пор неизвестно, выяснение этого факта является делом ученых. Даже принимая версию божественного происхождения человека, надо полагать, что все-таки животный мир послужил исходным материалом.

В поведении любого человека имеются некоторые черты, которые присущи животным. Точнее говоря, многие поступки мы делаем, исходя не из нашего опыта, воспитания или осознанного поведения, а под влиянием врожденных инстинктов. Именно животные, не имеющие разума (с нашей точки зрения), почти все свое поведение строят на основе инстинктов. Вспомним нашу кошечку или черепаху. Хочется кушать — иди и добывай пищу. Хочется размножаться — занимайся этим делом. Ничего не хочется — ложись и отдыхай.

Анекдот в тему

Банкет. Стол ломится от закусок и выпивки. Встречаются там два знакомых бизнесмена. Один из них, заедая салат колбасой, спрашивает другого:
— *Вась, ты чего не ешь?*
— *Да не хочу...*
— *Ну, хоть выпей!*
— *Не хочу.*
— *А ты что, ешь и пьешь только когда хочется?*
— *Да...*
— *Вась, ну ты прям как животное!*

Можно ли сказать, что и люди совершают свои поступки только под влиянием инстинктов? Скорее всего, нет, поскольку людям присущи переживания по поводу прошлых поступков и планирование будущих, что занимает большую часть их времени. Конечно, это присуще людям в разной мере, но такие способности явно выделяют их из мира животных.

Тем не менее врожденные инстинкты до сих пор оказывают огромное влияние на поведение большинства людей. И этот фактор нельзя упускать из внимания, иначе многие факты в их поведении могут казаться совершенно безумными.

Какие же инстинкты влияют на поведение человека? Их немало.

Мы не будем останавливаться на совершенно примитивных инстинктивных действиях нашего организма вроде отдергивания руки при касании горячего утюга или неконтролируемого напряжении мышц организма в моменты опасности. Эти простые инстинкты заложены в нашей природе, и мы не привыкли обращать на них внимание, поскольку они направлены на выживание нашего организма в сложных условиях.

Но встречаются и более сложные явления, которые оказывают огромное влияние на нашу жизнь. Например, это может проявляться в неконтролируемой тяге к какому-то человеку или в неосознаваемом, но страстном желании общения с близкими людьми и т.д. Таких инстинктов совсем не много, но они очень важны.

Рассмотрим их подробнее.

• Инстинкт продолжения рода

Один из главных инстинктов, оказывающих огромное влияние на поведение мужчин и женщин, — это инстинкт продолжения рода. Именно он заставляет женщин и мужчин искать друг друга, влюбляться и производить потомство. Это в целом неплохо, но этот инстинкт по-разному проявляется у мужчин и женщин, приводя к взаимному непониманию и множеству претензий. Давайте рассмотрим проявления этого инстинкта у мужчин и женщин чуть подробнее [более подробно о влиянии инстинктов на брачное поведение людей читайте у А. Протопопова «Трактат о любви с точки зрения жуткого зануды» http://www.geocities.com/Athens/Troy/1813/].

• Как проявляется у женщин

Инстинкт продолжения рода у женщин требует, чтобы отец ребенка был сильным и преуспевающим (высокоранговым самцом — извините за вынужденный цинизм), поскольку только такой отец сможет обеспечить потомству безопасное и сытое будущее. Именно поэтому женщины инстинктивно тянутся к сильным и преуспевающим (высокоранговым) мужчинам (отсюда вытекает их бессознательное желание опереться на «сильное плечо»).

Причем инстинкт как проявление нашего животного начала не развивается и не трансформируется вместе с человеком, а исходит из своих прежних представлений. А каким был высокоранговый мужчина несколько тысяч лет назад? Несложно перечислить те признаки, которые позволяли мужчине преуспевать при первобытном строе. Он должен был быть физически сильным, жестким, уверенным в себе, смелым, не считающимся с чужим мнением (наглым), стремящимся к лидерству.

Как ни смешно, но именно по таким критериям женский инстинкт отбирает любимых мужчин и сейчас! Правда, в наше время сюда прибавляются еще и амбициозность, громадье планов и презрение к бытовым (низменным) потребностям. Именно поэтому женские сердца (особенно в молодости) легко завоевывают мужчины, умеющие преподнести себя (демонстративные, самоуверенные, манящие огромными возможностями, иногда ведущие себя вызывающе, то есть всячески демонстрирующие, что они стоят выше толпы, стаи). Тысячи девушек влюбляются в разного рода поп-певцов и других публичных деятелей, которые предъявляют себя именно таким образом. И они же игнорируют то внимание, которое оказывают им умные и воспитанные очкарики.

То есть умом девушка может выбирать умного (внимательного, делового, обеспеченного и т.д.) юношу, но душа ее будет тянуться к пусть безденежному, но говорливому и бравому на вид (самоуверенному, «понтующемуся») знакомому. То есть умом она может выбрать воспитанного банкира (и даже выйти за него замуж), но душа ее будет принадлежать его бравому охраннику или водителю.

Выбрав себе мужчину «по душе», то есть устраивающего ее инстинкт продолжения рода, женщина заводит от него ребенка (или несколько) и погружается в их воспитание, искренне полагая, что и для мужа это явится самым главным и важным занятием. Другие мужчины (самцы) ей не нужны, она выбрала самого лучшего и теперь полностью погружена в семейные дела. И она считает, что и любимый мужчина должен полностью разделять ее семейные радости.

Правда, и тут бывает немало сложностей. Через некоторое время ситуация может сложиться так, что выбранный ею мужчина в силу каких-то обстоятельств (уволили с работы, обанкротился, оказался неудачником) не сможет соответствовать требуемому уровню успешности. И инстинкт перестанет признавать его за высокоранговым самца. Любовь тут же пройдет (под это будет подведено множество объяснений), появятся претензии и прочие проблемы, о которых мы уже говорили. Собственно, именно инстинкт продолжения рода является той основой, на которой чаще всего возникает идеализация семейной жизни (муж — сильный, добытчик, защитник и пр.).

И чем сильней проявлен в женщине инстинкт продолжения рода, тем большее влияние на ее выбор и поведение будут оказывать эти факторы. Рассмотрим пример такого бессознательного, инстинктивного поведения.

• Случай из жизни

«Помогите мне принять решение, я совсем запуталась. Я приехала во Францию выходить замуж через службу знакомств, прожила здесь две недели, и мой друг отказался жениться, начал гулять с другими женщинами. Я ушла от него, через брачное агентство познакомилась с другим мужчиной и через три недели вышла за него замуж.

Сейчас живу с ним, все вроде бы хорошо, но душа все время тянет к первому. И он нашел меня через то же брач-

ное агентство (валялся у них в ногах, просил дать мой телефон) и теперь слезно просит меня вернуться, обещает жениться, жить без меня не может. Мой нынешний муж дал мне все, что я желала, но он неказист с виду, плачет по ночам, боится, что я от него уйду. Душа у меня лежит к первому жениху — он видный, красивый, высокий, хотя уже довольно старый, по моим меркам. И я теперь мечусь между двумя мужчинами. Душа тянет меня к первому, хотя умом понимаю, что ничего хорошего меня там не ждет. Я уже знаю, что он обещал жениться многим женщинам, но обманул их. Как мне поступить — по велению души или разума?»

Как видим, автор письма разумом вполне понимает, что ничего хорошего с первым любимым ее не ждет. Но ее инстинкт тянет к нему, поскольку признает его за высокорангового — он *«видный, красивый, высокий»*. Добавим, говорливый и способный добиться любой цели (например, найти ее адрес). То есть он соответствует тем внешним признакам, по которым ее инстинкт признает за мужчину-вожака, достойного любви, и тянет к нему. А второго мужа инстинкт, наверное, просто презирает — разве мужчина, достойный любви, станет плакать по ночам? Хотя он и дал ей все то, что она мечтала получить в браке.

И это совсем не редкий случай, когда женская душа тянется к безответственному, но бравому и наглому молодцу, игнорируя скромного, но делового или обеспеченного. Нужно понимать, что в основе такого влечения лежит не что иное, как инстинкт продолжения рода с высокоранговым самцом, то есть атавизм.

Вот еще один пример на эту тему, письмо вместе с заочной диагностикой.

• Еще один случай из жизни

«Меня зовут Елена, мне 37 лет. Около двух месяцев читаю ваши книги и все, что опубликовано на вашем сайте. Очень многое прояснилось в голове, на многие свои проблемы

я смогла посмотреть совершенно с другой стороны. А в общем-то, проблема по большому счету одна.

Ко всему в своей жизни, кроме личной жизни, я относилась играючи. И отсюда, как я теперь отчетливо понимаю, проблемы только в личной жизни. Я развелась с мужем около полутора лет назад. Какое-то недолгое время я находилась одна. Потом познакомилась с женатым мужчиной. Влюбилась в него до безумия. Да и он в меня тоже. С самого начала я понимала бесперспективность наших отношений, да не особенно и хотелось, потому что знаю, что мужчина этот очень любвеобилен (у него было действительно очень много женщин), и эта его страсть ко мне все равно пройдет, а из семьи он уходить и не собирался. И вдруг в какой-то момент я понимаю, что я начала просто дико его ревновать. Но самое сложное для меня в данной ситуации в том, что я хочу с ним расстаться и не могу. Я не хочу его ревновать, я понимаю, что это не моя собственность и не была бы моя, если бы даже это был мой муж.

Я познакомилась еще с двумя мужчинами, которые хотят со мной серьезных отношений. Но я не могу ни на кого переключиться. Меня не интересует никто, кроме того мужчины. Я пыталась медитировать, сама себя убеждать, пытаюсь освободиться от идеализаций, которые я у себя выявила (контроль окружающего мира и идеализация семейных отношений), но все впустую. Я очень устала сама от себя и от этого своего состояния. Прошу вас, помогите мне понять, что я делаю не так? С первого дня нашего знакомства и на протяжении вот уже нескольких месяцев я ни на минуту не могу забыть про него, где бы я ни находилась и что бы я ни делала. Да и он не оставляет меня в покое. Хочу освободиться от всего этого, я просто уже очень устала».

Как видим, влечение Елены имеет очевидную инстинктивную природу.

Поскольку Елена ревнует, умом понимая бессмысленность такого поведения, у нее явно функционирует механизм инстинктивного выбора высокорангового самца (не зря же ее любимый пользуется большим спросом у женщин — все они неосознанно воспринимают его как высокорангового). Как бороться с инстинктом, наверное, не знает никто. Помогают только время и воля.

Как Елене выйти из этой ситуации, она пишет сама — нужно всего лишь отнестись к ней играючи, а не цепляться за нее изо всех сил. Нужно попробовать перейти в состояние удовольствия и игры, и все будет замечательно.

Подобные ситуации встречаются очень часто, когда влечение к недостойному вроде бы мужчине превышает все разумные пределы. Вот еще пример из письма читательницы.

• И еще один случай из жизни

«На одной из вечеринок в баре познакомилась с молодым человеком. И буквально «вцепилась» в него. Сначала думала, что все это несерьезно, но так захотелось снова чувствовать себя желанной, привлекательной и не одинокой... Виктор младше меня на три года, характер — далеко не подарок: жутко ревнив, эгоистичен, амбициозен, к тому же совершенно беспомощен в домашнем хозяйстве (даже чашку кофе себе не нальет, и не потому что не может, а потому что считает, что кухня — место для женщин и мужчине там делать нечего).

Денег вечно нет, почти год не работал и даже не пытался искать, знал, что мама всегда поможет, а то и я подкину. Если куда-нибудь выходили, часто платила за себя сама, а то и за него. Причем для него это была абсолютно не зазорная ситуация, принимал это как должное. А эта беспочвенная ревность!.. Сначала все это даже вроде как нравилось: человек проявляет ко мне столько внимания, хочет, чтобы я всегда была с ним... Но постепенно это переросло в постоянные оправдания, что я просто встречалась с подругами, а если уж мне звонили мужчины, непременно случался скандал, который, как правило, заканчивался мо-

ей истерикой и слезами. Но, несмотря на все это, я любила его, мне казалось, что я счастлива.

Ведь с другой стороны, Виктор был такой нежный, внимательный, ласковый; прекрасный любовник... Постоянно говорил комплименты, при всех подчеркивал мои достоинства: «Правда, Елена у меня красавица? Какая она у меня прелесть!» Всегда заметит, что ты сменила прическу, цвет волос или помады, отметит, что сегодня у тебя другой маникюр или новая кофточка... Это было жутко приятно! Постоянно твердил: «Ты самая лучшая, ты — чудо!».

Жили не вместе, хотя большую часть времени я проводила у него, заезжала на свою квартиру на день-два, чтобы переодеться. Все ждала, может, предложит переехать, сама разговор не начинала, не хотела давить. Привыкала к нему все больше, уже ни дня не могла прожить без его звонков, хотя иногда его контроль утомлял (если вдруг задерживалась с работы, начинался «допрос»). Так прошел год, он затеял ремонт (который опять же делал не он, а родители), я переехала домой, видеться стали реже. И вот в один из вечеров безо всякой видимой причины Виктор сказал, что мы должны расстаться. Я не поверила, так как однажды уже было нечто подобное: вечером поссорились, полночи я прорыдала, а утром он просил прощения, клялся в любви. Я стала просить объяснить причину расставания, но чего-либо внятного добиться так и не смогла. Говорил, что причина в нем, что я замечательная, а он сам не знает, чего хочет. Я плакала, умоляла подумать, не решать все сгоряча, но он был непреклонен. Что я пережила за этот месяц!.. Пропал аппетит, сон, думать не могла ни о чем и ни о ком, постоянно рыдала... Через месяц встретились у общей подруги, вдруг он стал проявлять знаки внимания, я почувствовала, что его физически влечет ко мне, и... не смогла устоять. Теперь рыдали уже оба, он просил прощения, говорил, что не может меня забыть, что по-прежнему любит. Но что-то меня удерживало, не давало снова кинуться в омут с головой, хотя этого больше всего и хотелось, только бы он был рядом. Вела себя сдержанно, давая понять, что не очень верю его словам. И не зря, через три дня позвонил и сказал, что его влечет ко мне как к женщине, но вместе мы быть не можем. Я просила встретиться, поговорить, но снова ультиматум: «Я своих решений не меняю!» Я переживала, никак не могла смириться с тем, что меня бросили, отвергли; похудела, измучилась, начала пить успокоительное. Прошел еще месяц, я познакомилась с молодым человеком. Он приятный, обходительный, приглашал и в кафе, и в клуб, был щедр, но я продолжала думать о Викторе, хотя всеми силами пыталась забыть его, вытеснить из своего сердца. Почти получилось, и тут — новый удар — увидела его с бывшей девушкой, с которой он до меня прожил два года. Как я потом узнала, случайно встретились в метро, ну и завертелось... Стали встречаться, она живет совсем рядом, причем я натыкалась на них, как назло, повсюду. Надо сказать, что ее он «выставил» из дома после очередной ссоры из-за какого-то пустяка. Говорят, девушка хорошая, ни в чем ему не перечила (я-то пыталась отстаивать свою точку зрения), исполняла любой каприз... Я не находила себе места, хотя почти уже ни на что не надеялась. Но прошел месяц — они расстались снова. Опять мы столкнулись, увидела его «горящий» взгляд и поняла, что готова простить ему все. С тех пор не нахожу себе места, ведь нет гарантий, что снова не повторится эта ситуация, иногда просто ненавижу себя за слабость, но по-прежнему люблю его. Посоветуйте, как быть, может, мне лучше совсем не видеть его и ничего о нем не знать?..»

Вот такая Санта-Барбара.

Как видите, Виктор проявляет все признаки высокорангового самца, вожака стаи. Он ревнив — не терпит, чтобы кто-то еще пасся на его территории. Он не желает ничего делать сам — для этого есть прислуга, он выше этого. Он нежен — почему бы не уделить кусочек внимания самке, на которую упал его благосклонный взгляд? Он не желает останавливаться на одной самке, пусть даже самой лучшей — это уже из стратегии поведения высокорангового самца, к которой мы сейчас переходим.

• Как это проявляется у мужчин

Инстинкт продолжения рода оказывает влияние и на поведение мужчин, естественно. Но совсем не так, как на женщин. Если женщине инстинкт велит выбрать самого преуспевающего (с ее точки зрения) мужчину и потом держаться за него, плодить от него потомство, то мужчинам он диктует совсем другое поведение.

Если самке инстинкт диктует родить потомство от сильного, здорового самца и обеспечить этому потомству безопасное детство в целях сохранения популяции, то с самцом — другая история. Здоровый, сильный самец должен распространить свои гены как можно шире, для пользы своей же стаи. Для этого он должен оплодотворить как можно большее количество самок.

Инстинкт толкает мужчину выбрать устраивающую его женщину и произвести от нее потомство. Но на этом инстинкт не успокаивается. Вдруг у жены окажутся какие-то проблемы со здоровьем и она не сможет иметь детей? Или вдруг его потомство не выживет? Что, тогда род должен остановиться? А если мужчина высокоранговый и способен дать очень качественное потомство? Понятно, что инстинкт должен исключить возможность прерывания рода. И он делает это совсем просто. Он заставляет мужчину не останавливаться на одной женщине. У животных чем выше рейтинг самца, тем большее количество самок он оплодотворяет.

~~~~~~~~~~~~~~~~~~~~~~~~ Умная мысль

Если ты настоящий мужчина, живи так, чтобы каждый второй ребенок мог сказать тебе: «Папа!»

Сегодня у людей, особенно в последнее время, такая возможность появилась. Состоятельный, преуспевающий мужчина имеет возможность оставлять свое потомство не только в своей законной семье. Инстинкт гонит мужчин от одной женщине к другой. И чем более проявлен этот инстинкт в мужчине, тем большее количество женщин он будет любить, испытывать к ним необъяснимую тягу. При этом он может совершенно искренне любить свою жену, но под влиянием инстинкта продолжения рода будет тянуться к другим женщинам. А если с женой проблемы, то и подавно.

Так что мужчин можно осуждать за неверность. Можно обвинять их в стремлении пойти «налево» и пытаться заставить любить только свою жену. Но нужно понимать, что делают это они не со зла, а поддаваясь своему животному началу — которое, кстати, и привлекает к ним женщин.

Это известный факт: женщина скорее предпочтет быть любовницей достойного мужчины, чем женой недостойного.

• Все хотят сильного мужчину

Выше мы уже указывали, что большинство женщин бессознательно стремятся найти себе того мужчину, которого их инстинкт признает за «сильного». Внешние признаки этого «идеала» мы тоже приводили: сильный (в том числе физически), уверенный в себе (до наглости), безрассудно смелый, самостоятельный, не боящийся трудностей, готовый бросить вызов, всегда активный, лидер. То есть он должен быть настоящим самцом. Но в нашем стерильном и цивилизованном мире не так много места для людей с такими качествами!

То есть они, конечно, иногда встречаются, но это скорее отклонения, чем норма. Цивилизация заботливо убирает необходимость человеку быть смелым и физически сильным — в стабильном обществе эти качества просто негде проявлять, разве что в спорте. Лидер, активный, независимый — эти качества общество приветствует, когда они проявлены в меру. Если человек чересчур независим, то ему очень сложно преуспеть в нашей среде, где далеко не все зависит от твоих деловых качеств и где нужно иной раз поработать в команде или в структуре. И так далее.

В общем, те мужчины, которые обладают приведенным выше набором качеств, встречаются. В тайге, в горах, в пустыне, в органах внутренних дел или в частной охране, в неформальных группировках и в тюрьмах. Но не в кресле менеджера банка или торгового предприятия — там требуются несколько другие качества. Недаром среди олигархов последней волны практически нет одиозных личностей. Нынешние миллионеры и миллиардеры заработали свои деньги не силой и смелостью, а умом. Их нигде не видно, они не любят появляться на людях, они неброско одеваются, то есть они не самцы. И признать их за «сильное плечо» можно только умом, а не душой.

Поэтому мы предлагаем вам задуматься над тем, что требуют ваша душа (или ваши инстинкты) и ваш разум, и разделить эти требования. Разум требует, чтобы ваш избранник был успешен в социуме, то есть умел зарабатывать деньги, занимал хорошую должность и обеспечил вам и вашим детям хорошее будущее. А инстинкт требует, чтобы он был сильный, мужественный, решительный, энергичный и т.д. Но как все эти качества «в одном флаконе» не очень требуются для преуспевания в социуме. Нужно понимать это противоречие и то, что чем дальше наше общество будет идти по пути цивилизованности, тем меньше «сильных» (в смысле самцовости) мужчин в нем будет встречаться. И тем меньше в нем будет встречаться тех, кого женщина бессознательно будет признавать за «сильное плечо». Это наша реальность, и нужно быть к ней готовым.

● *Стадный инстинкт*

Но давайте перейдем к следующему инстинкту — стадному. Этот инстинкт заставляет людей придавать избыточное значение разного рода родственным и кровным связям. Суть этого инстинкта проста: защищай своих и бей чужих. А вот кто попадает под определение «свой», зависит от многих факторов. Для одних это самые близкие родственники: дети и родители. Другие в это число включают и дальних родственников — дядей, теть, кумовьев, снох и прочих, кто хоть как-то связан с ними родственными связями (это принято на Востоке). Третьи в число «своих» включают людей своей национальности, особенно если их сравнительно немного. Отсюда возникают разные клановые, нацистские, националистические, религиозные и прочие группы и движения, делящие всех людей на «своих» и «чужих» по какому-то признаку, близкому и понятному только участникам этой группы, и совершенно непонятному всем остальным людям, у которых этот инстинкт не проявлен в такой форме или просто отсутствует.

В общем, любые формы деления людей на «своих» и чужих» являются проявлением стадного инстинкта. Этот инстинкт в свое время обеспечил нашим далеким предкам выживание — вместе им было легче бороться с врагами и побеждать. Но сегодня, когда проблема выживания не стоит так остро, стадный инстинкт становится источником множества проблем в жизни людей. Приведем пример. Это письмо женщины, живущей вдалеке от своих родственников и испытывающей по этому поводу большие страдания.

• Случай из жизни

«Меня волнует одна тема: как можно не поддаваться влиянию своей любимой и дорогой мамочки, которая, как всегда, желает своей единственной дочке только лучшего, а почему-то получается все наоборот?

Мы жили вместе 25 лет, из которых 15 — только вдвоем. Ее мысли, идеи становились моими, хотя я иногда сопротивлялась. А сопротивление было бесполезным! Я доверяла ей на 100%. Она очень сильная личность. Сила убеждения и влияния на людей, а тем более на меня, у нее просто уникальная. Она привлекательная женщина с ярко-синими искрящимися глазами. 15 лет без мужа, посвятила свою жизнь ребенку, то есть мне (так она всегда говорит), ей приходилось таранить стены в борьбе за выживание. И вот ее большим желанием стало отдать меня замуж за «заграничного принца на белом коне». Все остальные мои поклонники меня не стоили (так говорила мама). Так как желание было очень большим, принц появился. Приехал и забрал меня, оторвал меня от моей мамочки, как я сейчас понимаю, к моему счастью.

От матери мне конечно же досталась куча идеализаций, которые мне уже тут пришлось отрабатывать. «Воспитательный» процесс пошел по полной программе. Было очень тяжело. Рядом было все чужое, и я была теперь уже одна, без мамы. Вернуться назад не могла. Там меня ждали постоянная нехватка денег и опять борьба за существование, а я была уже беременная. Куда мне было деваться? Принц оказался совсем не принц, а простой деревенский парень, шофер, ну и все остальное было, как казалось мне тогда, просто ужасным. Я благодарю Бога, что тогда у меня оказались ваши книги. Сквозь слезы я читала и читала и выкарабкивалась потихоньку.

Большое спасибо вам за ваши волшебные книги! Не знаю, как бы сложилась моя жизнь, не проштудируй я эти золотые книжки!

У меня оказался очень даже неплохой муж, родился прелестный, здоровый ребенок, в семье отношения очень спокойные и ровные, скандалов почти не бывает, родители мужа очень хорошие добрые люди, всегда на моей стороне, сестра мужа — просто чудо, всегда готова мне помочь, если надо. У меня есть все, что я хочу. Я довольна своей жизнью, но моя мама не выходит у меня из головы.

Она живет на Украине совсем одна, денег никогда не хватает. Помочь сильно тоже не имею возможности, так как не работаю пока. Она каждый раз чуть не плачет по телефону, хочет видеть меня и внучку. Сердце сжимается у меня после таких переговоров, целый день отхожу. Она приезжала в гости два раза и в обоих случаях все ставила с ног на голову. Все заканчивалось мировым скандалом и выяснением отношений, причем втягивалась вся родня мужа. После ее отъезда мы отходили месяца четыре, наверное, пока все опять не встало на свои места. Я очень хочу, чтобы моя мама была рядом со мной (мне бы пригодилась ее помощь хотя бы за ребенком посмотреть, и душа бы не болела, что она там в ужасной бедности живет). Но я боюсь ее вмешательства в мою жизнь и ее влияния на меня! Что мне делать? Не могу же я быть спокойной, если ей там плохо одной и у меня нет возможности постоянно отсылать деньги. Помогите хоть каким-нибудь советом.

Благодарю вас от всей души за то, что вы есть! Валентина».

Как видно из приведенного письма, в Валентине просто бурлит стадный инстинкт, заставляя ее тревожиться по поводу мамы, якобы испытывающей страдания в дикой стране Украине. На самом деле ее мама живет самой обычной и привычной для нее жизнью, ведь другой она просто не знает. Она живет даже лучше, чем другие украинцы, поскольку дочь хоть изредка помогает ей материально.

Если же Валентина, поддавшись стадному инстинкту, перетащит мать к себе, то это кончится тем самым, что было при ее временных приездах. Ее мать просто не умеет жить в цивилизованной стране, она не привыкла уважать чужое мнение, считаться с людьми и т.д. Она не может и не собирается меняться, считая себя всегда правой. Нужно ли нести разрушения и боль в ту семью, которая так тепло приняла Валентину? Это будет просто негуманно.

Подобная ситуация вовсе не редкость. Еще одна подобная ситуация — девушка из Белоруссии сбежала от мамы-тирана в Америку, вышла там замуж и начала жить спокойно и радостно. Но стадный инстинкт не давал ей покоя, и она перетащила свою маму в Америку. Кончилось это грандиозным скандалом и уходом мужа, теперь они ругаются на пару с мамой, но уже в Америке.

И подобных случаев, когда энергичные женщины из Белоруссии, России или с Украины выходят замуж за иностранцев и переезжают жить в Германию, Бельгию или Швейцарию, встречается множество. Но там стадный инстинкт не дает этим женщинам покоя, и они правдами и неправдами начинают перетаскивать туда всех своих близких и дальних родственников. Поскольку все эти люди были вырваны из привычной среды и брошены в чуждый им мир, они испытывают там немалый дискомфорт. Собравшись там целым аулом, они по-прежнему живут одной большой компанией (стаей), поддерживая друг друга и сохраняя тот конфликтный тип отношений, который был у них на родине.

Как видим, порой люди испытывают большие страдания, не осознавая их источника. А он прост — это та часть нашей животной природы, которую мы принесли их своего далекого прошлого. Это ни хорошо, ни плохо, это наша реальность, и нужно научиться управлять ею.

• Лидерский инстинкт

Это инстинкт «вожака», который диктует особи занять первое место в своей стае. Он заставляет людей постоянно карабкаться вверх по лестнице жизненного успеха, занимать все более высокие должности, зарабатывать все больше и больше денег и т.д. И хотя у человека может быть денег столько, что ни он, ни его родственники не смогут потратить их ни в этой, ни в ближайших жизнях, он все равно будет стремиться зарабатывать их вновь и вновь. Казалось бы, зачем? Никакого разумного объяснения этому нет.

Понятно, что это стремление бесконечно карабкаться вверх по лестнице жизненного успеха является следствием проявления врожденного лидерского инстинкта. Он характерен преимущественно для мужчин, хотя в последнее время и женщины активно стали включаться в борьбу за материальное благополучие и власть. Но их аппетиты чаще всего не безграничны, они часто останавливают свой бег к вершинам благополучия, достигнув устраивающего их уровня обеспеченности. У мужчин такой уровень обычно не наблюдается.

В отношениях между мужчиной и женщиной лидерский инстинкт проявляется в виде ревности. Правда, это у мужчин в основе ревности лежит обычно лидерский инстинкт. У женщин в основе ревности чаще лежит страх остаться одной, то есть инстинкт продолжения рода. У мужчин ревность проявляется в виде бессознательного гнева по поводу того, что кто-то смеет посягать на его имущество, то есть жену или любимую. Причем не имеет значения, как именно посягают — смотрят, заигрывают, пытаются найти доступ или уже воспользовались чужим имуществом, — важно обнаружить сам факт посягательства и дать обидчику достойный отпор. Такие посягательства воспринимаются инстинктом как неуважение и непризнание его прав и провоцируют мужчину на вспышки бешенства и другие нерадостные эмоции. Примат, что с него взять.

• Приматнвность

Не существует такого человека, который в своем поведении руководствуется только разумом. И, скорее всего, не так много можно найти людей, поведение которых ничем не отличается от поведения животных. Это крайние случаи, а большинство людей обладает животным и разумным началом в некоторой степени. У кого-то много разума и мало инстинктов, а у другого мало разума, зато с инстинктами все в порядке. По соотношению этих составляющих, наверное, можно как-то расположить всех людей по шкале разумности и инстинктивности.

У ученых есть специальный термин, указывающий на степень выраженности врожденных инстинктов в поведении человека — это **«приматнвность»**. По значению это слово очень похоже на «инстинктивность». Это не примитивность, а именно приматнвность, происходящая от слова «примат», то есть преобладание. Или же от слова «приматы», в смысле обезьяны. Что тоже сюда вполне подходит. Поэтому можно сказать, что «примативность» — это степень выраженности инстинктивных моделей поведения по отношению к рассудочным. Если уж выражаться совсем грубо, то чем более примативен человек, тем ближе он к животному миру.

Качества приматов в той или иной мере выражены у каждого человека, невзирая на его нацию, образование, место жительства, должность и т.д. Так что люди бывают высокопримативные, то есть с сильным уровнем проявления инстинктивного начала, и низкопримативные, то есть со слабым уровнем инстинктивности.

На первый взгляд может показаться, что образец примативности — это малоразвитый и необразованный крестьянин (или рабочий), заросший волосами, дурно пахнущий, громко выкрикивающий свои незатейливые мысли, беспрерывно что-то едящий и пьющий и хватающий за подол всякую проходящую женщину.

Тогда как человек с отсутствующей примативностью — это отутюженный и элегантный мужчина в строгом костюме и очках, с тремя высшими образованиями, с задумчивым интеллектуальным лицом и кожаным портфельчиком с деловыми или научными бумагами. Или с ноутбуком.

Но это не совсем так. На самом деле степень примативности почти не зависит от уровня образованности или воспитанности человека. То есть, может быть высокопримативный академик и низкопримативный (то есть высокорассудочный) дворник (хотя, конечно, справедливости ради, нужно сказать, что гораздо чаще бывает наоборот). Примативность проявляется в том, насколько на поведение человека, независимо от его сознания, влияют врождённые инстинкты. А это иногда мало зависит от уровня образования, социальной среды, в которой живёт человек, занимаемой должности и других факторов.

Несложно заметить, что у некоторых людей это качество проявлено очень явно, особенно на Востоке — там очень сильны родственные связи, у большинства женщин велика потребность выйти замуж и родить несколько детей и т.д. Все это является источником появления идеализаций и вытекающих из них бесконечных переживаний.

У жителей Европы, обитающих в более защищенной среде, большинство инстинктов не востребованы, и они не оказывают сильного влияния на поведение людей. Там слабы родственные связи, нет стремления продолжить род — поэтому там рождается мало детей, и т.д. Так называемые эмансипированные женщины — это женщины с подавленными инстинктами, за исключением, разве что, лидерского инстинкта.

Еще раз повторим, что не нужно путать уровень примативности и уровень образованности, развития и прочих качеств человека, иногда они не зависят один от другого. То есть высокопримативный человек может быть и академиком, и низкообразованным рабочим, хотя так бывает чаще. Преуспевать в бизнесе может и низкопримативный, и высокопримативный человек. Но первый будет добиваться успеха за счет умных и тактичных действий, а второй — за счет напора и агрессивности.

Уровень примативности человека зависит от многих факторов.

*Во-первых, это **условия существования** и вытекающая из них востребованность инстинктов. Если человек живет в опасной среде, то инстинкты ему нужны для выживания. Значит, они будут проявлены во всем своем многообразии, включая влияние на отношения мужчины и женщины. Если человек долгое время живет в очень защищенной и безопасной среде, то инстинкты у него угасают (жители Востока, переселившиеся в развитые страны, со временем частично перенимают стиль жизни европейцев).*

*Во вторых, примативность обычно **зависит от возраста человека**. В молодости инстинкты проявлены сильнее, с* *возрастом их влияние на поведение человека ослабевает, он начинает больше руководствоваться разумом и накопленным опытом. Но так бывает, к сожалению, далеко не у всех. Почему так происходит — вряд ли на это есть однозначный ответ. А в итоге жизнь многих людей становится похожей на сумасшедший дом, поскольку они совершают поступки, которые потом никак не могут объяснить даже себе. И одной из причин этого может быть высокая примативность.*

• Совместная жизнь

Особенно сложно жить вместе людям с разной примативностью. Представьте: он — рассудительный, рациональный, пытающийся искать причины возникающих проблем и разумные выходы из них. И она — непосредственная, импульсивная, страстно желающая иметь кучу детей или столь же страстно любящая своих родственников и отдающая им все свое время. Это люди с разными укладами жизни, разными ценностями, разными видениями выхода из одной и той же ситуации. Это разные люди, говорящие как бы на одном языке, но никогда не умеющие договориться между собой до конца. А Жизнь, как известно, любит сводить вместе противоположности.

Понятно, что бывает и наоборот, когда она — умная, рассудительная, всепрощающая. И он — примитивный, подозрительный, ревнивый или какой-то еще очень странный. Приведем пример подобной ситуации.

• Случай из жизни

«Здравствуйте! Только что прочитала статью «Любовь до гроба» в вашем журнале «Разумный мир». Статья сильно задела за живое, и у меня возник вопрос к вам. Дело в том, что я являюсь объектом такой «наркоманической» любви. Я встречаюсь с мужчиной 1,5 года и очень его люблю. Но моя любовь сейчас спокойная, хотя я к этому не

сразу пришла (но пришла, благодаря вашим книгам, вашему журналу, за что очень вам благодарна). Я не страдаю, не впадаю в истерики, а если и возникает легкая депрессия, я быстро укладываю спать свою «словомешалку», и все приходит в норму. Я люблю его, и моя любовь несет мне в основном позитивные эмоции. Я счастлива с этим человеком и хотела бы быть рядом с ним (но если не получится, это не будет концом света).

Но мой любимый имеет ко мне массу требований и претензий. Я, по его мнению, недостаточно его люблю, не так, как ему бы хотелось. Он «не может без меня жить», он «счастлив только со мной» и т.д. Все в точности как в статье. Он сильно страдает. Считает временами, что я его не люблю, издеваюсь над ним, в моих ласках, нежностях и теплых словах видит только ложь и подвох. Я всячески посылаю ему энергии любви и уважения (совершенно искренне), не только мысленно, но и говорю ему об этом. Но ему недостаточно моей любви, боится, что я его брошу, уйду к другому. Видит в себе какие-то физические недостатки, из-за которых я не могу его любить так же сильно, как он меня. Считает, что недостаточно богат и т.д. и т.п.

Я пытаюсь проанализировать ситуацию. Что делать? Предоставить ему самому разбираться со своими тараканами в голове я не могу, так как все равно оказываюсь втянута в конфликт. Бросить его? Но я его люблю и хотела бы создать с ним семью. Все эти заскоки случаются с ним периодически (но довольно часто и длятся в среднем неделю), и в этот период его очень сложно выносить. В остальное время он меня абсолютно устраивает. Пожалуйста, помогите разобраться, прокомментируйте ситуацию. Виктория».

Что здесь можно прокомментировать? Жизнь свела вместе разумную (низкопримативную, развивающуюся) женщину и мужчину, имеющего множество внутренних проблем, идеализаций и, похоже, высокую примативность. Естественно, что он, как самец, считает себя всегда правым и не желает меняться. А меняться должна, по его глубокому убеждению, его женщина. На что он ей раз в неделю и указывает, подтверждая тем самым свою главенствующую роль в семье.

Как вести себе Виктории в этой ситуации? Прежде всего понять, что, скорее всего, ее мужчина, возможно, быстро не изменится, он всегда останется таким, каков он есть сегодня. То есть он всегда будет подозрительным, придирчивым, нелогичным, не умеющим оценить реальные достоинства своей жены. А дальше нужно решить для себя, сможет ли она комфортно существовать в таких условиях еще много лет. Если да, то нужно примерить на себя колпак с надписью «Великий Укротитель диких мужчин» и уже в этом колпаке осторожно заниматься перевоспитанием мужа. Попутно посмеиваясь над собой и не ожидая скорых результатов, поскольку влияние инстинкта может быть значительно сильнее процессов перевоспитания.

• Что делать?

Что же делать, как бороться с влиянием инстинктов, если они постоянно создают проблемы в вашей жизни, вы осознали их влияние и хотели бы избавиться от них? Понятно, что эти рекомендации будут относиться только к тем, **кто хочет измениться сам**. И они будут совершенно бесполезны, если вы станете применять их для переделки своих одичавших (или еще не очеловечившихся) близких.

Здесь можно дать несколько рекомендаций, вытекающих из общих способов отказа от идеализаций. Ведь инстинкты, оказывая большое и неосознаваемое влияние на людей, лежат в основе многих идеализаций. Например, инстинкт продолжения рода порождает идеализацию семьи и детей, стайный инстинкт порождает идеализацию семьи, идеализацию национальности, идеализацию религиозности и некоторые другие. Лидерский инстинкт порождает идеализацию способностей, чувство исключительности, гордыню и т.д.

Значит, для борьбы с инстинктами (после осознания их влияния на вашу жизнь) можно использовать те же средства, что мы применяем для отказа от идеализаций. Их несколько.

• Применим волю

Первый и, пожалуй, обязательный инструмент для подавления влияния инстинктов — это воля и желание человека. Волю нужно будет применять после того, как вы осознали, что ваши переживания не имеют перед собой никаких разумных оснований, то есть инстинктивны. В этом случае вы просто даете себе команду «Я не буду впредь обращать внимание на мою беспричинную тягу к этому человеку и буду руководствоваться только моим разумом». Звучит это, конечно, малоубедительно, но подобный осознанный выбор рано или поздно даст свой результат — инстинкт угомонится. И перестанет влиять на ваш выбор и поступки.

• Позитивные утверждения

Следующий прием вытекает из того, что инстинкты обычно порождают какие-то навязчивые мысли. Поэтому можно выявить эти характерные мысли, четко сформулировать их и затем работать с ними по общим правилам работы с негативными установками [5, 11].

То есть нужно будет составить противоположное по смыслу позитивное утверждение и повторять его много-много раз до тех пор, пока ваш инстинкт не поймет, что он зря суетится, и не уймется.

Например, вас все время беспокоит мысль: «Как там моя мама? Как ей живется без меня? Это ужасно, что она вдалеке от меня». Вы записываете эти характерные мысли, а затем составляете позитивное утверждение, противоположное своим страхам по смыслу и декларирующее тот результат, которого вы хотели бы достичь: «Моя мама живет замечательно без меня. У нее все прекрасно. Я иногда встречаюсь с ней и тем самым оставляю ей время для развития и заботы о себе».

А затем повторяйте составленное позитивное утверждение до тех пор, пока сами не поверите в него. И станете им руководствоваться.

• Обсмейте свои инстинкты

Еще один вариант — обесценить свои бессознательные устремления через юмор. Здесь хорошо подойдет жизненная позиция «Жизнь есть цирк», в котором вы — клоун, исполняющий свою роль на арене цирка [2, 5].

То есть вам нужно представить себе, что каждый раз, когда вы попадаете под влияние инстинкта, вы становитесь клоуном, исполняющим свою роль в цирке жизни. Ваша роль написана у вас на колпаке с бубенцами. Ваша роль должна быть сформулирована таким образом, чтобы вам стали смешны ваши переживания или устремления.

Например, ваша роль может называться «Самка только для вожака стаи», «Ищу самца-производителя» — при бесконечных поисках «сильного мужского плеча».

«Осторожно: бабуин без намордника», «Не хватать мое имущество!», «Молчать, покусаю!» — это роли для ревнивца.

При явных проявления стадного инстинкта вы можете примерить на себя колпаки с ролями: «Приматы, в кучу!», «Отбилась от стада!» и т.д.

Понятно, что приведенные рекомендации по подавлению влияния инстинктов успешно могут использовать только люди низкопримативные, то есть те, кого инстинкты и так донимают не очень сильно.

И их очень трудно использовать людям высокопримативным, у которых инстинкты играют решающую роль при принятии решений.

Но и им нужно пытаться управлять собой, иначе они будут соответствовать понятию «человек» не столько по содержанию, сколько по форме.

На этом переходим к итогам.

ИТОГИ

- *Многие люди совершают неосознаваемые поступки под влиянием врожденных инстинктов, которые мы унаследовали от своих далеких предков.*
- *Степень выраженности врожденных инстинктов характеризуется таким показателем, как примативность. Этот показатель характеризует только степень духовной эволюции души человека, и он не зависит от уровня образования, занимаемой должности и других характеристик человека.*
- *Чем выше примативность, тем большее число неосознаваемых поступков совершает человек под влиянием врожденных инстинктов. В результате он создает себе множество проблем, которые затем пытается как-то разрешить.*
- *Врожденные инстинкты часто приводят к длительным переживаниям, поэтому являются основанием для появления идеализации.*
- *Уровень примативности зависит от условий существования человека и уровня востребованности инстинктов в повседневной жизни. Если человек живет в трудных и опасных условиях, его инстинктивное начало позволяет ему более успешно выживать, поэтому он высокопримативен. В безопасном обществе инстинкты не нужны, поэтому их влияние на жителей цивилизованных стран минимально.*
- *Для избавления от влияния инстинктов на вашу жизнь можно использовать те же спо-*

собы, что мы рекомендуем для отказа от идеализаций, то есть применить свою волю, использовать самопрограммирование с помощью позитивных утверждений и занять жизненную позицию «Жизнь есть цирк».

Как распознать бракофобию?

> — Девушка, можно с вами познакомиться?
> — Нет.
> — Слава богу!
>
> *Короткий диалог*

В этой главе речь пойдет о явлении, которое отравило жизнь многих мужчин и женщин, страстно мечтающих о семейном очаге, но потерпевших неудачу (и может быть, неоднократную) на этом поприще. А все потому, что они столкнулись с бракофобом.

«Что это за странное существо?» — спросите вы. Нет, это не пришелец с другой планеты. Это не страшный монстр и даже не зловредный вирус.

Бракофоб (так мы его назвали) — это человек, мужчина или женщина, который боится эмоционального сближения с партнером, боится (или просто не хочет) совместного проживания, эмоциональной близости и тем более создания семьи. Со всеми вытекающими последствиями. И делает это без особых переживаний.

Бракофобия особенно развита в последние десятилетия в связи с тем, что вопрос обзаведения семьей стал дискутируемым и общество не требует обязательного вступления в брак от своих граждан.

Диагноз этот распространен гораздо больше среди мужчин и достигает 20 и более процентов. Хотя поголовная феминизация женщин тоже сделала свое дело: многие современные амазонки боятся потерять независимость, погрязнув в кастрюлях, пеленках и муже.

«Боже мой, неужели вот это — на всю жизнь?» — такой вопрос чаще всего задают себе бракофобы и дружно решают, что жизнь губить не стоит.

Сразу хотим заметить, что бракофобия чаще всего не осознается ее обладателем и успешно маскируется под другие, весьма уважительные вещи.

Поговорим же о том, кто они такие, эти бракофобы, и что с ними делать.

• Бракофобы-мужчины

Распознать мужчину-бракофоба нелегко. У него же на лбу не написано! Тем более что они часто бывают весьма преуспевающими и социально реализованными людьми. И к тому же они разные. Есть такие, кто открыто называет себя убежденным холостяком, а есть и другие, которые производят впечатление «временно свободных» и потому внушают женщинам много надежд. Кстати, учтите, что в нашем понимании бракофоб — это вовсе не ругательное слово. Буквально это — человек, боящийся брака. Мы включили сюда также людей, которые просто не хотят семейных отношений. И никакого особого страха не испытывают.

Умная мысль

> *Когда мужчина холост, все женщины палят по нему, как развеселившиеся охотники по дикой утке.*
>
> Б. Шоу

Поведение большей части мужчин укладывается в более-менее стандартный сценарий. Такой мужчина встречается с женщинами, потом к одной из них привязывается, женится на ней, они живут вместе и производят на свет себе подобных. Потом он может разводиться, жениться опять, потом снова разводиться и т.д. Для бракофоба этот сценарий неприемлем. Он, как правило, живет один (или с мамой, или с родителями), он уже находится в таком возрасте, когда все «нормальные» мужчины женились и обзавелись детьми, но он не спешит вить свое гнездо и вполне доволен одиночеством. Хотя окружающим могут рассказываться сказки о том, «как трудно найти нормальную девушку», «как много времени отнимает работа» и т.д. Окружающие могут искренне сочувствовать ему (хороший ведь парень пропадает!) и пытаться помочь: познакомить, сосватать, случайно зайти в гости с хорошей девушкой и т.д. Но все бесполезно. В том смысле, что к семейным узам (а для него это именно УЗЫ) это не приводит. Хотя такой мужчина отнюдь не сторонится женщин. У него могут быть подруги, и не одна. Он может долго встречаться с женщиной (даже несколько лет — пока она не «сломается»). Он может быть прекрасным ухажером, любовником, спонсором. Его женщина может оставаться у него на ночь пару раз в неделю, иметь в его доме свою зубную щетку и халат, но... Как только отношения грозят стать более тесными, он ставит на них точку.

Вот некоторые признаки, по которым можно охарактеризовать мужчину, как бракофоба:

- *он не разу не был женат и не жил в незарегистрированном браке;*
- *он встречается с женщиной, но не делает ей предложения;*
- *он избегает разговоров о семье, о детях;*
- *он позволяет оставаться женщине на ночь у себя дома, но испытывает странную, иногда необъяснимую тревогу, если женщина задерживается дольше;*
- *он не любит бывать на свадьбах, хотя может не показывать этого;*
- *если женщина пробует намекнуть на свое желание узаконить отношения или хотя бы пожить вместе, он или отмалчивается, или отшучивается, или пе-*

реводит разговор на другую тему, или обрывает этот разговор, или, наконец, обрывает сами отношения.

Конечно, необязательно все эти признаки сойдутся в одном человеке. Но многие женщины наверняка вспомнят здесь одного из своих бывших кавалеров. А может и не одного.

Анекдот в тему

Разговор влюбленных:
— Милый, ты меня любишь?
— Да.
— Очень?
— Очень.
— Правда?
— Правда.
— И мы поженимся?
— Ну зачем так резко менять тему разговора?

По нашим наблюдениям, да и по наблюдениям большинства женщин, среди бракофобов есть несколько распространенных типажей. Для удобства опознавания опишем их. Каждый типаж отличается своими особенностями поведения, стиля жизни и отношения с женщинами. Большая часть всего этого совершается не со зла и часто неосознанно. Это как бы игра, в которую играет мужчина для удобства и собственной безопасности. Итак, вот они.

«Разбитое сердце». У этого мужчины в молодости была сердечная драма. Связанная, разумеется, с женщиной. И не важно, что ему было тогда 16, а ей 14. И не важно, что сейчас ему 40. Его чуткое сердце помнит все.

Он может молчать об этом прискорбном опыте, а может и рассказывать о нем на каждом углу. Он может даже «осчастливить» этим рассказом всех своих последующих подруг. Рассказ примерно такой: «Она была прекрасна, но коварна. А я был молод, доверчив и влюблен в нее без памяти. Она предала меня. С тех пор я никому не верю».

Может быть, что у этого мужчины была Великая Несчастная Любовь. И тогда все последующие женщины начинают самоотверженно конкурировать с этой особой. Но она недосягаемо хороша, и никому не удается затмить ее.

В общем, дальше мужчина начинает играть в рыцаря «Разбитое сердце». Надо сказать, что в глазах женщин он выглядит очень заманчиво. Его хочется согреть, приласкать, залечить его душевную рану. А ему на самом деле удобно жить под прикрытием своего прошлого. И происходит это чаще всего бессознательно. У такого мужчины есть внутренняя программа: «Любая женщина может предать. Никому нельзя верить. Держи дистанцию!»

«Искатель идеала». Сколько бы ни было лет такому мужчине, он находится в поисках идеальной женщины. И поэтому все реальные женщины, попадающие в зону его внимания, рано или поздно оказываются слабым подобием той прекрасной и неповторимой принцессы, которая живет в его воображении.

Такой мужчина бессознательно будет искать в своей очередной подруге недостатки, чтобы потом разочароваться в ней и при расставании иметь лишний аргумент типа: «Все равно она была не так хороша». Как правило, такой мужчина довольно притязателен в отношении женщин. И они это ценят! Избраннице такого мужчины приятно ощущать себя особенной и неповторимой. Однако рано или поздно, когда ее отличия от идеала окажутся вопиюще заметными, ей дадут отставку.

«Искатель идеала» — это своеобразная форма мужской защиты: ведь всегда безопаснее иметь дело с призрачной богиней, чем с реальной, земной женщиной.

«Вечно зеленый». Про таких людей иногда говорят: «Маленькая собачка — до старости щенок». Это в полной мере относится к мужчинам такого типа. Он чувст-

вует, что не готов пожертвовать своей юностью ради создания пусть уютного, но все же обременяющего хлопотами гнезда. И не имеет значения, сколько на самом деле ему лет. Он юн и в двадцать, и в тридцать, и в сорок пять. Кстати, такие мужчины и выглядят обычно гораздо моложе своих лет. У них есть налет инфантильности, романтичности, они дружат с людьми моложе себя и развлекаются соответственно.

Перспектива вступления в брак вселяет в них безотчетный страх. Им кажется, что их жизнь на этом закончится. Семья как образ жизни представляется им добровольным заточением. Они слишком дорожат своей независимостью и не спешат с ней расставаться.

«Женоненавистник». Это весьма редкий тип. Их — единицы по сравнению с общей массой мужчин, которые, в общем, очень даже неплохо относятся к женщинам. Пусть они не стремятся к браку. Но они очень даже не против разных форм общения.

«Женоненавистники» возмущены самим фактом существования слабого пола. Они стараются свести к минимуму все контакты с особями, которые являются ошибкой природы.

У мужчин такого типа тоже есть причины, чтобы не любить женщин. Это может быть серьезная психологическая травма в детстве или юности, плохие отношения с матерью или какое-то особое мировоззрение (в том числе и религиозное). Они часто неосознанно мстят женщинам. Среди таких мужчин встречаются люди с психическими расстройствами или глубокими комплексами сексуального характера.

В общем, не любят они женщин. Но и женщины не очень-то жалуют их своим вниманием. Такой мужчина представляет для них минимальный интерес. А если и представляет, то скорее как экзотический фрукт.

«Пылко влюбленный». Ему постоянно нужно чувство влюбленности. И он влюбляется. Пылко, страстно, романтично, безумно. И он абсолютно честен, когда, глядя в глаза своей избраннице, он говорит, что она единст-

венная его любовь на всю жизнь. И если через две недели его любовь растает как облако после дождя, то винить в этом некого. Он погас так же быстро, как и загорелся. До загса он не доходит по той же причине: он успевает разлюбить ее еще до того, как она станет его женой. И тогда он снова влюбляется. И снова искренне. Он будет красиво ухаживать, говорить комплименты и дарить цветы.

Иногда, правда, когда любовь затянулась на несколько месяцев или даже на год, такой мужчина способен дойти до загса. Причем без всякого сожаления. Это, пожалуй, единственный тип среди бракофобов, который склонен иногда создавать семью. Но ненадолго.

Умная мысль

Всех женщин все равно не перелюбишь.

И. Северянин

«Соблазнитель». Для этого мужчины важен сам факт сексуальной близости с женщиной. После этого он теряет к ней всякий интерес. Можно сказать, что это такой вид спорта. Ни о какой душевной привязанности, эмоциональном общении и общих интересах тут речи не идет.

Иногда такое поведение бывает формой подсознательной мести женщинам. За что — об этом знает только он. А может быть, это давно уже забылось, потому что помнить об этом — больно и неприятно.

«Независимый». Этот мужчина в принципе неплохо относится к женщинам. Но у него есть одна-единственная, любимая им навечно. Имя ей — Независимость. И поэтому любая, даже самая ненавязчивая конкурентка, будет стоять на втором месте.

Этот мужчина ни за что не пожертвует возможностью в любое время, когда ему захочется, взять да и уехать на край земли. Или просто завалиться на диван со своей лохматой собакой. Или пойти с друзьями в загул до утра.

Или еще что-нибудь. Он ценит саму возможность распоряжаться собой и своей жизнью единолично.

Поэтому брак для него равен потере этой свободы. А потерять свободу — это все равно что потерять жизнь. И точка. Вопрос исчерпан.

Умная мысль

> *Все друзья хотят меня женить, потому что не выносят, когда кому-нибудь хорошо.*
>
> М. Жванецкий

• Что делает мужчин бракофобами?

Мы не будем искать виноватого. Это абсолютно бесполезно. Тем более что, как правило, виноватых в этих ситуациях не бывает. Есть жизненные обстоятельства, которые привели к таким последствиям: мужчина не хочет жениться. Ему так удобней, безопасней, комфортней, интересней, если хотите. Повторяем: бракофоб — это не ругательное слово. Это образ жизни, несколько отличающийся от того, что ведет большинство людей.

Умная мысль

> *Холостяк — это человек, который думает, что действительно оправданным был тот брак, в результате которого появился он сам.*
>
> А. Миллер

Итак, почему же мужчины становятся бракофобами?

Во многих случаев такие мужчины воспитывались в неполных семьях. Или отец был в этой семье номинально и не имел права голоса. Мама становилась центральным персонажем в жизни этого мальчика. Вот лишь некоторые возможные издержки маминого воспитания.

- Мужчина становится зависимым от матери, которая не дает ему проявить самостоятельность. Про таких говорят: «Ты женат на своей маме». Такие мужчины являются как бы психологически недозревшими. А создание семьи — шаг ответственный и требующий определенной автономии от родителей.
- Мужчина постоянно испытывает чувство вины перед своей матерью, которая активно ею насаждается: «неблагодарный», «хочешь бросить меня одну», «ты будешь причиной моей смерти» и т.д. Мама манипулирует своим сыном, жалуясь на свою судьбу, тяжелую жизнь, здоровье, одиночество и т.д. Он не любит свою мать из-за этого и подсознательно переносит эту нелюбовь на всех женщин, поскольку ожидает от них чего-то похожего на поведение матери.
- Воспитывая сына одна, женщина часто «отыгрывает» на нем свое настроение. Если ей хорошо, весело, жизнь представляется в розовых красках, она весела и ласкова со своим ребенком. Если ей плохо и тоскливо, она выливает на него свои переживания. Она может отругать его, наказать. Эта непредсказуемость поведения матери часто так травмирует ребенка, что он эмоционально отдаляется от своей матери и подсознательно сохраняет такую позицию по отношению к другим женщинам всю свою жизнь.

Кроме этого, большое влияние на будущего мужчину могут оказать конфликты родителей. Мальчик может не помнить этого, но если он слышал от отца: «Сынок, никогда не верь женщинам», «Не женись, будешь, как я, мучиться», «Женщины портят жизнь» и т.д., эти фразы могут запрограммировать его и стать командами, которые он будет исполнять всю жизнь. Насмотревшись на конфликты родителей, мальчик может сделать вывод, что семья, она такая и есть, в разборках и выяснении отношений. И даже если его избранница во всем устраивает его, в подсознании его сидит страх: а вдруг и у нас будет так же через несколько лет?

Сцена на улице

> *Два пожилых приятеля, идя мимо загса:*
> *— Сегодня молодежь испытывает все больший страх перед браком!*
> *— И правильно делает! Я до брака вообще не знал, что такое страх!*

Бракофобами также становятся в результате травмирующего личного опыта: предательство, несчастная любовь, брак, принесший сильное разочарование и другие случаи.

Так что если взять всех мужчин, категорически не желающих вступать в брак, прибавить к ним мужчин с иной сексуальной ориентацией, то мы увидим, что круг брачующихся особей мужского пола заметно сузился.

Вот вам и ответ на женский вопрос: «Куда мужики подевались?»

• Женщины-бракофобы

Да, такое явление, как это ни странно, существует. Хотя принято считать, что женщины все поголовно хотят создать семью, а мужчины от них бегают. На самом деле, есть немалое количество женщин-бракофобов, хотя внешне это может так не выглядеть. Это может маскироваться так: «Да где ж его найдешь-то, нормального мужика?», «Мне еще замуж рановато», «Никто не предлагает», «Кому я нужна?» и т.д.

Конечно, не всегда эти высказывания означают, что женщина боится брака. Но иногда они служат хорошей и привычной защитой, за которой прячется этот страх.

Страх, который, кстати, часто бывает подсознательным.

Конечно, женщина-бракофоб — это все же не столь распространенное явление. Среди мужчин бракофобы встречаются раз в пять чаще. Просто в обществе укоренился прочный стереотип, что мужчины жениться не хотят, а женщины выйти замуж не могут, потому что мужчины не хотят.

Но ведь вы, уважаемый читатель, не столь наивны, чтобы принять это за чистую монету. Вы уже знаете, что за нашим «не могу» часто кроется «не хочу».

Вои мы и поговорим о женщинах, которые действительно не хотят, но часто сами об этом не подозревают. Итак, кто же они?

Инвалид семейного фронта. Она может быть молодой и не очень. У нее могут быть дети, а может их и не быть. Все это не важно. Главное — другое. За ее плечами — брак (а может, и не один). Может быть, это был так называемый гражданский брак. И от одного этого слова, при одном упоминании об этом прискорбном факте она внутренне сжимается и замирает. Потому что там было что-то, что надолго отбило у нее всякое желание впускать в свою жизнь мужчину. В постель — еще куда ни шло. Но не дальше.

Инвалиды семейного фронта ведут себя по-разному. Иногда такая женщина превращается в тихую жертву, которая предпочитает не говорить о своем семейном опыте или отделывается многозначительной фразой: «Даже не хочу об этом вспоминать». Иногда она становится воинственной мужененавистницей, которая самозабвенно играет в игру «Все мужики сволочи (козлы, бабники, кобели, иждивенцы, алкоголики — нужное подчеркнуть)».

Могут быть разные причины, по которым распался ее брак. Но там был примерно один сюжет: она, как на алтарь, положила туда все самое дорогое (отдала лучшие годы жизни), а он растоптал это (изменял, бил, пил, бросал, скандалил и т.д.). Почти всегда в этих отношениях она видит (или чувствует) себя жертвой. И после этого она решает (часто неосознанно), что никогда больше этот кошмар не повторится в ее жизни.

Иногда женщине надоедает быть инвалидом семейного фронта (страх проходит), и через несколько лет она готова пойти на мировую с мужчинами. Но иногда это затягивается на долгие годы, даже на всю жизнь.

Принцесса на горошине. Эту женщину можно легко узнать по одному характерному признаку. Она никогда в своей жизни не встречала «нормального» мужика. Точнее, она его видела, но пробегающим мимо. Либо это был муж подруги, либо женатый начальник, либо это владелец нефтяной компании, которого иногда показывают в вечерних новостях в разделе «Деловая жизнь».

На ее личном фронте затишье или что-то вялотекущее. Иногда ей казалось, что вот этот мужчина, с которым она познакомилась на прошлой неделе, и есть тот нормальный мужик. Но при ближайшем рассмотрении эта робкая надежда разлеталась, как карточный домик. Он был не тем. Чтобы это выяснить, она может потратить ровно один вечер, а может и пару лет. Она может даже попытаться сделать из него «нормального», но обнадеживающих результатов это не дает.

И так проходят годы. Со временем даже те неидеальные мужчины, которые окружали принцессу, куда-то деваются, устраивают свою жизнь с другими женщинами, и у нее все меньше шансов встретить кого-то, кто подходил бы под уровень ее притязаний.

В общем, всю свою жизнь она ищет Мужчину Своей Мечты. Хотя она вам наверняка скажет, что просто ищет обычного, нормального мужика и никаких особенных требований у нее нет. Она даже снизила планку до неприличия. И все равно — шаром покати.

Амазонка. Эта особа — порождение современной цивилизации. Может, у нее и есть брак за плечами, но это слишком малозначительное событие на фоне ее активной жизни. Муж отпал как мешающий и бесполезный элемент.

Она всего в своей жизни добилась сама (а добилась она многого), быт, в котором есть заботы о муже и детях, — это не ее стихия. Она увлечена своей работой, зарабатыванием денег, карьерой, поддержанием спортивной формы, путешествиями — чем угодно. В ее жизни случаются романы и случайные любовные приключения. Но как только дело доходит до предложения пожить вместе или, что еще хуже, руки и сердца... Что-то обязательно случается в этот момент. Происходит какое-то внешнее событие, которое мешает ей соединить свою судьбу с этим милым человеком. И они расходятся. Она может быть очень огорчена или расстроена, но потом она (к своему же собственному удивлению) вздыхает с облегчением. И понимает, что она ни за что не откажется от своего образа жизни, от своих привычек, от своей свободы и независимости. Иногда она даже не признается себе самой в том, что она рада такому исходу событий.

Часто она ловит себя на том, что она просто не знает, что делать с мужчиной. Ну, в постели понятно. Ну, выйти в свет тоже понятно. Ну поужинать при свечах. А дальше-то что? Для чего он нужен? У нее же все есть!

Иногда ее посещает мысль влюбиться, выйти замуж, родить ребенка и т.д. Но она не задерживается долго в ее умной голове. Потому что на самом деле она довольна своей жизнью.

• Что делает женщин бракофобами?

Да, в общем, все то же самое, что и мужчин.

- Опыт, полученный в семье родителей. Если папа и мама жили плохо, ругались, расходились, скандалили, выясняли отношения, страдали и т.д., подрастающая девушка делает вполне резонный вывод: «Я такого не хочу!»
- Плохие отношения с отцом. Вообще отец является первым мужчиной, который входит в жизнь маленькой девочки. И хочет она этого или не хочет,

она всю жизнь подсознательно будет сравнивать всех мужчин со своим отцом. Так что если этот первый мужчина был ужасен для нее, может сформироваться подсознательный страх создания семьи. Она задает себе вопрос, который она, кстати, чаще всего не слышит: «А вдруг у меня будет так же?»
- Родители (или общественное мнение) могут сформировать образ «достойного» жениха. И этот образ войдет в конфликт с реальностью.
- Свой собственный опыт неудачной семейной жизни (или отношений с мужчинами) может сделать женщину бракофобом. Пройдя через этот опыт, она скажет: «Нет, спасибо, больше не надо!»

• Что делать с бракофобами?

Здесь мы еще раз хотим подчеркнуть: бракофоб — это не болезнь. Это мировоззрение, это образ жизни, в котором семейным отношениям просто нет места. Иногда это осознается самим бракофобом, иногда нет.

Сознательная бракофобия, когда человек знает, что он не создан для семейной жизни и никак не страдает от такого факта, — это совсем даже не плохо. Это хорошо. Человек живет в согласии с собой. Ибо кто сказал, что человек обязательно должен иметь семью? Это миф и не более того. Гораздо лучше выглядит счастливый холостяк, чем несчастная пара, которая сама мучается и друг друга мучает.

Несколько хуже — подсознательная бракофобия, когда человеку кажется, что он создал бы семью, да не получается. Здесь выход один: осознать свой страх и поработать с ним. А после этого ответить себе на вопрос: хотите ли вы быть свободным или хотите создать семейные отношения. На любой выбор вы имеете полное право.

А что же делать человеку, который узнал в своем избраннике (избраннице) бракофоба? К вашему возможному сожалению, ничего радикального мы предлагать не будем. Ибо переделать бракофоба со стороны, равно как и любого другого человека, невозможно. Это не ваша миссия. Он сам изменится, когда захочет. Или не изменится. Можно расстраиваться по этому поводу или нет. Но задайте себе вопрос: а если расстраиваться, что из этого будет? Может быть, у вас улучшатся отношения и он сам(а) потащит вас в загс? Вряд ли. Может, у вас прибавится здоровья? Сомнительно. Может, у вас будет больше денег? Тоже не факт.

Так что вывод первый: если ваш избранник (избранница), или человек, с которым вы связываете определенные надежды, — бракофоб, не стоит делать из этого трагедию. Это еще не приговор.

Чего еще не стоит делать с бракофобом?
- Не делайте резких движений: бракофоба очень легко спугнуть.
- Не стоит давить на него и грубо подталкивать к сближению. Он бдит и надежно охраняет свою территорию, хотя, может, и сам об этом не знает.
- Не стоит пытаться перевоспитать его, подсовывая эту или другую книгу, объясняя, что семья — это совсем не то, что он думает, и это совсем не так страшно.
- Не стоит явно шантажировать его, если вы не хотите потерять этого человека.

А что же делать?
- Во-первых, начните с себя. Если вы не замужем (не женаты) и держите в руках эту книгу, вам уже есть над чем задуматься, хотя вовсе не обязательно, что у вас именно то, о чем мы написали в этой главе.

Если вас интересует ваш знакомый (знакомая)...
- Присмотритесь к нему (к ней) внимательней и попытайтесь очень осторожно, ненавязчиво и деликатно выяснить его (ее) прошлое и те события, ко-

торые могли повлиять на него. Или выяснить его (ее) взгляд на отношения мужчины и женщины. Но никогда в будущем не попрекайте его (ее) тем, что вы узнали!
- Пусть он перестанет видеть в вас угрозу своей независимости: скажите ему, что в ближайшее время для вас не стоит вопрос совместного проживания или вступления в брак.
- Покажите ему, что «вы тоже человек». Со своими проблемами, тревогами и заботами. Будьте с ним откровенны, открыты, но не призывайте его к ответному душевному стриптизу.

Конечно, мы могли бы привести кучу манипулятивных приемов, которые позволили бы усыпить его бдительность и, когда он расслабится, брать его «тепленьким». Но задумайтесь: какая жизнь вас ждет с человеком, который вступил в брак не по своей инициативе? Рано или поздно этот факт даст о себе знать.

У любого человека есть свои жизненные принципы, установки и убеждения. И менять их хотят далеко не все. Любой человек имеет право на свои взгляды. Если даже вам кажется, что они глубоко ошибочны и вы лучше его знаете, как ему будет лучше. Вы не можете ни изменить, ни перевоспитать ближнего. Вы можете только не тратить свои силы и энергию на бесперспективное занятие.

Если вы поняли, что человек, с которым вы встречаетесь, не готов к совместной жизни, не стоит тащить его «в рай».

• Не надо видеть во всех бракофобов!

Мы вполне предвидим такую ситуацию: читатель со всем свойственным ему максимализмом начнет пристальное наблюдение за окружающими с целью выявить и вывести на чистую воду бракофобов. Начнет ставить диагнозы направо и налево.

Знакомясь в очередной раз, он будет пристально вглядываться в его (ее) черты и уж конечно обнаружит в нем зловещего бракофоба.

Уважаемый читатель, не надо этого делать! Найти можно что угодно в ком угодно!

Говорить, что у человека бракофобия, можно только после тридцати. Не ранее. К тому же первое впечатление может быть обманчиво.

И потом: если вы хотите убедиться, что вам попадаются одни бракофобы, вы в этом убедитесь. Жизнь подтверждает наши мысли и намерения.

Присмотритесь лучше к себе. А мы пока подведем очередные итоги.

ИТОГИ

- *Часть людей имеет некоторый набор страхов или внутренних убеждений, которые приводят к тому, что они категорически не хотят вступать в брак. Таких людей можно назвать «бракофобвми».*
- *Существует несколько типовых причин, по которым люди не желают вступать в брак. Также существуют некоторые типичные признаки, по которым их можно распознать.*
- *Изменить отношение бракофоба к браку со стороны, без его желания, почти невозможно. Поэтому лучше не строить планов на долговременную семейную жизнь с человеком, имеющим такую систему убеждений.*

Давайте наполнимся позитивом

> *Все, что иные люди делают правильно, они делают с опозданием, а все, что они делают неправильно, — все своевременно.*
>
> Павел Мороз

На этом мы заканчиваем рассмотрение основных факторов, которые могут создавать проблемы на пути к желанной цели. Давайте еще раз назовем их.

• Жизнь — это отпечаток наших мыслей

Жизнь реализует содержимое вашей головы, вашего сознания и подсознания. В вашей реальности появляется то, во что вы на самом деле верите относительно себя, своей жизни, близких отношений, противоположного пола.

Если вы невысокого (или слишком высокого) мнения о себе, недолюбливаете противоположный пол, боитесь близких отношений, считаете, что без любви нормальной жизни нет и т.д., вы получите отражение ваших мыслей в жизни.

То, чего мы боимся, догонит нас, то, что мы осуждаем, мы получим в своей жизни, то, с чем мы боремся, станет еще крепче.

Вывод прост: если вас не устраивает ваша личная жизнь, поймайте свои мысли о ней, перестаньте повторять их, начните мыслить по-иному.

Держать в голове позитивные мысли так же легко, как и негативные. Все дело в привычке.

• Мы все живем стереотипами

Родители, друзья, общество в целом, книги и средства массовой информации постоянно внушают нам некоторые идеи, которые мы воспринимаем как естественные и затем начинаем руководствоваться ими. Эти идеи могут быть нейтральными или позитивными типа: «Дети должны уважать родителей и заботиться о них».

Но порой они становятся источниками длительных переживаний и вообще могут сломать вашу жизнь, если вы будете слепо им следовать.

Например, в нашем обществе принята идея моногамии, которую можно выразить фразой: «Нормальный мужчина должен любить только одну женщину и жить только с одной женщиной». Но если переместиться всего на пару тысяч километров на восток, то мы попадаем в общество, которое в это же время руководствуется совсем другим правилом: «Один мужчина может иметь столько жен, сколько он может содержать».

А если переместиться на пару тысяч километров на северо-запад, то мы попадем в общество, которое руководствуется правилом: «Одна женщина может жить с любым количеством мужчин» (шведская семья) или даже «Мужчина может создать семью с мужчиной». Какая из этих идей истинная?

Понятно, что каждую из этих идей как единственно верную будет отстаивать тот, кто живет на соответствующей территории и руководствуется ею.

Причем за свой стереотип семейной жизни человек готов отдать все: нервы, здоровье, счастье, саму семью, отношения и т.д.

Поэтому есть смысл задуматься над тем, насколько истинна та модель семейной жизни и те идеи взаимоотношений в семье, которые вы готовы отстаивать до конца, то есть до развода.

Стоят ли они того, чтобы ради них расставаться с человеком, который давал вам такие радостные ощущения некоторое время назад? И который может подарить их вам еще и еще, если вы не будете упираться в отстаивании своих убеждений, истинных только для вас, только в данном месте и в данное время и не являющихся истинными во всех остальных местах и временах.

• Разберитесь с идеализациями

У каждого человека имеется осознанный или неосознанный им набор ожиданий (картинок) того, как должна складываться его жизнь. Если эти ожидания для нас очень значимы и мы не готовы спокойно принять реальность, которая чем-то отличается от наших прогнозов, то Жизнь применяет к нам процессы духовного воспитания. Она дает нам уроки, главная идея которых состоит в том, чтобы научить нас не осуждать ту реальность, которая не совпадает с нашими ожиданиями. То есть она разрушает наши идеализации.

Поэтому стоит вместо борьбы с Жизнью задуматься над тем, почему возле вас оказался человек, поведение которого вас совсем не устраивает. Скорее всего, это Жизнь в порядке вашего духовного воспитания свела вас вместе, чтобы доказать вам ошибочность ваших убеждений. А вы, не понимая и не принимая ее уроков, боретесь за свои идеалы, пытаясь переделать близкого человека по своему разумению. А он, естественно, не желает меняться, в свою очередь, требуя от вас, чтобы вы изменились, но уже в соответствии с его фантазиями. В итоге совместная жизнь двух людей часто превращается в поле боя, где каждый, руководствуясь самыми лучшими побуждениями, пытается переделать своего любимого (или любимую).

И так будет продолжаться до тех пор, пока вы не снимете осуждение и не научитесь относиться к своим любимым как к вполне свободным и осознанным существам, имеющим полное право руководствоваться другими идеями, нежели желаете вы.

• Врожденные инстинкты

Дополнительное разнообразие в эту катавасию вносят еще и врожденные инстинкты, унаследованные нами от наших далеких предков и часто влияющие на наши поступки и суждения. Поскольку инстинкт является частью нашей биологической природы, мы обычно не осознаем его влияния, но руководствуемся им. А инстинкт не развивается вместе с человеком, он руководствуется только теми задачами, которые поставила перед ним Природа на самой заре существования человечества. Тогда, то есть многие тысячи лет назад, инстинкты помогли человеку выжить и достичь существующей ныне степени эволюции. Но поскольку сами они не изменились и по-прежнему преследуют свои цели, обеспечивая людям выживание в сложных условиях и продолжение рода, часто возникает противоречие между требованиями инстинкта и требованиями разума человека. Инстинкт обычно побеждает, и в итоге человек пребывает в ужасе от тех глупостей, которые он сам же совершает непонятно зачем и для чего.

Значит, чтобы жить более успешно и осознанно, надо научиться выявлять поступки, коренящиеся в инстинктах, и научиться управлять собой.

Таковы основные источники проблем, возникающих в жизни человека. Понятно, что существует еще множество других причин, не попадающих в эти разделы, но они обычно более индивидуальны. К работе с ними есть смысл приступать только тогда, когда вы абсолютно уверены, что ни одна из перечисленных выше причин не влияет на вашу жизнь. Если вы так считаете, то вы, скорее всего, ошибаетесь. Вы преувеличиваете свою уникальность, а это относится к такой идеализации, как «гордыня». Подумайте над этим.

А сейчас мы хотим напомнить о тех средствах и методах, которые мы рекомендуем для самостоятельной работы по приведению себя в состояние «человека разумного». То есть такого, который сам не создает себе проблем, поскольку понимает, что все происходящее с ним есть следствие его собственных мыслей и поступков (интересно, много ли таких?). Очень подробно эти методы описаны в книгах [1, 2, 5, 11], здесь мы лишь напомним о них. Главная цель использования этих техник — перевести себя в такое состояние, когда у вас в голове будут явно преобладать хорошие (позитивные) мысли, и ваша жизнь будет полностью устраивать вас.

Подобных методик существует множество. Мы предложим вам несколько техник, чтобы вы могли выбрать себе то, что вам подходит больше всего.

• *Самопрограммируйтесь*

Позитивное мышление — это прекрасный и эффективный способ изменить свою жизнь. Что такое позитивное мышление? Это такой способ думать, при котором вы не осуждаете, не критикуете, не испытываете ненависти к себе и тому, что (кто) вас окружает.

Это не значит, что вы все время ходите с улыбкой идиота и не замечаете недостатков в жизни. Вы просто не концентрируете на них свое внимание, не отдаете им свою энергию, не подпитываете их, а следовательно, и не концентрируетесь на них.

Вы можете сказать, конечно, что все это хорошо, но очень трудно, практически невозможно. Что нельзя сознательно направлять свои мысли в нужном направлении. Если вы действительно так думаете, если вы уверены в этом, то в вашей жизни так оно и будет. Это станет для вас правдой.

Если же ваше желание изменить себя и свою жизнь достаточно сильно, вы будете это делать. И у вас будет это получаться. Получается же у вас думать негативно? Вы умеете это? Вы привыкли к этому? Тогда точно так же привыкнете думать позитивно.

Умная мысль

В борьбе с самим собой противников не выбирают.
Борис Крутиер

• Хватайте мысли за хвост!

«Мужчинам (женщинам) нельзя доверять!», «Все мужчины (женщины) одинаковые!», «Им всем нужно только одно!»

Ну как не вспомнить эти привычные до боли фразы, с которыми мы буквально выросли? Казалось бы, что в них опасного? В общем-то ничего, если бы не одно но: это так называемые подсознательные установки, которые, будучи внушенными вам или приобретенными вами в какой-то не очень приятный момент жизни, буквально внедряются в подсознание и **оказывают разрушительное воздействие на вашу жизнь**. Попытайтесь вспомнить, какие установки относительно мужчин (женщин), отношений, секса и т.д. могут сидеть в вашем подсознании. А если не можете ничего вспомнить — просто обратите внимание на свой опыт. Неоднократно повторяющиеся, похожие факты вашей жизни являются отражением ваших внутренних установок. Приведем несколько примеров:

- *Нормальных мужчин (женщин) не осталось.*
- *Мне просто негде познакомиться с интересным человеком.*
- *Брак не может обеспечить счастливую жизнь.*
- *Все люди в браке несчастливы.*
- *Рано или поздно все мужчины (женщины) изменяют.*
- *Мой любимый человек в любой момент может покинуть меня.*
- *Я никогда больше не буду так любим(а).*
- *Я никогда снова так не полюблю.*

Несколько раз в день спрашивайте себя: **о чем я сейчас думал(а)?** Вспомните ваши мысли. **Выявите свои характерные негативные мысли и убеждения и обязательно запишите их.**

В эту табличку заносите свои негативные мысли.

	Что я думаю на самом деле
О мужчинах (о женщинах — для мужчин)	
О себе как женщине — какая я? (о себе как мужчине — какой я?)	
О моих отношениях с противоположным полом, моей привлекательности для противоположного пола	
О семейной жизни, об отношениях в семье	
О своем будущем	
О том, чего я боюсь в отношениях	

Поскольку здесь мы занимаемся только вопросами обустройства личной и семейной жизни и не касаемся денег, работы, отношений детей с родителями и многих других аспектов жизни людей, то и негативные утверждения будем рассматривать только из этой сферы. А таких убеждений может быть множество: «Я никому не нужна. Я слишком некрасивая (старая, молодая, высокая, низкая, умная, неумная, независимая, податливая и т.д. и т.п.), поэтому меня никто не полюбит. Женщин слишком много, мне ничего путного не достанется. Я рождена для страданий. У меня венец безбрачия (пояс девственности, чепец отверженности). Я не могу жить без семьи (хотя и живу). Терпеть не могу мужиков, но замуж выходить надо».

Отследите свои мысли и запишите их в таблицу. Посмотрите, как они создают вам ту жизнь, которой вы живете (точнее, они не виноваты, это же вы их думаете, никто вас не заставляет!).

Теперь спросите себя: «А какие мысли я хочу иметь о себе, о своих отношениях, о семейной жизни?»

Просто выберите те мысли, которыми вы теперь будете думать.

Менять негативные программы на позитивные рекомендуется по специальным правилам:

- **позитивная программа должна быть точно противоположна по смыслу негативной установке**. То есть, если у вас часто мелькает мысль о том, что «Я никому не нужна», то позитивная программа может иметь вид: «Я всегда желанна». Но здесь лучше добавить: «Я желанна только своему любимому». Если оставить фразу без уточнений, то есть в виде «Я желанна», подразумевая, что вы желанны для всех, то не исключено, что вскоре вас станут домогаться самые разные люди (мужского, а то и женского пола), так что вскоре появится новое желание: «А пошли бы вы все куда подальше от меня!»
- **новая программа должна быть позитивной и содержать желанную цель**. Декларируйте Жизни то, что

вы хотите иметь в результате работы над собой: «Я достойна любви! Меня окружают внимательные заботливые мужчины! Я живу играючи!» Последнее утверждение здесь добавлено для того, чтобы вы не были чересчур серьезны и не ходили с постным или испуганным лицом, отпугивая тем самым желанных мужчин.

- **позитивная программа должна быть довольно короткой и приятной** вам, она должна «ложиться на сердце». Длинные фразы вы забудете или будете напрягаться, припоминая сложные обороты, и тем самым будете отвлекаться от смысла позитивного утверждения. А ведь главное в нем не слова, а тот смысл, который оно несет. А суть любого позитивного утверждения можно свести к простой мысли: «Все классно. Жизнь прекрасна. Я замечательна. У меня все получается наилучшим образом. Я была, есть и буду счастлива».

Что я выбираю думать теперь?	
О мужчинах (о женщинах — для мужчин)	
О себе как женщине — какая я? (о себе как мужчине — какой я)	
О моих отношениях с противоположным полом, моей привлекательности для противоположного пола	
О семейной жизни, об отношениях в семье	

О своем будущем	
О том, какие отношения я намерен(а) создать	

Что делать с новыми мыслями? **ДУМАТЬ ИМИ!** Повторять **ИХ**! Повторять их осознанно до тех пор, пока они не станут появляться автоматически!

Кому-то для этого потребуется неделя-две повторения этих новых мыслей (по 50 или 100 раз в день). А другим, критически настроенным по отношению к себе личностям понадобится больше времени для работы над собой, чтобы поверить, что вы так же достойны счастья, как и любой другой человек на земле.

Показателем того, что вы правильно поработали с позитивным утверждением, будет не мгновенное изменение ситуации (появление любимого человека, изменение вашего партнера или др.) — это следующий этап работы.

А на этом этапе показателем правильной работы является ваше **спокойное и радостное состояние духа, независимое от внешних обстоятельств**, в том числе от наличия или отсутствия любимого человека возле вас. Жизнь прекрасна, вы ей радуетесь, все хорошо, любимый скоро появится, никаких оснований для тревог у вас нет. Если вы достигли такого состояния духа, то никаких проблем с реализацией ваших желаний дальше не возникнет.

Причем последовательность должна быть именно такой: сначала — хорошее расположение духа, а потом — любовь-морковь. Понятно, что вам бы хотелось наоборот, но так не получается. **Утром — деньги, вечером — стулья, и никак иначе.**

Более подробно о работе с позитивными утверждениями вы можете почитать в книге [11].

• Какую роль вы играете в цирке?

Понаблюдайте за людьми — за знакомыми, за родственниками, просто за пассажирами метро. Все играют какие-то роли в цирке жизни. Каждый человек выбрал себе эту роль и играет ее, сам того не замечая. Эта роль стала его второй натурой, и под эту роль строится его жизнь.

Представьте себе, что у каждого человека на голове колпак (невидимый) с колокольчиками. А на колпаке написана та самая роль, которую играет человек.

Вот некоторые примеры ролей, в которые часто заигрываются люди. Присмотритесь, нет ли там вашего колпака?

- *«Жертва негодяя»* (альфонса, алкоголика, бабника и т.д.)
- *«Жертва одиночества»*
- *«Обманутая в лучших ожиданиях»*
- *«Старая дева»*
- *«Меня никто не любит»*
- *«Кому бы отдаться?»*
- *«Пятый год без секса»*
- *«Золушка без принца»*
- *«Ищу нормального мужика»*
- *«Караул, хочу замуж!»*
- *«Нет в жизни счастья»*
- *«Жена козла»*
- *«Все мужики сволочи»* (*«Все бабы дуры»*)
- *«Инвалид семейного фронта»*

Ролей может быть множество, и вы можете менять их по несколько раз на день, даже не догадываясь об этом. Общий признак того, что в данный момент вы играете очередную дурацкую роль, — это то, что вы испытываете какое-то негативное переживание. Если у вас все хорошо, вы улыбаетесь или просто спокойны — вы не клоун. А вот если вы раздражены, находитесь в гневе, депрессии или испытываете чувство вины, то вы — клоун. Осталось только придумать название той роли, которую вы сейчас играете.

Суть упражнения и состоит в придумывании смешного названия вашей дурацкой роли. Название должно быть коротким (1—3 слова), смешным, слегка циничным и отображать вашу роль в наиболее юмористическом виде. Если вы сумеете посмеяться над своими переживаниями, то они уйдут, ваша трагедия обесценится! На смену им придет хорошее настроение с хорошими мыслями. Названия ролей должны быть действительно смешными! Пусть смех сначала пробивается сквозь слезы!

Более подробно о жизненной позиции «Жизнь есть цирк» вы можете прочитать в книгах [2, 5, 7].

- *Подружимся со своими переживаниями*

Есть еще один эффективный прием для работы со своими переживаниями. **Вы перестаете с ними бороться**. Оказывается, что негатив не нужно уничтожать, критиковать, высмеивать его. Наоборот, его нужно поблагодарить за заботу о вас или других людях, послать ему вашу любовь и благодарность. И помочь ему из негатива стать позитивом, продолжая исполнять свое позитивное намерение. Это потребует немного усилий и некоторого воображения, но если вы хотите избавиться от душевных страданий, то легко найдете в себе эти ресурсы. Такой прием называется «Подружимся со своими переживаниями».

• **Прием «Подружимся со своими переживаниями»**

Попробуйте представить себе, как выглядит ваш страх, гнев, раздражение, вина или другая не радующая вас эмоция. Это должен быть образ, который не будет вдохновлять вас. Например, страх можно представить как головастика с длинной-длинной шеей. Его шея очень уязвима, поэтому он всего боится. Представьте себе, что этот образ — самостоятельная сущность, обитающая в вашей ауре. Вы сами когда-то породили ее, и теперь она живет за счет ваших переживаний. Ей хорошо и удобно в вас, она привыкла выполнять какую-то полезную для вас функцию. И если вы захотите избавиться от нее, она, конечно, будет возражать — ведь она хочет для вас самого лучшего, а вы пробуете ее уничтожить. Поэтому для начала нужно понять, какую же полезную функцию выполняет эта ваша эмоция. Если немного подумать, то можно легко обнаружить, что за любой негативной эмоцией стоит какое-то позитивное намерение.

Например, страх искренне намерен защитить вас от какой-то грядущей опасности, то есть он заботится о вашей безопасности. Гнев обычно вызывается тем, что ваши прекрасные побуждения грубо нарушаются каким-то человеком. Вы хотите, чтобы он поступал хорошо, а он нарушает ваше намерение, и вы впадаете в гнев, поскольку бессильны что-либо изменить. Раздражение тоже является следствием того, что кто-то нарушает понятные вам и обоснованные правила поведения. Вы хотите, чтобы человек вел себя хорошо, правильно (позитивное намерение), а он ведет себя по-иному, и вы не можете это исправить, в итоге возникает раздражение. Чувство вины возникает тогда, когда вы искренне хотите, чтобы у окружающих вас людей все было замечательно, и пробуете обеспечить им это. А если ваше намерение не реализуется, то есть происходит нежеланное событие, то вы начинаете винить себя в этом. И так далее.

Найдя позитивное намерение, стоящее за вашей эмоцией, мысленно поблагодарите ее (то есть свою негативную эмоцию) за позитивный настрой и искреннее желание сделать так, чтобы всем было хорошо. Пошлите ей свою любовь и благодарность за заботу и позитивные устремления — ведь она так старается, чтобы все было хорошо. Может быть, вам даже удастся поцеловать образ своей эмоции (если там есть что целовать). Вы увидите, как ваша эмоция будет благодарна вам за такое внимание — ведь раньше вы только ругали себя за переживания, не задумываясь, что на самом деле они возникают только из лучших побуждений. Возможно, поначалу она будет брыкаться и возражать, что мол не до поцелуев сейчас, желанный результат еще не достигнут. Но вы не оставляйте своих усилий, и вскоре вы подружитесь.

Это **первый этап** работы — установление дружеского контакта со своей эмоцией. Вы не переживаете ее вновь, не вдаетесь в обоснование ее появления. Вы просто отстраненно разглядываете и общаетесь с ней, вы — равноправные партнеры. Есть вы, и есть ваша эмоция (страх, гнев, вина и т.д.), существующая в вас и желающая вам самого лучшего. Раньше вы враждовали или просто не понимали друг друга, а теперь вы подружились.

Напоминаем, что одновременно вы работаете только с одной эмоцией. Если у вас их много (разных), то оставьте удовольствие общения с остальными на следующий раз.

Затем наступает **второй этап** работы, на котором вы хотите помочь вашему новому другу перейти на новый, высший уровень его развития. То есть вы вместе с нею (эмоцией) ищете то, чего она хочет добиться в результате своих действий. То есть вам нужно понять, какой наилучший позитивный результат, касающийся состояния вашей души, может быть получен в результате этих усилий. В качестве результата рассматривается то состояние, которого вы могли бы достичь, если бы позитивное намерение вашей эмоции было реализовано. Например, в результате достижения полной защищенности (позитивное намерение страха) вы могли бы перейти в состояние спокойствия, комфорта или в состояние уверенности. Ваш гнев, если бы окружающие вас люди вели себя правильно, перешел бы в свою высшую стадию — в умиротворенность или в благодушие. Ваше раздражение, если бы люди вели себя хорошо и правильно, переросло бы в спокойствие или в ту же умиротворенность. Ваше чувство вины, если бы все были полностью защищены, и вам не о чем было бы тревожиться, переросло бы в беззаботность, легкость или в отрешенность и т.д.

То есть вы сами должны выбрать, во что может перейти ваша негативная эмоция, если ее позитивное намерение будет исполнено. А затем представляете себе, **как выглядит это новое состояние**. Понятно, что это будет совсем другой образ — спокойный, сильный, радостный, уверенный. Это может быть человек, приятное вам животное, солнце, водный поток, море и т.д.

А затем мысленно производите трансформацию образа вашей негативной эмоции в новый позитивный образ, причем не насильно, а в полном согласии со своей эмоцией. Например, ваш страх (головка на тонкой шее) под влиянием потока вашей любви и благодарности трансформируется в уверенность (образ — огромный слон). Слону нечего бояться, он уверен в себе и всегда добродушен, он защитит вас от любых неприятностей. Ваш гнев (образ — злая собака) трансформируется в благодушие (образ — разноцветные мыльные пузыри). Ваше раздражение (образ — морской еж) трансформируется в спокойствие (образ — гранитный шар). Ваше чувство вины (образ — комок грязной ваты) трансформируется в беззаботность (образ — золотистый искрящийся шар). И так далее. Здесь в качестве примеров приведены образы эмоций, которые пришли в голову автору. У вас будут совсем другие образы, более близкие и понятные вам. Если такая трансформация произошла и вы почувствовали искомую уверенность (спокойствие, беззаботность и пр.), то все замечательно. Вам остается лишь запомнить полученный приятный образ и проводить подобную процедуру трансформации каждый раз, когда вы будете ловить себя на том, что ваша негативная эмоция опять вернулась и управляет вашим поведением. Поначалу придется выполнять это упражнение по несколько раз в день, а затем оно понадобится вам все реже и реже, поскольку произойдет полное замещение негативной эмоции на позитивную.

• Договоритесь со «словомешалкой»

Еще одна проблема, с которой сложно справиться подавляющему большинству людей, — это научиться контролировать бег мыслей в голове. Мысли одолевают нас днем и ночью, забирают все наши силы, изматывают, а порой доводят до депрессии. Еще с утра вы были как огурчик, но, доехав до работы в сопровождении собственных мыслей, превратились в раздражительного и уже усталого человека. Этот процесс неконтролируемого бега мыслей был назван ранее «словомешалкой». В книгах предлагалось использовать три стандартных способа борьбы со «словомешалкой», а именно:

- *сознательно заполнить свою голову регулярными мыслями (аффирмациями, мантрой, молитвой, счетом и т.д.), в результате чего «словомешалке» просто не останется возможности для суетной болтовни;*
- *сконцентрировать все свое внимание на каком-то объекте (мандала, свеча, точка) или на процессе (дыхания, пульсации крови), и тогда для «словомешалки» не останется свободных ресурсов;*
- *использовать специальные приемы визуализации, с помощью которых можно принудительно остановить бег мыслей* [3, 5, 7].

Как видим, все эти приемы основаны на принципе борьбы со «словомешалкой». А ведь то, с чем мы боремся, наполняется нашей энергией и становится сильнее. Именно поэтому большинство людей встречают большие трудности при достижении желаемого результата.

Поэтому мы предлагаем использовать совсем другой подход — **вместо борьбы использовать вашу любовь к... «словомешалке» и признательность ей.**

Достойна ли она таких светлых чувств? Конечно да! Ведь она и вы вместе с ней не просто так перемалываете одни и те же или разные мысли в голове. Вы делаете это с положительным намерением, которое заключается в том, чтобы вы больше не попали в неприятную ситуацию, то есть в стрессовое состояние. Чтобы вы приняли верное решение, чтобы нашли требуемый выход и т.д. Ведь все ваши бесконечные мысли обычно посвящены либо прошлому, в котором вы совершили ошибку и теперь пытаетесь найти новый и правильный выход из ситуации; либо посвящены будущему, в котором вас могут ожидать неприятности, и вы заранее прорабатываете варианты, как от них защититься. «Словомешалка» никогда не оценивает настоящее, она всегда либо в прошлом, либо в будущем.

И она руководствуется самыми прекрасными намерениями. А вы боретесь с ней, то есть хотите оставить себя совсем беззащитным перед грядущими трудностями. Конечно, она будет сопротивляться вашему более чем странному намерению как-то избавиться от нее.

Поэтому нужно поступить по-другому. Нужно мысленно поблагодарить свою «словомешалку» за заботу. Нужно послать ей свою любовь и благодарность. Можно даже поцеловать ее — но для этого вы должны представить себе, как именно она у вас выглядит. Если в возникшем образе есть что целовать, то не стесняйтесь! Попробуйте представить ее: это может быть сердитый гном, говорливый старичок, лягушка и т.д.

В общем, поблагодарите ее за заботу о вас. Подружитесь с ней. Обсудите с ней ее личные заботы. А потом дружески предложите ей отдохнуть — ведь она так долго и напряженно трудилась. Вы можете вместе с ней (мысленно, естественно) присесть на диван, попить чаю или пива. Потом заботливо уложите ее спать. Конечно, она будет периодически вскакивать и пытаться оградить вас от очередной напасти. Успокойте ее. Скажите, что вы уже все предусмотрели и ей пора отдохнуть. Или сходить к кому-то гости. Или взять отпуск. Или просто отоспаться в течение нескольких суток. Можно даже угостить ее коньячком — чтобы лучше спалось.

В общем, договоритесь с ней, чтобы она перестала о вас тревожиться. И тогда у вас в голове установится долгожданная тишина. То есть вы будете думать, но только о реальных делах, которые нужно делать сейчас или в ближайшее время. И все. Используйте этот прием, и он даст очень хорошие результаты.

Понятно, что это упражнение может хорошо получаться у людей с развитым воображением — им легко представлять себе образы эмоций или «словомешалки». Если с воображением у вас туго, то используйте пару предыдущих приемов — самопрограммирование и примерку дурацкого колпака.

Цель всех этих упражнений одна — вы должны перестать испытывать негативные эмоции и перейти в спокойное, расслабленное состояние души, не зависящее от внешних обстоятельств, то есть наличия или отсутствия возле вас любимого. Или любимой, поскольку все приведенные выше рекомендации в полной мере относятся и к мужчинам.

А нам пора перейти к итогам.

ИТОГИ

- *На пути к желанной цели человек может совершить множество ошибок, которые могут блокировать получение им нужного результата. Самые характерные ошибки — это бесконечные страхи и сомнения по поводу будущего, отработка внешних негативных для вас программ, наличие идеализаций и вытекающих из них воспитательных процессов со стороны Жизни, совершение необдуманных действий под влиянием врожденных инстинктов.*
- *Чтобы убрать блокировки, нужно убрать из своей жизни негативные мысли и эмоции. Сделать это можно несколькими способами.*
- *Один из способов — самопрограммирование с помощью позитивных утверждений, противоположных по смыслу вашим характерным негативным мыслям.*
- *Следующий прием — обесценивание своих переживаний путем их осмеяния. Для этого нужно представить себя клоуном с колпаком на голове, надпись на котором в юмористической форме отражает суть ваших переживаний.*
- *Еще один прием — представить вашу негативную эмоцию в виде какого-то существа, а затем трансформировать его в его позитивную противоположность.*
- *Цель использования любого из предлагаемых или любых других приемов (вплоть до постоянного просмотра кинокомедий или чтения анекдотов) — достижение такого состояния вашей души, при котором вы довольны настоящим и не имеете никаких претензий к себе или к Жизни (желанные цели при этом остаются, но их временное отсутствие уже не является источником переживаний).*

Как привлечь любимого

Сделай так, чтобы получить то, что ты хочешь, иначе тебе придется любить то, что ты получишь.

Б. Шоу

Мы нашли так много препятствий на пути к счастливой семейной жизни, что кажется, будто она является мифом, призрачной мечтой, выдумкой писателей-романтиков, которые сами обычно по много раз влюблялись и разводились.

Может быть, действительно, это миф? И все мы гонимся за тем, чего не бывает? Не зря же все песни про любовь посвящены только процессу оплакивания разлуки, несчастной любви, завоевания любимого (или любимой), а дальше все покрыто мраком. Правда, тема семейной жизни хорошо освещается в частушках, но там обычно дается довольно односторонняя оценка этого процесса. Да еще лет тридцать назад была песня про Ладу, которой не нужно хмуриться, поскольку ее муж все-таки обещает вернуться.

Но, скорее всего, дело обстоит не так грустно. И примеров семей, много лет проживших вместе не из страха перед одиночеством и не из обязанностей перед детьми, а просто потому, что им хорошо вместе, встречается немало. Пять-шесть, наверное, на сотню семей, которые либо разошлись, либо мечтают об этом, но не могут это сделать в силу тех или иных внутренних установок.

В общем, идеал бывает, и нет никаких препятствий для того, чтобы именно вы оказались этим счастливчиком. Вам всего лишь не нужно совершать тех ошибок, о которых мы рассказали выше.

А далее все просто. Жизнь реализует наши намерения, и нужно лишь правильно их сформулировать.

Этот раздел предназначен для тех читательниц (да и читателей), кто еще только мечтает о брачевании, но никак не найдет себе подходящего объекта для этой цели. То есть находится в поиске, независимо от того, будет ли это первый или десятый по счету брак.

При прочтении предыдущих разделов вы уже должны были понять, какие ошибки вы совершили, раз ваше желание еще не исполнилось. И, понятное дело, вы уже совершили ряд внутренних преобразований: перестали бояться одиночества, начали им наслаждаться, научились улыбаться, полюбили себя, отказались от длительных переживаний по самым разным поводам и т.д. То есть вы полны позитива и полностью готовы к «встрече на Эльбе».

• Где взять вторую половину?

Маленькое лирическое отступление. Мы понимаем, как вы торопитесь на пути к личному счастью, но все же прочитайте последующие строчки.

Среди людей, особенно среди прекрасной половины человечества, чрезвычайно распространен один миф.

Когда Творец создавал человека, он разделил его на две половины. Одну половину сделал женщиной, другую — мужчиной. И разбросал их по свету. И с тех времен у каждого человека на свете есть своя вторая половинка. Она — одна-единственная, только для вас предназначенная. Все остальные — не для вас. Вы можете с ними встречаться, влюбляться, жениться, но только все равно ничего хорошего из этого не выйдет. Потому что счастливы вы можете быть только с одним человеком. Вам просто нужно его найти. Ведь она, эта половинка, тоже ходит по свету одинокая, пропадает без вас. Поэтому, если у вас не складываются отношения с каким-то человеком, ответ прост: это не ваш человек, и все тут. Надо искать своего. И начинаются активные поиски. При каждом новом знакомстве сердце ваше испуганно замирает: ОН(а) или не ОН(а)? А вдруг ОН(а)? А если не ОН(а)? Так проходят дни, недели, месяцы, годы, жизнь. Жизнь проходит, а вы всю эту жизнь живете в ожидании своей половины. Она должна вас дополнить, потому что вам без нее плохо, вас же только 50%! И если посчастливится найти, то настанет вам простое человеческое счастье.

Должны сообщить вам плохую новость. Никаких половинок не существует. Нигде не предписано и не указано, что по жизни вам предназначен именно этот человек, а никакой другой. И миф этот крайне вреден, это своего рода массовая «ментальная порча». Если верить в эту сказку, то построение отношений становится похожим на лотерею или на рулетку: повезет — не повезет, угадаю свою половину или не угадаю? А все неудачи на этом поприще списываются на то, что просто человек оказался не тем. И вся ответственность перекладывается на случай, на судьбу, на Высшие (или темные) силы, на звезды, на Провидение и т.д. Более того, жизнь в одиночестве, без партнера рассматривается как жизнь наполовину, вроде как неполноценная. Потому что без второй половины — какая жизнь?

Во-первых, **половинками не рождаются — половинками становятся**. Вы можете создать счастливые отношения с тем человеком, с которым захотите это сделать. И ответственность за это лежит на вас обоих. А если не получается — ваша «половинчатость» тут ни при чем.

Во-вторых, **человек сам по себе — это никакая не половинка**. Это целое, и о-го-го какое целое, если он не думает иначе. И у него есть способность быть счастливым как в паре, так и без нее. Он может жить в семье и быть счастлив, он может жить без семьи и вообще без постоянного партнера и быть счастлив. И если без партнера вы чувствуете себя несчастным человеком, то это только оттого, что вы сами так решили, и ничего более.

Умная мысль

Мужчина без женщины все равно что рыба без велосипеда.

Андрей Кивинов

Поэтому задача наша упрощается. Мы не должны встречать половинку, одну-единственную на шесть миллиардов населения. Мы должны встретить человека, с которым мы создадим счастливые взаимоотношения.

Мы с вами как раз и займемся созданием того, что потом вы смело сможете назвать чудом, хотя оно явится результатом ваших действий.

Ведь что такое чудо? Это событие, которое не объясняется теми знаниями, которыми вы обладаете сегодня. Поскольку количество знаний на нашей планете растет катастрофическими темпами, то вполне возможно, что то, что мы сегодня считаем чудом, лет через десять–двадцать будут преподавать в начальной школе.

Но мы не будем ждать так долго, а уже сегодня привлечем на помощь те силы Вселенной, которые сопровождают каждого из нас по жизни, иной раз помогают нам, подсказывают и защищают. Жизнь всегда чудесным образом исполняет то, что у нее попросит (закажет, сформирует) позитивно мыслящий человек. А заказом являются те мысли, которые все время вертятся у нас в голове. И чем больше мыслей по конкретной теме, тем скорее этот заказ исполнится.

При этом не требуются просьбы, молитвы, пожертвования и прочие ритуальные действия. Хотя, конечно, их можно делать — они просто повышают вашу уверенность в благополучном исходе дела, то есть изгоняют из головы страхи и сомнения. А этого хлама в голове почти любого человека более чем достаточно. У вас, надеемся, уже меньше.

Но не все так просто на пути формирования нужного вам события, особенно такого, которое связано с другим человеком. Здесь есть множество тонкостей, о которых мы вам расскажем. А для начала ответьте себе на один простой вопрос: **любите ли вы мужчин?** (мужчины, естественно, отвечают на другой вопрос: **любите ли вы женщин?**).

• *Любите ли вы мужчин?*

Помните фильм «Формула любви», где граф Калиостро занимался материализацией чувственных идей? Мы с вами должны сделать нечто похожее.

Однако кто-то может возразить: я, мол, уже давно и сильно желаю его, единственного и неповторимого, но... Принца нет, а тот «заменитель сахара», которого вы вынуждены терпеть, опаздывает на свидания, цветы дарит только на 8 Марта, предпочитает компьютер общению с вами, забывает поздравить с днем рождения, бреется по настроению, а оно бывает редко, и походу в ресторан (театр, дискотеку, кино, концерт) предпочитает задержаться на работе.

Он и ненадежный, и денег зарабатывает недостаточно, и машина у него ужасная, и любить не умеет, и в постели все делает не так, приходит не вовремя, стрижка у него ужасная, его стыдно показать приличным людям и т.д. В общем, все плохо. Однако еще хуже обстоит дело, когда и этот далеко не идеальный вариант отсутствует...

Если в вашей жизни сложилась именно такая ситуация, задайте себе простой вопрос: **«А люблю ли я мужчин?»** Не конкретного представителя сильного пола, а мужчин вообще, как класс.

Подумайте, какой характер носят ваши размышления о мужчинах последние несколько лет или месяцев?

Если в вашей голове сидят претензии и упреки в несовершенстве типа: «А, все они... (дальше идет ваше излюбленное слово)» или «И этот такой же...», то **мужчин в вашей жизни просто не должно быть!** Почему? Потому что вы их на самом деле не любите, а как вы можете хотеть то, чего не любите? Жизнь не может «предоставить» вам мужчину, потому что считает, что вам он не нужен!

Совсем как у тех героев, чьи истории вы сейчас узнаете.

• **Случай из жизни**

Жанне недавно исполнилось двадцать семь. Ее личная жизнь напоминала безмолвную пустыню. Последний кавалер, с которым были отношения, напоминающие роман, был у нее около трех лет назад. До него были еще пара молодых людей. Один уехал за границу, другой женился на ее подруге.

Жанна просто в шоке от того, что ни один приличный, хотя бы с виду, мужчина (ни один!) за последние три года не попытался с ней познакомиться. Исключения, правда, составляют кавалеры ее подруг, но она не смотрит на них как на мужчин. С ними как раз никаких проблем нет — общаться можно легко и непринужденно.

Это смотрится более чем странно, поскольку Жанна — яркая и эффектная девушка, часто появляется в тусовках, где много молодых одиноких мужчин («Там мужчин — что грязи!» — говорит она).

У Жанны не сложились отношения с отцом, который, по ее словам, часто унижал ее, говорил, что она никто и ничего не стоит. Жанна сама признается, что не любит своего отца так, как должна любить дочь. О своих прежних романах Жанна рассказывает с кислым лицом, говорит, что ничего, кроме горечи и разочарования, они не оставили.

Жанна ждет того, кто будет непохож на всех предыдущих, «недоделанных».

Несмотря на то что Жанна хочет устроить личную жизнь, она не любит мужчин. Они ассоциируются у нее с болью и разочарованиями (начиная с отца). Внутренне она агрессивно настроена к ним, и они это чувствуют, точнее, Жанна просто не вызывает у них желания сближаться. «Мужчин — что грязи» — а зачем ей в жизни грязь?

Вот еще пример.

На консультации Аркадий старался избегать обсуждения своей личной жизни. Но в конце концов сам задал несколько вопросов. Самый главный звучал так: почему девушки избегают его?

Мы попросили его вспомнить, как складывались первые отношения с девочками, что происходило потом. Аркадий вспомнил, что он по жизни конфликтовал со старшей сестрой, которая всегда претендовала на первенство. В седьмом классе девочка, которая ему нравилась, пошутила над ним при всем классе, высмеяла его.

Потом, после школы у Аркадия было несколько девушек, но долгих отношений не сложилось. Анализируя свое поведение, он заметил, что в разговорах с друзьями он поддерживает тех, кто критикует девушек и высмеивает, даже самых красивых и умных.

Подсознание Аркадия не любит девушек, настроено на защиту от них. Отсюда грубовато-снисходительная манера общения. Синдром молодого женоненавистника: «Все бабы или дуры, или б...».

Какие же симптомы могут заметить за собой те, кто внутренне не любит противоположный пол?

- *Вы критикуете мужчин (женщин) со своими подругами (друзьями), соглашаетесь с ними, когда они критикуют своих мужчин (женщин).*
- *Вы в подробностях описываете, что он(а) сделал(а) не так.*
- *Вы концентрируете внимание в первую очередь на их недостатках, достоинств не замечаете.*
- *Из своих прошлых романов вы вспоминаете не лучшие моменты, а худшие.*
- *У вас нет чувства благодарности к вашим бывшим партнерам.*
- *Вы искренне полагаете, что многие неприятности в вашей жизни случились из-за имярек.*
- *Когда с вами пытаются познакомиться, вы относитесь к этому очень настороженно.*
- *Если с вами пытается кто-то познакомиться на улице или еще в каком-нибудь неподходящем, на ваш взгляд, месте, если к вам подошел человек явно не ва-*

шего статуса, пьяный например, вы испытываете легкое презрение или можете ответить высокомерно или грубовато.

Поэтому, если вы заметили, что недолюбливаете противоположный пол, вам лучше изменить ваше отношение к мужчинам (женщинам) в лучшую сторону. **Иначе как в вашей жизни появится то, чего вы не любите?**

Первое, что нужно сделать: **вместо недостатков отмечайте в них достоинства** и акцентируйте внимание именно на хороших сторонах. Это, кстати, может оказаться очень забавным занятием. Попытайтесь в душе относиться к ним как к детям, с нежностью и улыбкой. Не забывайте, что **недостатками тоже можно восхищаться**. Пусть он слабый, например, но зато какой чувствительный и деликатный. Или наоборот: пусть он грубый, но зато какой сильный и мужественный. Пусть он не богат, но он романтик... Одна молодая женщина так говорила про своего знакомого: «У него такая замечательная лысина, она ослепительно сверкает на солнце!»

Как видите, все зависит от отношения. А главное, у вас изменится выражение лица, которым вы до сих пор могли отпугивать возможных претендентов на ваше внимание. Так что если вы хотя бы слегка полюбите мужчин (женщин) во всем их несовершенстве, то вы дадите понять Жизни, что вы по крайней мере не против оных в вашей жизни.

Если же вы поняли, что такое насилие над собой выше ваших возможностей, то, скорее всего, вам действительно будет легче обойтись без мужчины (женщины), поскольку вы явный бракофоб. Да и зачем он вам, такой несовершенный?

• Разберемся в желаниях

Итак, для начала — маленький тест. Напишите недостающее слово в предложении (прилагательное, обозначающее какое-либо качество):

Я хочу привлечь к себе _____ мужчину (женщину).

Какое слово первым пришло в вашу голову? А какие приходили потом? И наконец, какое слово вы написали? Вы колебались или определились сразу?

Этот простой тест определяет не только то, чего вы хотите от мужчины (женщины) на сознательном уровне, но и то, **чего вы хотите от этого человека на самом деле.** А это, как показывают наблюдения, не всегда совпадает. То слово, которое выскакивает первым, отражает ваши истинные желания, а то слово, которое вы подобрали путем логического анализа, отражает ваши сознательные установки.

Например, первым выскочило слово «богатый», но записали вы слово «надежный» или «заботливый». Тогда вам стоит подумать, насколько желанен вам будет ваш заботливый друг, когда на самом деле вы ждете от мужчины материальной поддержки. Или вы написали слово «порядочный», хотя первым промелькнуло: «Хочу сексуального». Поэтому, если вы обнаружили за собой подобное раздвоение, посмотрите в лицо своему истинному желанию и подумайте, **стоит ли от него отказываться?** Может быть, оно не так уж плохо и не стоит его игнорировать? Ну а если вы сразу и без колебаний подобрали то качество, которое вы хотите видеть в мужчине, вас можно поздравить: то, что вы хотите, и то, что вам нужно на самом деле, совпадает.

Итак, первый, и **самый важный, шаг состоит в том, чтобы разобраться, кто же вам нужен.** Можно, конечно, действовать по принципу: главное ввязаться в драку, а там разберемся. Однако не спешите. Можно получить и кота в мешке.

Если вы сами не знаете, чего вам надо, то откуда Жизнь это знает? Это равносильно приказу: «Пойди туда, не знаю куда, возьми то, не знаю что». Поэтому она либо не исполнит вашего желания вообще, либо даст вам то, чего вы вовсе не хотели. Чтобы избежать такой ситуации, нужно определить, каких отношений вы ждете от вашего избранника: будет ли это ухажер с платонической любовью, задушевный друг, муж, любовник, спонсор-любовник или что-то другое (у мужчин в отношении женщин все немного проще: сексуальная партнерша, понимающая подруга, зависимая женщина, равный партнер, жена или др.). Кроме вас, как вы понимаете, вам этого никто не скажет.

• Заявите Жизни, чего вы хотите

После того как вы убедились, что вы — абсолютно уникальный и совершенный человек, у вас, скорее всего, не вызовет протеста следующее утверждение: **вы достойны всех благ этого мира.** Они созданы для вас!

Жизнь всегда исполняет ваши истинные намерения. Если ваше истинное намерение — убедиться, что ничего хорошего в этой жизни нет, что встретить любимого человека невозможно, Жизнь исполнит и это требование. Если у вас другое намерение — встретить близкого человека и испытать любовь, Жизнь исполнит и его. (Копировальному аппарату все равно, что печатать.)

Короткий диалог:

— Вы не скажете, какой дорогой мне следует выйти отсюда? — спросила Алиса.
— Это зависит от того, куда ты хочешь прийти, — ответил Кот.
— Да мне все равно куда, — ответила Алиса.
— Тогда все равно, куда идти, — заметил Кот.

Льюис Кэрролл

Так создайте позитивное намерение! Заявите Жизни о том, чего вы хотите! Определите, в каком направлении будет развиваться ваша жизнь. Пока у человека нет цели, намерения, он подобен кораблю со спущенными парусами, который хаотически двигается по воде. Куда понесет течение — туда и поплывет.

Как только вы четко понимаете, чего вы хотите, ваш корабль поднимает паруса. Между вами и вашей целью натягивается незримая нить. С этого момента все события, которые с вами происходят, шаг за шагом ведут вас в пункт назначения. Придайте направление вашему кораблю!

Это может показаться слишком простым и легким, чтобы быть правдой. Но посмотрите на окружающих вас людей. Хоть кто-нибудь из них может четко сформулировать, чего он хочет в жизни, каковы его цели, какой он видит свою жизнь через пять—десять лет? Нет! Таких людей немного! В основном мы живем по принципу «куда кривая выведет». А потом еще и недовольны, что она вывела «не туда». А она просто не знала, куда вести.

Представьте себе, что вы пришли в магазин, где все есть, и сказали: «Дайте мне что-нибудь!» Сначала у вас поинтересуются, что же вы все-таки хотите. И если вы не скажете, то вам и дадут что-нибудь. А то, что это окажется совсем не то, что вам нужно, никого волновать не будет.

Если в последнее время к вам тянутся мужчины (женщины), которые вызывают у вас однозначные комментарии типа: «Не то...» — задумайтесь. Загляните в себя. Возможно, у вас вообще нет представления о том, какой мужчина вас бы устроил. Возможно, вы об этом серьезно никогда не задумывались. Это значит жить по принципу: «Иду туда, не знаю куда. Хочу то, не знаю что». Отсутствие четкости в желаниях может притягивать к вам самых разных людей, но мало кто из них будет соответствовать вашим неясным ожиданиям.

Чтобы избежать такой ситуации, нужно определить, каких отношений вы ждете от вашего избранника (избранницы). И не только отношений, но и внешности, достатка, уровня развития и т.д. Кроме вас, как вы понимаете, вам этого никто не скажет.

Определите, какого человека вы хотите привлечь в свою жизнь. Не просто «мужчину» или «женщину». Вон их сколько по улице ходит. Ах, это не то, что вы имели в виду? Так скажите, что именно вас устроит!

Вы наверняка много раз читали объявления о знакомстве. А может быть, и писали их неоднократно. Если помните, то почти в любом объявлении указывается, с кем хочет познакомиться написавший. Например: «Познакомлюсь с общительным мужчиной от 30 до 40 лет, ведущим здоровый образ жизни, любящим спортивный отдых». Указывают также, с какой целью хотят познакомиться: для серьезных отношений, для совместного времяпрепровождения, для интимных встреч.

Вам нужно сделать то же самое, только не с газетой, а со своими мыслями. Создать объявление и продекларировать Жизни, с каким человеком и для чего вы хотите встретиться.

Подумайте, что именно вам важно. Стиль жизни этого человека, отношение к деньгам, к работе, к свободному времени, к сексу, к алкоголю, к детям, примерный возраст, если это важно, склад характера, вид деятельность, уровень обеспеченности и образованности и т.д.

Не забудьте уточнить, каких именно вы хотите отношений: интимных, открытых, независимых, партнерских и т.д. Подумайте о том, что вы со своей стороны готовы предложить своему избраннику. Однако помните, что не следует рисовать принца на белом коне, идеального во всех отношениях. Человек, нарисованный вами, все же должен быть реален. Иначе ваш мысленный заказ может реализоваться ближе к пенсии. Но вам наверняка хочется поскорее.

Опишите здесь, какого человека вы хотите привлечь в свою жизнь:

_____
_____
_____
_____
_____

После того как вы определили, какого человека вы хотите видеть рядом с собой, сформулируйте свое намерение:

- кратко, не более чем в 10—12 словах;
- позитивно, без использования отрицания (частицы не, ни);
- в настоящем времени (используйте выражения: я встречаю, я знакомлюсь с..., я привлекаю и т.д.);
- укажите два-три самых важных для вас качества вашего будущего партнера.

Например:

Я привлекаю в свою жизнь активного, самостоятельного и сексуального мужчину, любящего и уважающего меня.

Или: Я знакомлюсь с привлекательной стройной девушкой, у нас много общих увлечений, и мы проводим вместе все свободное время.

Ваше намерение должно вас вдохновлять, окрылять, заряжать энергией, придавать оптимизма и желания жить!

• Не забудьте о главном

На этапе посыла Жизни своего мысленного заказа очень важно учесть все важные для вас качества будущего избранника. Если вы что-то забудете или посчитаете неважным, то не обессудьте. Жизнь имеет полное право выдать вам избранника в полном соответствии с заявленным списком, но обремененного рядом дополнительных качеств, которые вас будут раздражать. Например, если вы очень любите дачу и варку варенья на ней, то не забудьте ввести этот показатель в свой портрет будущего суженого, иначе Жизнь будет иметь полное право свести вас с любимым, который будет увлечен рыбалкой и походами, а дачу будет рассматривать как пристанище инвалидов. И так далее.

Понятно, что здесь возникает противоречие. Если ввести слишком много требований к будущему суженому (вы-

сокий, с отдельной квартирой, с доходом от 500 долларов в месяц, не имеющий любовниц, бывших жен и детей, непьющий, неревнивый, самостоятельный, увлекающийся спортом и т.д.), то может оказаться, что такого мужчины вообще нет в природе. Либо единичные экземпляры существуют, но сейчас они все заняты и освободятся не скоро. Поэтому ваш заказ не будет выполнен в обозримое время, невзирая на весь ваш позитив и искреннее желание встретить желанного.

Поэтому рекомендуется выбирать самые важные и значимые для вас требования, не увлекаясь ими чрезмерно.

• Что делать со своим заказом

Что нужно делать с мысленным заказом, который вы сформулировали? Нужно сделать так, чтобы он стал вашей истинной сутью, частью вашей жизни. Для этого нужно повторять его про себя много-много раз. Понятно, что при этом не должно быть страхов, сомнений и других колебаний, даже если окружающие будут всячески провоцировать вас на переживания.

Создайте в себе режим ожидания Встречи с любимым. Будьте открыты, старайтесь не упускать никакую возможность знакомства с новым человеком — может быть, именно он и есть тот, кто вам нужен. Создайте у себя дома режим ожидания. Некоторые женщины даже покупают зубную щетку и тапочки специально для будущего избранника. Но на этом пути нужно быть осторожным, поскольку большое количество мужских вещей в вашем доме может вызвать у вашего будущего любимого подозрения, что он у вас не один.

В общем, создайте режим ожидания, и рано или поздно ваш заказ будет выполнен.

Понятно, что в этом состоянии вас не должны трогать мысли о том, что мужчин слишком мало, а женщин много, что всех приличных уже разобрали и т.д. Вас не должны волновать проблемы всех женщин — вам нужен всего-навсего один мужчина, удовлетворяющий вашим требованиям. Ну, а один-то для вас всегда найдется, будьте уверены! Вы заявили о своей потребности Жизни, и она с удовольствием выполнит ваш заказ.

• Как быть, если не знаешь, чего хочешь

А как быть, если вы никогда не задумывались над тем, каким должен быть ваш любимый? Если вы готовы рассматривать тех, с кем сталкивает вас Жизнь, но сами не знаете, чего хотите. Понятно, что Жизни очень сложно угодить вам. Она старается, а вам все не то да не то.

Чтобы облегчить Жизни ее участь, вам нудно определиться со своими желаниями. Для этого можно использовать несложный прием, который называется «Примерьте на себя».

Суть его такова. Вам нужно в течение нескольких месяцев мысленно примеривать всех встреченных вами мужчин по одной мерке: можете ли вы полюбить его, может ли он быть вашим избранником. Понятно, что подавляющее большинство вас не устроит: один толстый, другой лысый, третий старый, четвертый слишком бедный и т.д. Но из этих минусов вы делаете вывод о том, каким мог бы быть ваш избранник. Например, этот мужчина слишком старый — значит, ваш должен быть молодым. Этот слишком толстый — значит, ваш должен быть стройным. Этот курит — вы не любите курящих. Этот не следит за собой — ваш должен быть повнимательнее к себе, и т.д.

В итоге таких размышлений у вас сложится некий внутренний образ того человека, который мог бы составить ваше счастье. И если ваши требования не очень высоки, то, скорее всего, он появится возле вас уже в ходе таких размышлений. Или чуть позже, но это вас мало тревожит, поскольку вы позитивно настроены и твердо знаете, что обязательно встретите своего любимого. Просто ему для этого нужно переехать из другого города (или развестись с прежней женой, или приобрести жилплощадь и т.д.). Вы знаете, что вы являетесь истинным хозяином своей жизни и обязательно получите то, что желаете.

А о себе вы не забыли?

На пути к желанной цели есть один фактор, который может облегчить вам решение любой задачи в жизни, а может свести на нет все усилия. Это ваша самооценка. Успешность любого человека в жизни (а полноценные отношения с партнером — это часть успеха) зависит от того, находитесь ли вы в потоке жизни, в гармонии с миром, принимаете ли вы его с радостью или считаете, что жизнь сама по себе — это одна большая проблема.

Мы уже говорили про то, что мужчины (женщины) — это часть нашей жизни, поэтому их нужно принять как часть этого прекрасного мира. Но есть еще одна существенная часть, о которой мы часто забываем, а часть эта не такая уж маленькая.

Это вы сами. Попробуйте оценить, **насколько вы находитесь в гармонии с собой,** и, может быть, источник многих ваших проблем станет вам ясен. Ответьте себе (только честно) на следующие вопросы.

- *Как часто вы бываете недовольны собой (своим характером, внешностью, поступками)?*
- *Можете ли вы позволить себе расслабиться, отдохнуть, получить удовольствие от чего-либо и не испытать потом укоров совести?*
- *Испытываете ли вы дискомфорт от того, что можете не оправдать чьих-то ожиданий?*
- *Как часто вы стремитесь оправдывать чужие ожидания?*
- *Осуждаете ли вы себя за вредные привычки?*
- *Как часто вы чувствуете себя виноватой (виноватым)?*
- *Вы думаете о своих недостатках? У вас их много?*
- *Как часто вы реагируете болезненно на мнение другого человека о вас?*
- *Как часто вы находитесь в состоянии неудовлетворенности собой и своими действиями?*

- *Живете ли вы своею жизнью или жизнью окружающих вас людей?*

Если хотя бы на половину этих вопросов вы можете сказать: «Да, это во мне есть и это бывает часто», будьте готовы к тому, что **источник большинства ваших проблем находится внутри вас.** Потому что имеет место дисгармония в отношениях с самой собой.

Наша дисгармония в отношениях с окружающим миром проявляется в том, что мы не принимаем жизнь во всем ее разнообразии. Как правило, недовольство миром носит характер недовольства отдельными его элементами. Таким элементом являетесь и вы сами. А если вы не принимаете себя как частичку нашей прекрасной и гармоничной жизни, то через это недовольство вы фактически не принимаете весь мир. В данном случае вы лишаете себя поддержки Жизни.

Вывод отсюда следующий — **полюбите себя как проявление нашего прекрасного мира**, ведь творение Жизни, каковым вы являетесь, не может быть несовершенным. Ведь зачем-то они создали вас именно такой, какая вы есть.

Нам часто приходилось слышать: «Да, все это прекрасно, я все понимаю, но поделать с собой ничего не могу. Не могу я себя любить и все тут!» Однако давайте будем честными до конца. Если человек придерживается какой-то точки зрения, значит, он получает от этого выгоду. Пусть тайную, но выгоду. Задайте и вы себе вопрос: **В чем моя выгода от этого?** Ниже перечислены несколько версий ответов. Возможно, вы увидите в этом что-то свое. Ваша задача — быть честной с самой собой.

Итак, **ваша выгода может быть в следующем:**
- *Вам не нужно меняться, не нужно работать над собой, не нужно ломать стереотипы.*
- *Когда возникает очередная неудача, можно сказать: «Я так и знал(а). Я просто неудачница (неудачник)».*

- *Вам гораздо легче и привычней осуждать себя, оправдывая это собственным бессилием, чем приложить усилия для работы над собой.*
- *Окружающие могут жалеть вас, вы вызовете их внимание и сочувствие.*
- *Так вам гораздо легче мириться со своими недостатками.*

Может быть, ваша выгода заключается в одной из этих установок? Или в чем-то еще? Ищите ее, и вы обязательно найдете. Важно то, что **никто и ничто не изменит вас** (в том числе и наша методика), **если вы сами этого не захотите**. Мы предлагаем вам сделать сознательный выбор.

Если вы выбираете чувствовать себя обиженным, несчастным и недостойным любви человеком, вы получите именно это. Вы просто будете притягивать к себе людей и ситуации, которые будут отражать и подтверждать то, что находится внутри вас. Как это происходит? Очень просто. Вы утверждаете, что вы одиноки и несчастны, значит, в вашу жизнь нужно привлекать обстоятельства, соответствующие этой установке. В итоге каждый получает то, чего желает.

Если вы выбираете чувствовать себя счастливым, радостным и достойным любви и уважения человеком, вы станете притягивать к себе ситуации, которые подтвердят ваш внутренний настрой.

Поэтому, вместо того чтобы говорить «я не могу» (что почти всегда означает «я не хочу»), начните с малого, действуйте постепенно, без насилия над собой.

Вот несколько безболезненных шагов, которые позволят вам прийти к самому главному человеку в вашей жизни — к самой себе.

1. Вас, конечно, останавливает и пугает то, что работа над собой кажется вам тяжелым и мучительным трудом, который будет сопровождаться болью и неприятными переживаниями. Но это всего лишь ваше представление, к тому же ошибочное! Вам поможет новая установка: **Я с радостью принимаю**

перемены, происходящие во мне. **Я открыт(а) переменам и с легкостью впускаю их в себя! Я — божественное создание!**

2. Вторая установка, которая, возможно, тормозит вас на пути к себе, связана с вашим представлением о своем несовершенстве: вы считаете, что для того, чтобы любить себя, необходимо быть человеком, безупречным во всем. А вы в своих собственных глазах таковым не являетесь. Но это тоже ошибочное представление, потому что совершенство — это вы, а не ваше представление о том, каким вы должны быть. Вы совершенны уже только потому, что вы — неповторимое создание Бога и нет никого, кто бы был похож на вас. Совершенство — это то, чем вы являетесь в настоящий момент: **Я — совершенное творение Бога. Я принимаю себя с любовью. У меня всего в избытке!**

3. Откажитесь от самокритики и самообвинения. Вам трудно будет принять и полюбить себя, если вы постоянно унижаете и критикуете свои мысли и поступки. Подумайте о том, что жизнь стремительно движется и то время, когда вы себя не любили, уже ушло — его не вернуть. Но начать никогда не поздно. Вам поможет новая установка: **Я полностью одобряю все свои мысли и поступки. Я люблю и ценю в себе все**.

Возможно, в какой-то момент вам захочется сказать себе по старой привычке: «Ну почему я ...» Остановитесь.

Помните: как вы себя назовете — это ваш **добровольный и сознательный выбор.** Все остальное — это та самая скрытая выгода, которую теперь вы знаете. Ну а если противный внутренний голос высказывает свои сомнения и уверяет вас, что это все обман и самоуспокоение, вы не добьетесь успеха, вы не сможете изменить свою жизнь, отнеситесь к нему, как к дружескому напоминанию о прошлом. Согласись с ним: **Да это было. А теперь все обстоит иначе!**

• Любим себя!

Вы наверняка ощутили соблазн отложить любовь к себе до завтра. Зря вы это сделали.

Когда человек, который не ценит и не любит себя, пытается встретить свою Любовь, это похоже на то, что продавец хочет продать товар, в бесполезности которого он убежден. Будут у него покупать?

Возьмите ручку или карандаш. И не читайте эту книгу дальше, пока не выполните следующее упражнение (иначе толку от этого не будет).

Возьмите лист бумаги и напишите ТРИДЦАТЬ (не меньше) ваших достоинств, позитивных черт — это могут быть любые достоинства — во внешности, в характере.

Из них десять, как минимум, достоинств должны быть чисто женскими (мужскими).

• Мои тридцать достоинств

1.
2.
3.
4..... 30.

Затем напишите ДЕСЯТЬ (не меньше) ваших жизненных достижений. Это могут быть любые достижения: вы окончили институт, научились кататься на горных лыжах, соблазнили самого красивого парня (самую красивую девушку), помогли близкому человеку в трудную минуту и т.д.

• Мои десять достижений

1.
2.
3.
4..... 10.

Посмотрите со стороны на человека, обладающего этими достоинствами.

И У ВАС ХВАТАЕТ СОВЕСТИ НЕ ЛЮБИТЬ ТАКОГО ЧЕЛОВЕКА?

- Как все не испортить

Итак, если вы все сделаете согласно нашим рекомендациям, вам останется одно — не испортить все дело, когда Жизнь подберет вам подходящую кандидатуру. А испортить, как вы понимаете, очень легко. Достаточно взять да и пройти мимо того, кто с замиранием сердца смотрит в вашу сторону. Или просто с ним не встретиться.

Поэтому **не ждите, когда Жизнь доставят вам на дом бандеролью вашего избранника**. Припомните рассказы ваших подруг о том, как они познакомились со своими будущими мужьями (мужчины — с женами). Один случайно ошибся номером телефона, другой прятался в подъезде от дождя, третий просто заблудился в незнакомом месте, четвертый ловил машину до дома. Все они попались, разумеется. Поэтому ваше представление о том, что люди знакомятся только в гостях, в баре, на выставках и по службе знакомств, — весьма ограниченно. **Ожидайте неожиданного!** Будьте готовы к тому, что он может появиться перед вами в любое время в любом месте. Будьте открыты, позвольте Жизни сделать вам подарок наиболее удобным для нее способом!

Вам, может быть, трудно себе представить, как это осуществить на практике, но вас меньше всего должно заботить то, где и когда вы встретитесь. Достаточно будет действовать по принципу: «**Каждый день у меня начинается новая жизнь. И я живу ее на 100%.** Потому что если я чего-то не сделаю сегодня, я не сделаю этого никогда».

Однако здесь нелишне будет дать одно предостережение: помните, что **навязчивая идея о замужестве (женитьбе) не должна считываться с вашего лица, как политический лозунг**.

• Не ловите конкретного человека

Еще одна рекомендация, которая может вам совсем не понравиться, заключается в следующем: не заказывайте себе конкретного мужчину, с фамилией, именем и отчеством. Если вы нацелились (полюбили, воспылали страстью) на конкретного человека, а он к вам совершенно равнодушен или, что еще хуже, влюблен в другую, то Жизнь и наши рекомендации вряд ли вам помогут. Поскольку в этом случае перед ней станет дилемма: чей заказ исполнять? Ваш или вашего любимого человека? Вы просите Жизнь обратить его взор на вас, а он(а) просит Жизнь о любви другого? Если ваши чувства примерно равны, то, скорее всего, ни один из заказов не исполнится. Или Жизнь так извернется исполнить оба пожелания, что вы сами не будете рады такому развороту событий.

Поэтому мы рекомендуем посылать Жизни заказ, в котором вы заявляете, что желаете любви некоторого (неизвестного вам) мужчины (женщины) с желанным вам набором достоинств. И просто ждете с радостью и уверенностью в успехе этого мужчину (эту женщину).

А Жизнь подыскивает среди свободных мужчин (женщин) того, кто соответствует вашим требованиям, и обращает его внимание на вас. Причем бывает, что этот человек обнаруживается совсем близко.

• Непридуманная история

«Ура! Ура! Наконец-то и я, счастливейшая из смертных, могу с радостью написать о своем положительном опыте в вашу рубрику. Не прошло и года, а точнее десять месяцев, как я начала жить «разумно», как моя жизнь очень круто изменилась и стали происходить чудеса — большие и маленькие...

Но обо всем по порядку.

К тому моменту, как я стала жить по методике Разумного пути, я была замужем. У меня было все: семья, двое чудесных детей, трехкомнатная квартира в Москве, интересная (хотя и не очень денежная) работа, много хороших друзей. Казалось, полный набор обычного житейского счастья, но... В этом наборе был один самый важный фактор, который выпадал из этой гармоничной картины и делал ее несчастной, — это мой муж.

*Замуж я вышла довольно поздно — в 28 лет, так как никак не могла найти того единственного, о котором мечтала еще со школьных лет (видимо, так была велика моя **идеализация семейной жизни**, что Жизни пришлось очень долго искать мне достойного учителя). Мой муж старше меня на 16 лет, но это мне нравилось, так как очень совпадало с моим идеалом.*

В течение первых двух лет супружеской жизни родились очаровательные дети-погодки: мальчик и девочка.

А муж сразу после свадьбы принялся меня «воспитывать»:

- *во-первых, ревность, причем ревность патологическая, паранойяльная, не основанная ни на чем (он меня ревновал даже к прошлому и будущему);*
- *во-вторых, стремление всячески меня унизить, особенно при наличии зрителей, любых, это могли быть наши родственники, которые приехали в гости, мои подруги, которых он сам пригласил на мой день рождения, даже продавцы в магазине;*
- *в-третьих, постоянные мелочные упреки за все (и пыль дома, и готовлю невкусно, и в постели я не такая, и детей воспитываю не так: «все хорошее в детях от Бога, а все плохое — от тебя» — любимое его выражение);*
- *в-четвертых, по его мнению, я даже «не личность, а примитивное существо»;*
- *в-пятых, уже тогда он выпивал регулярно и в пьяном состоянии был очень агрессивен, а эта агрессия, естественно, направлялась на меня.*

В общем, все, что я делала, говорила, было не так, а поскольку я в то время не работала, а сидела с двумя малень-

кими детьми дома (даже это ставилось мне в упрек — я сидела на его шее, была нахлебницей, а моим детям не было еще трех лет), я превратилась в несчастное, забитое существо с вечной печалью в глазах. Я не видела никакого выхода из сложившейся ситуации, терпела (внешне я себя сдерживала, а внутри у меня пылала буря эмоций, обид), жалела себя, постоянно плакала и думала: «За что жизнь наказывает меня?» — в общем, классика, описанная Свияшем.

Когда я поняла, что не могу так больше жить, я стала направлять поисковую активность в различных направлениях, в частности:

- *сначала обратилась к эзотерике (закончила курсы православного целительства). Думала, что с помощью магии смогу изменить ситуацию, — не помогло;*
- *потом с головой ушла в религию: стала поститься, ходить в церковь, каждый день читала молитвы в надежде, что Господь пожалеет меня и ИСПРАВИТ МОЕГО МУЖА, — ситуация становилась только хуже.*

И наконец-то мне попалась книга А. Свияша «Как быть, когда все не так, как хочется». Прочитала с восторгом, взахлеб. Меня поразили логика и простота изложения сложных вещей... В общем, я прочитала и... отложила книгу на полку. Потом читала все следующие книги Александра Григорьевича и тоже ничего не делала. «Да, все, что там написано, — замечательно, но может быть, завтра, или с понедельника, или с отпуска я начну жить по-новому, а пока мне некогда», — думала я.

А ситуация между тем значительно ухудшалась. Если раньше пьяные скандалы были раз в полгода или раз в квартал, то теперь стали происходить раз в месяц и более, словесные обвинения стали перемежаться с рукоприкладством, а однажды он даже сломал мне нос.

Все, терпение мое кончилось. Я решила развестись и подала документы на развод. Но когда он узнал о моем решении, он подключил детей и ввел финансовую блокаду. «Ах, ты хочешь развода? Пожалуйста, я буду платить тебе

33% зарплаты, и живи как хочешь». За полгода ожидания, пока длились вызовы в суд, я влезла в страшные долги, так как мне не хотелось травмировать детей, мне хотелось, чтобы они не ощутили на себе материальных лишений. А он начал подстрекать детей, говорить им, что как только мама разведется, она приведет чужого дядю, он будет жить здесь вместо меня, он будет злой и будет вас бить. Я этого, естественно, не знала. Меня просто удивляло, почему дети со слезами на глазах просили меня не разводиться. В общем, через полгода я забрала заявление из суда и сознательно встала на тропу страданий, принесла свою жизнь в жертву детям и мнимому благополучию.

Надо ли говорить, что плакала я каждый день, настроение было подавленным, приходили мысли о суициде, и только то, что детям без меня будет плохо, останавливало меня.

Поняла, что все-таки нужно разводиться, другого пути нет, потому что мужа стала просто ненавидеть, не хотела даже смотреть на него, общаться, разговаривать, а он при этом требовал ежедневного выполнения супружеского долга. Поняла, что сойду с ума, если не изменю ситуацию. Собрала все документы на развод, сложила их в папку и... Потеряла, причем потеряла в своем собственном доме, перевернула все — их не было.

А спасение мое стояло рядом на полке, оно было оформлено в виде нескольких таких знакомых теперь всем нам книг, но что мне мешало заняться собой и на практике сделать хоть что-нибудь, я до сих пор не пойму.

И вот наконец каким-то чудом я узнаю, что у Александра Свияша есть свой центр, и он проводит практические занятия, и, более того, центр находится в 20 минутах езды от моего дома! Скорее туда, записаться на ближайший тренинг и ждать его как избавления от всех своих несчастий.

После тренинга и индивидуальной консультации Юлии Свияш стала интенсивно работать над собой:
- *со слезами на глазах и в душе стала каждый день читать себе хвалебную оду;*

- *проводить медитации прощения на себя и всех, и в первую очередь на мужа, хотя это было невыносимо трудно и долго не получалось;*
- *каждый день искала хотя бы пять положительных и радостных моментов, за которые благодарила Бога и Судьбу;*
- *вела дневник самонаблюдения и выявляла свои идеализации, и их оказалось очень много (а ведь раньше я считала себя безвинной страдалицей);*
- *и, естественно, аффирмации, которые я постоянно мысленно твердила себе, как только мне не надо было ни с кем разговаривать или думать о чем-либо.*

И постепенно в моей жизни, сначала понемногу, а потом все более и более, стали происходить чудеса разной степени.

1. **В первый же день тренинга, вечером, нашлись потерянные документы на развод!** Они лежали в первом же книжном шкафу, который я открыла зачем-то, придя с тренинга.

2. Буквально через два месяца я развелась. Причем если при первой попытке развода все длилось слишком долго: у меня было несколько вызовов в суд, и были долгие, мучительные и почему-то унизительные ожидания своей очереди в здании суда, и дело каждый раз откладывали, то **теперь меня развели сразу же**, через месяц после подачи заявления.

3. После развода дети мои не умерли с голода, как предсказывал муж. Он стал полностью содержать их, делать приличные подарки (типа мобильных телефонов) и давать приличные суммы на карманные расходы. **Дети поняли меня** и не осудили за «развал семьи», и у нас прекрасные дружеские отношения.

4. **Я сменила работу, и моя зарплата выросла** по сравнению с предыдущей **в три раза**. И хотя это пока еще не те деньги, на которые я могу поехать отдыхать за границу или сама купить мебель, но мне хватает их на жизнь от зарплаты до зарплаты.

*5. Я изменилась внешне: из несчастного существа, забитого горем, у которого в глазах всегда плескалась печаль и слезы лились ручьями почти всегда, **я превратилась в красивую, уверенную в себе женщину** со сверкающими синими глазами, которую мужчины на улице и в метро провожают восхищенным взглядом.*

*6. И самое главное, в мою жизнь пришла **НАСТОЯЩАЯ ЛЮБОВЬ**: это разведенный мужчина, с которым у меня настолько гармоничные отношения, каких я никогда не испытывала раньше и не знала, что такое вообще может быть в принципе.*

*Единственное, что меня смущало, огорчало и тревожило вначале наших отношений, — это то, что он не москвич и даже не из ближайшего Подмосковья, а из далекой Сибири, и совместное счастье мне представлялось вначале невозможным, так как нас разделяли сотни километров. Но я же теперь «разумный человек», сформулировала желание, работала над ним, и чудесный результат не замедлил сказаться... Моего любимого **перевели на работу в Москву**, и теперь уже нет никаких препятствий для счастья.*

Вот так за короткий период круто изменилась моя жизнь. И если раньше я себе представлялась ласточкой в клетке, у которой на каждом крыле висит тяжелая, неподъемная гиря и, казалось, полет невозможен вообще, то теперь я летаю — свободно и весело. Впервые за последние 25 лет я счастлива, спокойна и безмятежна.

Конечно, мне есть еще над чем работать: нужно еще делить с бывшим мужем жилье (мы пока живем на одной территории), продолжать повышать свое материальное благосостояние, упрочить успехи на работе. Но я знаю, что все эти проблемы я решу, ведь я доверяю жизни, она сделает все для меня самым наилучшим образом и в лучшие сроки.

И, конечно, хочется выразить благодарность Александру и Юлии Свияш, а также всему Центру «Разумный путь» и клубу разумных путников за возможность чудесного поддерживающего общения.

С уважением, Елена, г. Москва».

Это письмо мы получили от человека, практически применившего то, о чем рассказывается в этой книге. Подобных писем мы получаем множество, часть из них публикуется в рубрике «Получилось!» нашего журнала «Разумный мир».

Что мешает вам присоединиться к ним? Ничего, кроме все тех же страхов, сомнений и лени. Но ведь речь идет о вполне серьезном деле. Может быть, стоит затратить на новую жизнь хоть столько же усилий, сколько вы тратили ранее на свои страхи и сомнения? Выбор только за вами.

Удачной вам охоты! А заодно подведем очередные итоги.

ИТОГИ

- *Наша жизнь полна разных мифов, которые делают человека беспомощным перед некими внешними обстоятельствами. В результате люди свои неудачи перекладывают на внешние обстоятельства, вместо того чтобы разобраться, каким образом они сами создают себе проблемы.*

- *Одной из причин, блокирующей появление любимого, может стать скрытое негативное отношение к мужчинам вообще. Если это есть, то без изменения отношения к мужчинам ситуация вряд ли изменится.*

- *На пути к желанной цели очень важно заявить Жизни, чего же именно вы хотите. Если вы не можете четко сформулировать требования к своему избраннику, то Жизнь будет вынуждена подсовывать вам что попадется ей «под руку».*

- *Если вы не можете определить свои пожелания, то попробуйте в течение длительного времени «примерять» всех встречающихся вам мужчин на предмет того, могут ли они стать* вашим избранником. В результате вы четко поймете, кто именно может вас устроить.

■ Полюбите себя, повысьте свою самооценку, и тогда Жизнь с удовольствием выполнит пожелание такого замечательного человека, как вы.

Лови рыбу там, где она водится

• Подводные камни, или О чем стоит позаботиться заранее

> Идет мужик ночью по улице и видит, как другой мужик что-то ищет на земле под фонарем.
> — Потерял что-то?
> — Да, кошелек.
> — А где примерно потерял?
> — Да вон там, в кустах.
> — Так что же ты его здесь ищешь?
> — А здесь светлее!

Вы только что ознакомились с очень эффективной системой «отлова» любимого (или любимой), которая использует бесконечно большие возможности Жизни для достижения наших земных желаний. В результате у читателя может возникнуть полная эйфория: все, напрягаться больше не нужно! Надо только заказать себе Билла Гейтса или Джулию Робертс, и они тут же прибегут к вам свататься.

Но позвольте внести коррективы.

Они не прибегут, как бы вы ни заказывали. Поскольку они:

а) женаты (замужем);

б) они тоже о ком-то мечтают и, скорее всего, не о вас, поскольку не подозревают о вашем существовании;

в) они живут в других условиях или даже в другой стране, и Жизнь вряд ли заставит их приехать в ваш город и прийти к вам на пятый этаж вашей «хрущевки» без лифта.

В вашу квартиру действительно иногда заходят свободные мужчины, которые действительно могут обратить внимание на вас. Особенно если вы попросите Жизнь об этом. Но что это за мужчины, вы знаете сами.

А если их социальный статус, доходы, вид деятельности и прочие характеристики вас не устраивают, то **нужно помогать Жизни реализовывать ваши наполеоновские замыслы.** Ибо без вашего активного участия ей с этим трудно будет справиться. Точнее, она может это как-то решить, но на это может потребоваться очень большое время (годы, десятилетия), а ведь вы явно не готовы ждать свою любовь так долго. Вам ведь хочется побыстрей!

Конечно, мы сообщили вам плохие новости. Мы понимаем, что куда приятней принимать подарки от Жизни, не вставая с дивана! Но мы надеемся, что наш читатель не настолько наивен, чтобы верить в это.

Отсюда возникает рекомендация: **лови рыбу там, где она водится.** Например, вы рыбак. И вы очень хотите поймать рыбу. Вы изо всех сил этого хотите, лежа дома на диване перед телевизором. И вы ее поймаете. Но только на экране телевизора, в передаче «В мире животных». А иначе как живая рыба сможет заплыть в вашу квартиру?

Точно так же дело обстоим и на личном фронте. Жизнь может подарить вам внимание того человека, которого вы посчитаете достойным себя. Но это в том случае, если существует хоть какая-то возможность вашего «пересечения»: на работе, в гостях, в театре или походе, на отдыхе. Если же ваши пути никогда не пересекаются и даже принципиально не могут пересечься, то даже Жизнь может не взяться за исполнение вашего заказа в силу необходимости прилагать огромные усилия для его реализации. А поскольку встречных движений от вас не наблюдается, то с какой стати она будет суетиться?

● *Будьте разумны в требованиях*

Умная мысль

> *Тому, кто ждет от жизни слишком многого, предстоит слишком долгое ожидание.*
>
> Сардоникус

Почти на каждом нашем тренинге, куда люди приходят работать со своими целями, находится несколько женщин, основным желанием которых является устройство личной жизни. А на тренинг их привело то, что эта цель уже долгое время так и остается нереализованной.

Когда мы просим их описать подробно, чего же они хотят, почти всегда слышим следующее:

«**Я хочу мужчину:** состоятельного, щедрого, умного, общительного, доброго, желательно красивого (или, по крайней мере, симпатичного), сексуального, верного, не ревнивого, спортивного, хозяйственного, желательно без вредных привычек, аккуратного в быту, любящего меня (и моих детей от предыдущих браков с неудачниками), любящего отдых и путешествия, постоянно развивающегося и совершенствующегося, не трудоголика, имеющего свободную жилплощадь (лучше — загородный дом), независимого от своей мамочки (еще лучше, если его мамочка будет как можно меньше интересоваться нами или вообще жить на Камчатке), не слишком старого, чтобы этот мужчина поменьше общался со своими предыдущими женами и любовницами (лучше, если бы их не было вообще), чтобы он хотел завести со мной общих детей, чтобы предоставлял мне свободу самореализации и не ограничивал меня кухней и пеленками, чтобы он имел общие со мной интересы, чтобы понимал меня и нам всегда было о чем поговорить, желательно, чтобы он был вежлив и деликатен (без мата и рукоприкладства), чтобы терпимо относился к причудам моей мамы и, **что очень важно, чтобы он принимал меня такой, какая я есть!**»

Этот список женщины готовы отстаивать до последнего. Создается впечатление, что эта мечта — единственное, чего не может поколебать суровая реальность. Любая попытка урезать этот список или скорректировать его, воспринимается как личное оскорбление. Ну просто невозможно представить себе, что твой будущий любимый будет не очень состоятелен или, скажем так, не обременен патологической верностью.

И после этого мы утверждаем, что человека любят просто так, за то, что он есть! Позвольте же сказать вам правду, уважаемые читатели. Никого из нас не любят просто так. Иначе бы вы сказали, что просто хотите встретить любимого мужчину, и не важно, какой он.

Что интересно: мы хотим, чтобы нас любили и принимали такими, какие мы есть, а сами при этом составляем длинные списки требований.

Жизнь хоть и готова пойти нам навстречу и исполнить ваш заказ, но если ваши притязания очень велики, а в ответ вы не можете предложить ничего, кроме своего необъятного сердца и троих детей, то будет очень сложно исполнить ваш заказ. Ведь тот, о ком вы мечтаете, — не памятник какой-нибудь, а живой человек со своими внутренними установками, вкусами, системой ценностей и т.д. И с примерно таким же списком требований к своей потенциальной любимой. Попадаете ли вы в этот список?

И это обычная ситуация. Мы нередко получаем письма примерно следующего содержания: «*Здравствуйте!*

Меня зовут М., у меня восемь классов образования, я работаю дояркой в селе К. Мне с моими тремя детьми негде жить, потому что предыдущий муж-алкоголик выгнал меня из дому. Помогите сформировать мне любящего меня мужчину, обеспеченного, непьющего и деликатного, чтобы он забрал меня с детьми к себе в свой загородный дом под Москвой».

Это не шутка! Подобных обращений бывает множество. Может ли наша методика помочь женщине из села с тремя детьми выйти замуж за банкира? Конечно, может. Но только если эта женщина поверит, что она достойна такой жизни, она готова к ней и что она может составить счастье для обеспеченного и свободного мужчины.

А может ли так ощутить себя женщина, приславшая нам свое письмо? Конечно нет, поскольку суровая реальность давно сформировала у нее твердое убеждение, что она несчастна, что жизнь тяжела, что спасти ее может только чудо. И именно за этим чудом она обращается к нам. Можем ли мы подарить его, если она глубоко убеждена, что недостойна подобной жизни? Конечно нет, поскольку Жизнь реализует только наши истинные желания.

А таким истинным желанием, соответствующим ее реальной самооценке, может быть мысль о том, что ее может полюбить механизатор или агроном из ее села, на мужчину с более высокого уровня социальной лестницы ее внутренние притязания вряд ли распространяются. К тому же она явно осуждает своих незамысловатых односельчан. А то, что мы осуждаем, блокирует нам реализацию того, что мы хотим.

Значит, быстрым и реальным результатом ее заказа может быть тот, кого она может себе позволить не в розовых грезах, а в действительности. То есть тот же механизатор, агроном, пасечник и т.д., то есть мужчина из понятного и близкого ей круга общения. А банкир является представителем иллюзорного, фантастического для нее мира, в который она может попасть не иначе как через чудо. Но чудо-то как раз и состоит в том, что мы получаем то, что позволяем себе, что для нас реально, истинно. И не получаем того, что будет являться для нас нереальным.

Умная мысль

> *Некоторые современные молодые женщины стали своеобразными общественными селекционерами — пытаются вывести новую породу мужчин: нечто вроде парнокопытного гибрида. Чтобы можно было его доить, как корову, и ехать на ней верхом, как на скаковой лошади, украшая при этом ветвистыми оленьими рогами.*
>
> З. Фаткудинов

Отсюда вытекают вывод. Для того чтобы ваша мечта исполнилась, нужно соблюсти одно из двух условий.

Вам нужна абсолютная вера в то, что ваш принц найдет вас, где бы вы ни были, плюс высокая самооценка и отсутствие внутренних сомнений.

Вы должны ловить рыбу там, где она ловится, то есть обеспечить себе и ему возможность встречи.

Как мы уже сказали, первое условие наиболее трудное, поэтому лучше облегчить Жизни возможность реализации вашей цели.

*И напоследок еще один вопрос: вы хотите **ЛЮБИТЬ** и быть счастливой или вы хотите **ИМЕТЬ** мужчину, к которому можно прислониться и решить все свои проблемы? Это, как вы понимаете, две разные вещи.*

ИТОГИ

- *При использовании приема мысленного заказа Жизни желанного вами события, то есть встречи любимого, желательно думать об абстрактном, неизвестном вам мужчине, обладающим нужным набором качеств. Если вы пытаетесь мысленно заставить полюбить вас конкретного человека, не испытывающего к вам желанных чувств, то это уже будет называться «приворотом» и ни к чему хорошему не приведет, поскольку вы лишаете другого человека его свободы.*
- *Набор требований к вашему сужденному должен быть разумным, иначе его исполнение может затянуться на многие годы.*
- *Заявляя о своем желании встретить любимого, вы должны подумать о том, что вы можете ему предложить, достойны ли вы будете того, кого просите у Жизни.*
- *Чем выше ваша самооценка и любовь к себе, тем более престижного партнера вы можете себе формировать. При большом расхождении самооценки и требований к партнеру заказ не реализуется.*

Не ходите, девки, замуж!

> *Легче остановить дождь, чем девушку, собирающуюся замуж.*
>
> Абхазская пословица

Елена пришла на консультацию, чтобы поскорее принять решение, от которого будет зависеть вся ее дальнейшая личная жизнь. Ей 32 года. Была два раза замужем. За первого мужа вышла замуж в 19 лет. Он был ее первым мужчиной. После того как через восемь лет отношения совсем расстроились (он ревновал, она обижалась, он выпивал, она этого не потерпела), Елена развелась с мужем. Не прошло и года, как она снова вышла замуж за мужчину, которого знала три месяца. Почти сразу Елена обнаружила, что у них нет ничего общего. Им буквально не о чем поговорить. Когда она встретила потенциального мужа «номер три», она сразу развелась с прежним. Но новые отношения оборвались. «Номер три» испугался такого резкого шага с ее стороны. Видимо, женитьба не входила в его планы.

Вот уже полтора года Елена лихорадочно пытается выйти замуж. Любой мужчина, с которым завязываются отношения, для нее уже почти жених и будущий муж на всю оставшуюся жизнь. Пару месяцев назад она познакомилась с человеком, который предложил ей замужество. Но у него постоянная работа в другом городе. Они несколько раз встречались, были вспышки безумной страсти. Между встречами они переписываются. Для того чтобы выйти за него замуж, Лене нужно будет оставить работу, жилье и все, что у нее есть в ее городе, и переехать за тысячи километров.

С того момента, как новый кавалер сделал ей предложение, она находится в лихорадочном состоянии: что ей делать? Быстро бросать все, продавать квартиру и выходить замуж или отказать ему? Но тогда ей нужно будет снова срочно искать женихов и быстро-быстро выходить замуж.

Елена мечется, как будто если она не выйдет замуж завтра же, то случится конец света.

Случай с Леной не единичен. Это массовая эпидемия. Диагноз: одержимость замужеством. Мало того что замуж надо выйти обязательно, это нужно сделать быстро. Как выстрел. Вскочить на подножку последнего трамвая.

Год или два (какой ужас!), проведенные не замужем, приравниваются к годам, прожитым напрасно.

Есть энтузиасты семейной жизни, которые выходят замуж (женятся) постоянно. Их паспорт пестрит штампами о браках и разводах. Их жизнь напоминает прыжки юной обезьяны, которая спрыгивает с одной ветки на другую, не успев оценить даже, удержит ли эта ветка ее. Ветка обламывается, обезьяна летит, в полете снова хватается за что попало. Повезет — за крепкую ветку, не повезет — полетит дальше.

Кто не так преуспел на этом фронте, просто годами бегают с навязчивой мыслью о том, что срочно нужно выйти замуж (жениться). Это становится хроническим состоянием.

- **Куда торопитесь?**

Семейный диалог

> Муж и жена ссорятся:
> — Я была дурой, когда выходила за тебя замуж!
> — Да, но я был так увлечен тобой, что этого не заметил!

Мы не отговариваем вас выходить замуж. Мы не советуем делать это скоропостижно.

Мудрый совет

> Собираясь жениться, даже малейшее сомнение следует рассматривать как повод отказаться от этого шага.
> *Сардоникус*

Подождите немного. Почему? Здесь еще раз нужно вернуться к теме, зачем люди выходят замуж или женятся. Страх перед неизвестным будущим, уход от контроля родителей, общественное мнение, стремление закрепить за собой любимого — эти и множество других мотивов стоит за стремлением как можно скорее сыграть свадьбу. А тут еще инстинкт продолжения рода одолевает. И подталкивает вас покрепче вцепиться в любимого и не отпускать его никуда. Миллиарды людей уже прошли этот путь, и большинство из них потом пожалело о сделанном второпях шаге. Стоит ли вам повторять их ошибку? Может быть, стоит хоть разок использовать данную нам от рождения способность реально оценивать последствия своих шагов? И не спешить совершать возможную ошибку?

В первом браке так происходит очень редко, обычно думать некогда, нужно скорее бежать в загс, потому что вас осенило Чувство с большой буквы. И эти же люди, вступая в брак во второй или третий раз, уже пробуют учитывать предыдущий опыт и не повторять прежних ошибок. Конечно далеко не у всех это получается, особенно если не учитывать те закономерности, которые влияют на нашу жизнь независимо от нашего желания (имеется в виду разрушение наших идеализаций). Но вы-то их теперь знаете, поэтому Жизни не нужно будет вновь и вновь сводить вас с вашим духовным «воспитателем». Если, конечно, вы будете хоть как-то использовать те идеи, о которых прочитали в этой книге.

Английская пословица
Женишься в спешке, а раскаиваешься на досуге.

• Съешьте полкило соли

Суть всех рекомендаций такова: перед тем как Гименей соединит вас узами, узнайте того человека, с которым вы планируете жить долго, всю оставшуюся жизнь. (Редко кто выходит замуж с намерением прожить годик-другой, а потом разойтись.) Не поддавайтесь страхам или общественному мнению.

Познакомьтесь с его семьей — он наверняка будет разделять ценности и стереотипы поведения своих родителей. Кто в их семье главный, как распределяются деньги, какие отношения существуют между родителями? Готовы ли вы получить все это же в своей семейной жизни?

Дальше подумайте, насколько хорошо вы знаете любимого (или любимую), чтобы связать себя с ним на долгие годы. Если все ваши встречи ограничивались свиданиями на улицах, походами в кино или на дискотеку и редким тесным общением в квартирах друзей при отсутствии хозяев, то этого, к сожалению, очень мало. Такое общение не позволит вам узнать, что ваш любимый громко храпит во сне, копит грязные носки месяцами, тратит все заработанные деньги за один день. Или что он не любит использовать средства контрацепции, а вы не хотите все время ходить беременной. Или совершает еще что-то, столь же ужасное с вашей точки зрения. И совершенно не значимое или даже правильное — с его позиций.

Но у вас не было возможности ознакомиться с его мнением на этот счет, поскольку не было подходящей ситуации.

Поэтому попробуйте получше узнать друг друга в самых разных ситуациях. Сходите вместе в многодневный поход. Съездите в гости к родственникам на пару-тройку дней. Съездите вместе на отдых. Попробуйте вместе поработать. Поспите вместе пару-тройку полноценных ночей (но без последующей незапланированной беременности!). Посмотрите на него не сквозь розовые очки влюбленности (если, конечно, для вас это возможно), а сквозь микроскоп повседневности. Любовь с первого взгляда приятна, но она не гарантирует столь же приятной семейной жизни!

Как гласит народная мудрость, чтобы узнать человека, нужно съесть с ним пуд соли. Для этого обычно требуется два-три года совместной жизни. Если вы не можете ждать так долго, то попробуйте съесть вместе хотя бы полкило, это поможет вам чуть лучше узнать друг друга.

Есть один проверенный способ лучше узнать друг друга без долговременных последствий в виде детей. Это так называемый **пробный брак.**

Если при этих словах вы хватаетесь за голову, отложите книжку подальше. Вы и так замучены всякой ерундой, не добивайте себя еще нашей книгой.

• Пробный брак

Пробный брак — это совместное проживание молодых или не очень молодых людей по всем правилам семейной жизни, но до официальной регистрации брака. Им нужно поселиться вместе, начать вести совместное хозяйство, жить по правилам полноценной семейной жизни. Конечно, производить потомство в эти месяцы категорически не рекомендуется. Три-четыре месяца совместной жизни — и многое станет ясно. Многое, но не все, особенно если оба молодых финансово несамостоятельны. В таких семьях особенности зарабатывания и распределения денег проявятся только через несколько лет, но уже на ранних стадиях их несложно спрогнозировать, наблюдая, как распределяются те деньги, которые поступают от родителей или других спонсоров.

Значительно лучше вступать в брак после нескольких месяцев совместной жизни, когда вы понимаете, что сможете жить вместе и недостатки любимого вполне компенсируются его достоинствами.

• Не все так просто

К сожалению, практика пробного брака встречает множество препятствий. Прежде всего это общественное мнение, сложившееся столетиями. Оно к тому же получает мощное подкрепление от церкви. Добрачная совместная жизнь по христианским канонам — это блуд. А блуд — это большой грех. В мусульманстве все еще жестче, там отсутствие невинности у женщины, вступающей в брак, порой рассматривается как преступление. Понятно, что если молодые полностью разделяют эти взгляды, то идея пробного брака им не нужна.

Однако многие миллионы людей сегодня отходят от религиозных канонов (мы не говорим, хорошо это или плохо) и более свободны в своем выборе. Идея пробного брака сегодня поощряется даже на уровне правительства в некоторых мусульманских странах, руководители которых хотели бы ограничить избыточную рождаемость своих граждан. В более развитых странах существует обратная проблема пониженной рождаемости, но и там идея пробного брака может получить свое место — чтобы уменьшить число разводов и неполных семей.

Другим фактором, ограничивающим распространение пробного брака, является идеализация людьми общественного мнения. Общественного мнения боятся, как правило, родители молодых. А молодые боятся родителей.

Если для юноши добрачную жизнь с любимой общество еще допускает, то для девушки — осуждает. Несколько нелогично, не так ли? Многие родители девушек готовы пожертвовать их счастьем, лишь бы не дать повод каким-то знакомым (часто мифическим) плохо отозваться об их семье.

Логика рассуждений таких родителей проста: «Моя дочь — не б... какая-то, пусть сначала распишется, а потом живет с мужиком. Не понравится — разведутся».

После этого закатывается свадьба с растратой всех накопленных за долгие годы средств, на молодых навешивают множество обязательств (жить вместо долгие годы и умереть в один день, нарожать детей), и они начинают узнавать много нового друг о друге. И часто это знание совсем не радуют их, но обратный ход, то есть развод, будет блокироваться теми же родителями, не желающими испытывать стыд перед теми многочисленными родственниками, которых они совсем недавно звали на свадьбу. Круг бессмысленных поступков родителей замкнулся, и дети поневоле должны участвовать в этом цирковом представлении, порой жертвуя на это многие годы жизни, прожитой без радости.

Кстати, здесь можно сказать несколько слов о таком ритуале создания новой семьи, как свадьба.

• Свадьба как ошибочное убеждение

С одной стороны, свадьба — это красивый праздник, повод встретиться с друзьями и родственниками, уронить слезу, глядя на молодых, хорошо выпить и повеселиться.

С другой стороны, свадьба — это торжественное обещание молодых жить дружно и бить друг другу физиономии только в самых крайних случаях. А торжественные обещания принято выполнять, то есть они являются своего рода внутренним механизмом, способствующим укреплению семьи.

Но, как показывает опыт, эти внутренние обещания быстро забываются, когда накапливается достаточное количество претензий друг к другу. Прощать недостатки друг другу никто не умеет, все стремятся переделать любимых в желанную для себя сторону. Поскольку никто добровольно переделываться не желает, то возникает желание разбежаться как можно дальше друг от друга.

Раньше развод был невозможен чисто по материальным условиям — одному из членов семьи было просто некуда уходить, поэтому приходилось жить вместе. Сегодня ситуация несколько улучшилась, и как мужчины, так и женщины при желании могут сами устроить свою жизнь, то есть материальные ограничения перестали быть препятствием для развода с нелюбимым человеком.

Но здесь в силу вступают чисто психологические, а точнее, уже психические процессы. Страх перед одиноким будущим, страх перед неизвестностью. Неудобство перед друзьями и родственниками, которым вы некоторое время назад публично давали обещание жить вместе. Финансовые неудобства. Если есть дети, то нежелание оставлять ребенка без отца. Эти факторы заставляют людей жить вместе, даже если они давно поняли, что сделали ошибку и они чужие друг другу. В итоге жизнь вместо радости превращается в длительное страдание. И все это вполне добровольно, из-за уступки ошибочным убеждениям родителей, знакомых, которая становится вашей собственной внутренней установкой.

Свадьба хороша, но не как способ навесить на молодых страшные обязательства, а как праздник, подтверждающий соединение двух любящих и уважающих друг друга людей, которые готовы без принуждения и претензий жить вместе долгие годы. Если вы считаете, что у вас все будет именно так, то вперед!

• Гражданский брак

Но обязательна ли свадьба или регистрация брака для того, чтобы жить вместе долгие годы? С точки зрения множества людей, переполненных разного рода религиозными и другими убеждениями, обязательна. С точки зрения самостоятельных и свободных людей — нет.

Некоторые люди продлевают свой пробный брак на многие годы, иногда на всю жизнь (детей усыновляют). В чем состоят преимущества такого вида брака? В отсутствии формальных ограничений, держащих людей друг возле друга. Они вместе, пока им хорошо друг с другом, пока есть любовь, уважение, признание. И ничего не держит их вместе, если это уходит.

Хотя нам встречалась ситуация, когда пара, живущая так называемым гражданским браком, сильно конфликтовала, вплоть до драк. Но это редкая ситуация, говорящая лишь о том, что люди способны испортить самую хорошую идею. В большинстве случаев гражданский брак дает супругам ощущение полной свободы, и это заставляет их задумываться, прежде чем предъявлять претензии к любимому человеку. Если ваших претензий будет слишком много, он может уйти, и эта мысль станет ограничивать ваши порывы. В итоге отношения будут значительно лучше, и совместная жизнь станет приятным и желанным событием. А вашим недоброжелателям вы позволите думать о вас все что угодно — пусть себе развлекаются, вас это не касается. Вы исходите из простой истины, что «на чужой роток не накинешь платок», поэтому нет смысла подстраивать свою жизнь под мнение окружающих людей. К тому же люди все равно подумают то, чего вы боитесь. Вам даже не надо для этого ничего делать.

• Откуда растут ноги у семьи

В принципе идея совместного проживания мужчины и женщины возникла несколько тысяч лет назад и была обусловлена вполне реальными причинами. В условиях недостатка средств к существованию проживание в семье давало большие преимущества перед жизнью в одиночестве. Вместе было легче вести хозяйство, выращивать детей, которые появлялись как бы сами собой в немалых количествах. Люди это поняли, создание семьи стало процессом естественным и практически обязательным для продолжения рода. Церковь закрепила это явление в своих канонах, и идея проживания в семье стала как бы обязательной частью нашей реальности.

В те времена условий для выяснения отношений у мужа и жены практически не было. Муж все время был занят по делам, добывая средства к существованию. Вечно беременная жена вела домашнее хозяйство и воспитывала многочисленных детей. Понятно, что о высоких материях вроде высокой любви и хороших отношениях просто не было времени думать и искать их специально. Нужно было выживать.

С начала прошлого века ситуация в ряде развитых стран резко поменялась (в России несколько позже). Были изобретены средства контрацепции, и женщины получили реальную возможность контролировать процесс деторождения. Они получили свободное от занятий с детьми время, которое направили на достижение реальных успехов в обществе. Резко вырос уровень жизни, и отпала необходимость много трудиться для выживания. Появилось свободное время для проявления чувств и получения удовольствия от них.

Но поскольку эти преобразования произошли слишком быстро, люди не сумели быстро перестроить свое отношение к вопросу создания семьи. Идея необходимости проживания в официально зарегистрированной семье довлеет над обществом, другие способы проживания отвергаются на бессознательном уровне. Срабатывает стереотип мышления, который родители передают своим детям и т.д. Все мы находимся под влиянием этой идеи, она управляет нашими мыслями и поведением.

И она же часто вступает в противоречие с появившейся в прошлом веке идеей жизни в любви, взаимном уважении, радости и т.д. Точнее, сама идея семьи не противоречит желанию жить в любви. В противоречие вступают старая идея о том, что **люди должны жить одной семьей всю жизнь**, и идея о том, что они **должны жить только в любви и радости.** Раньше вторая идея большинством работающих людей просто не рассматривалась из-за отсутствия средств и времени на эти развлечения. Была, конечно, небольшая часть обеспеченных людей, которым не нужно было выживать (аристократия, дворяне, высший свет), и они искали любовь и другие высокие чувства. Что из этого получалось, хорошо описано у русских писателей XVIII—XIX веков. Например, в романах Толстого и Достоевского. Уже тогда идея семьи и высоких чувств вступала в противоречие, но это явление не носило массового характера.

Сегодня ситуация резко изменилась, многие миллионы людей имеют время и средства для удовлетворения своей тяги в получении любви. Они пытаются найти желанные чувства и соединить их с неосознаваемой идеей обязательного проживания с любимым человеком в семье многие годы. И тогда оказывается, что можно жить в любви, но недолго. Или долго и в семье, но без высоких чувств. Они впадают в растерянность, депрессию или, наоборот, озлобляются на мир. И все из-за того, что разрушилась их иллюзия о том, что **с любимым человеком нужно жить только в семье и обязательно всю жизнь**. И никак иначе.

На самом деле вариантов существует множество. Можно жить в любви до тех пор, пока она есть, и к семье это может не иметь отношения. Можно жить вместе долгие годы как с любовью, так и без особой любви. И так далее.

Гражданский брак есть форма совместного проживания в любви без внешних обязательств. Люди живут вместе, пока им хорошо. Они понимают, что чувства зависят от многих факторов, и стараются сохранять их.

Понятно, что это далеко не единственный способ жизни в любви. Множество людей и в законном браке живут в любви и взаимном уважении. Важно просто понимать, что **брак не является гарантией сохранности чего-либо**, скорее он — проверка на прочность, стойкость и компромиссность ваших отношений. Сохранность желанных чувств зависит не от штампа в паспорте, а только от вас, не забывайте об этом.

На этом рассуждения о вреде скороспелых браков заканчиваем. Понятно, что все приведенные рассуждения в полной мере относятся и к мужчинам. Про них тоже можно сказать: не женитесь, парни, опрометью. Подумайте хоть чуть-чуть.

> **Умная мысль**
>
> Едва ли в чем-нибудь другом человеческое легкомыслие чаще проглядывает в такой ужасающей мере, как в устройстве супружеских союзов. Говорят, что умные люди покупают себе сапоги с гораздо большим вниманием, чем выбирают подругу жизни.
>
> *Н.С. Лесков*

Конечно мы понимаем, что если вам приспичило, вы наступите на эти грабли, даже если весь мир будет отговаривать вас. Видимо, каждому нужны свои грабли. А некоторым несколько раз в жизни.

Но мы свое дело сделали — предупредили.

А теперь подведем свои итоги.

ИТОГИ

- *Прежде чем вступать в брак, постарайтесь получше узнать своего любимого, а для этого нужно время. Поэтому постарайтесь не поддаваться чувствам или инстинкту, а попробуйте трезво оценить перспективы семейной жизни.*
- *Один из вариантов построить прочную семью — это пробный брак, то есть пробное совместное проживание молодых по модели полноценной семейной жизни. Если молодым удалось прожить вместе полгода и их чувства укрепились, то можно играть свадьбу с надеждой, что затраты будут произведены не напрасно.*
- *Пробный брак можно растянуть на многие годы, и тогда он превратится в гражданский брак. Эта форма совместного проживания дает супругам максимальную свободу, поэто-*

му они живут вместе, когда им хорошо. В случае возникновения претензий они имеют возможность свободно разойтись.

■ *Идея совместного проживания мужчины и женщины в семье была оправдана многие столетия, когда люди жили в условиях материальных ограничений. Сегодня ситуация в некоторых странах поменялась, но идея обязательного проживания в семье осталась как стереотип мышления, порождающий множество страданий.*

■ *Получив большую свободу и независимость, дающие возможность жить только в любви, люди пробуют соединить этот способ жизни со старой идеей обязательного проживания в одной семье долгие годы. Когда эти идеи не соединяются, люди испытывают большое разочарование. Чтобы не испытывать разочарований, нужно уметь разделять эти идеи.*

Глава 2
Размышления для тех, у кого это уже случилось

> «Как правильно уложить парашют». Пособие. Издание 2-е, *исправленное*.
>
> Андрей Кивинов

Добро пожаловать во вторую часть нашей книги!

Эта часть содержит советы для тех, у кого процесс брачевания уже произошел, и впереди вас ждет долгая и счастливая семейная жизнь. Если, конечно, вы сумеете ее не испортить, а это мало у кого получается. Поэтому наши советы будут вытекать из тех типовых ошибок, которые совершили до вас миллионы (если не миллиарды) людей, и вряд ли стоит игнорировать их опыт. Хотя, конечно, никто не мешает вам наступить на эти истоптанные грабли еще раз.

Конечно, наши советы не означают, что вам нужно готовиться к осаде и ждать одних только неприятностей. Вовсе нет!

Приведем простой пример. Когда вы собираетесь поехать отдохнуть на пару недель в другую страну, вы не готовитесь к кражам, переломам рук и ног, тропической лихорадке и нападениям террористов. Но это не мешает вам взять с собой теплый свитер, леденцы от ангины, пластиковую карточку (или лишнюю пару сотен долларов), страховку и средство от комаров.

Поскольку семейная жизнь, в отличие от процесса брачевания, дело очень долгое, то и советов, как вы понимаете, здесь будет немало. Часть советов будет предназначена для людей, только начинающих свою семейную жизнь. А часть для тех, чей брак длится уже немало лет. В общем, это будут советы для забракованных.

Но сначала несколько слов для новобрачных.

Обходите грабли стороной!

> *Иду с Прекрасной Дамою*
> *В лучах большого дня.*
> *И — Грабли Те Же Самые*
> *Приветствуют меня!*
>
> В. Вишневский

Только что отгремела свадьба, гости разошлись, убытки подсчитаны, подарки поделены, похмелье наконец отпустило. Впереди семейная жизнь.

И меньше всего в это время хочется думать о том, как построить дальнейшую жизнь, чтобы потом не было мучительно больно! Но, поверьте, сейчас — самое время. Лучше заранее задуматься над тем, как будут строиться ваши дальнейшие отношения на многие годы вперед.

В силу общей нашей беспечности, этого почти никто не делает, каждый норовит совершить те же ошибки, которые совершили до него множество людей. Граблям и отдохнуть некогда.

Точнее, о перспективах будущей семейной жизни нужно было задумываться еще на стадии брачевания, и мы уже давали рекомендации, как это нужно делать. Но и после свадьбы думать не возбраняется, скорее наоборот.

• Какую модель семьи выбрать?

О чем же стоит подумать молодоженам? Например, о том, какую модель семейной жизни они будут воплощать. Подобных моделей существует множество.

Это модель **патриархальная**, домостроевская, с полным преобладанием главенства мужчины и второстепенной ролью женщины при принятии важных решений. Понятно, что в такой семье муж должен быть тем самым «сильным плечом», зарабатывать больше жены, должен смело принимать решения и добиваться их исполнения.

Это **демократическая** семья, где супруги равноправны, имеют свои области интересов и примерно равные доходы, важные решения принимаются в результате совместного обсуждения и выработки устраивающего обе стороны решения.

Это **матриархальная** семья, где есть сильная женщина и полностью подчиненный ей муж — «подкаблучник». Понятно, что все решения здесь принимает женщина, которая, возможно, в душе презирает мужа, но ничего с этим делать не хочет.

Мы перечислили лишь самые явные типы, в между ними существует множество промежуточных. И, что самое тяжелое, договориться супругам о тех отношениях, на основе которых будет строиться их дальнейшая жизнь, очень сложно.

Собственная модель семейной жизни есть та бессознательная программа, которую каждый из супругов считает единственно верной и которую он, не исключено, будет отстаивать любой ценой. Тогда это будет «идеализацией семейной жизни». Откуда берется эта идеализация? Оснований для нее имеется множество.

Прежде всего это те отношения, которые имели место в семье родителей каждого из супругов. Если девочка выросла в семье с патриархальным укладом и у нее было сравнительно счастливое детство, то она будет считать такую модель семейных отношений естественной, а мужа — обязанным быть добытчиком и реальным главой семьи. Если такое ожидание очень значимо для нее, то в порядке разрушения этой идеализации она может выбрать себе в мужья мужчину, который не готов взять на себя обязанность главы семьи.

Если же девочка выросла в семье, где мама была реальным главой, а папа был на третьих ролях, то она бессознательно будет пытаться реализовать эту модель в своей семье. А если ей попадется муж из патриархальной семьи и он уверен, что именно он должен быть главой и принимать все решения? Что ждет такую семью? Бой быков в малометражной квартире.

На все эти внешние факторы накладываются еще проявления наших инстинктов, создавая дополнительные сложности.

Поэтому мы предлагаем в самом начале семейной жизни **проговорить**, каким каждому из супругов представляется их светлое семейное будущее. И, если эти ожидания слегка или совсем не совпадают, то попытаться как-то договориться, смягчить жесткость требований и ожиданий. Счастливо можно жить в семье с любой моделью отношений. Важно только, чтобы она устраивала обоих членов семьи, не являлась ни для кого источником переживаний или поводом для борьбы.

Откройте рот! Скажите вслух, чего вы ждете друг от друга! Если вы думаете, что ваш муж (жена) обладает телепатическими способностями угадывать, что вам нужно, вы ошибаетесь! Иначе потом вы будете годами играть роль жертвы семейной жизни!

Если же одна из сторон не желает обсуждать эту тему или не желает хоть чуть-чуть уступать, то такой шаг должен сделать другой, более осознанный член семьи. Если этого не сделать, то вся будущая семейная жизнь превратится в непрерывную борьбу за свои идеалы, попытку переделать мужа или жену таким образом, как представляется вам единственно верным. По этому пути прошли многие, и почти всех в конце ждал либо развод, либо такая семейная жизнь, которую можно показывать в ужастиках. Попытайтесь не вступить на этот путь.

• Сюрпризы бывают разные

Анекдот в тему

> — Пап, это правда, что в некоторых странах Востока жених не знает, кто его жена, пока не женится?
> — Это в любой стране, сынок!

Понятно, что семейная жизнь не заканчивается выяснением того, кто будет главой, кто будет мыть посуду и кто будет зарабатывать деньги. Совместная жизнь состоит из множества самых разных мелочей, каждая из которых может стать причиной больших проблем в будущем. Выходя замуж по любви, вы не обращали внимания на некоторые досадные недостатки вашего любимого, поскольку буйство гормонов с лихвой компенсировало его недостатки. Кроме того, на стадии влюбленности вы не так часто встречались, и его отклонения от нормы, с вашей точки зрения, не могли доставить вам серьезных огорчений.

Но, став семьей, вы резко увеличили время совместного пребывания. И то, на что вы раньше закрывали глаза, может предстать перед вами во всей красе, разрушая ваши светлые чувства к любимому. Особенно если у него (или у нее) есть нестандартные привычки.

Например, молодая жена может с удивлением убедиться, что ее вроде бы неглупый и воспитанный муж каждую ночь прячет свои грязные носки под подушку, невзирая на все ее протесты и обращения к его разуму. Или он не желает ни при каких обстоятельствах снимать майку, а вы не можете заниматься сексом с мужчиной в майке.

Либо муж с огорчением выяснит, что у его жены имеется страсть к накоплению денег на «черный день», которую она получила от своих родителей, прошедших войну и разруху. В итоге семейные доходы складываются «в чулок», вместо того чтобы на них купить телевизор или поехать отдыхать.

Или муж с удивлением выясняет, что прежние заботы его любимой о родственниках принимают катастрофические размеры и его молодая жена все свое время посвящает заботам о них (она оказалась высокопримативной личностью с сильно выраженным стадным инстинктом). И теперь, чтобы получить желанную долю внимания и заботы от жены, мужу нужно либо заболеть, либо сесть в тюрьму.

Ирландская пословица
Перед женитьбой широко открой глаза, а после женитьбы — закрой.

Если бы вы знали об этих особенностях любимого человека раньше, то вы очень бы подумали о том, стоит ли соединять с ним свою судьбу надолго. А теперь уже довольно поздно об этом думать.

Возникает вопрос: что делать?

- Как быть?

Обнаружив, что вы испытываете негативную эмоцию по отношению к партнеру по семейной жизни, **обратите внимание на себя**. Поймите, что источником ваших переживаний может быть какая-то ваша избыточно значимая идея (идеализация). И что именно вам стоит пересмотреть отношение к этой идее, а не настаивать на том, чтобы ваш любимый стал ей следовать. Поскольку если вы будете упираться, пытаясь слегка «подкорректировать» любимого в нужную вам сторону, скорее всего, получите прямо противоположный результат.

Приведем пример на эту тему. Правда, до брака там дело еще не дошло, но многолетние встречи сделали их жизнь похожей на семейную.

• Непридуманная история

«Я давно знакома со своим парнем. Когда мы стали встречаться, он был очень заботливый: покупал всякие подарочки, цветочки, денег зарабатывал немного, но мог с зарплаты повести меня в магазин, купить мне какую-нибудь одежду, водил в кафе, когда были трудности у меня, давал деньги и прочее.

А сейчас это абсолютно другой человек! Скажу сразу: я не хочу, чтобы меня содержали, я работаю сама и ни у кого деньги не беру. Но мне кажется, что его позиция неправильная. Я его не обвиняю, я понимаю, что люди разные бывают и вот он такой, но я не могу почему-то это принять, так как большинство примеров отношений совсем другие. Например, у моих подруг. Позиция его такова: если женщина сама зарабатывает, почему он должен платить за нее? То есть содержать никого он не будет никогда, за исключением редких обстоятельств. Если мы куда-нибудь идем, мы всегда скидываемся, если я хочу посидеть дома с ним, я должна дать ему денег, чтобы мы купили вина, например, но все пополам. Он считает, что так надо строить и семейный бюджет — пополам.

Недавно мне почему-то так противно стало: он приехал ко мне, а я сказала, чтобы купил бутылку мартини, он привез ее и попросил отдать ему 100 рублей за нее. Я улыбнулась и спросила: «Ты что, за бутылку возьмешь у меня сто рублей?», а он: «Ни фига себе, я двести отдал!» Замечу, что в этот день он получил на работе деньги... Мне захотелось просто взять и уйти.

И это продолжается с того раза, как он потерял работу и денег у него было не много. Но это ладно, дело в том, что на себя он не жалеет, а я от него цветы видела последний раз на 8 Марта. И я не прошу чего-то дорогого — я рада буду простому букетику, но от него! Когда я не выдерживаю и все это высказываю, он говорит, что ему деньги достаются не так легко, и это его позиция, которую он никогда не изменит!

Но ведь раньше все было не так... Может, это потому, что я перестала тогда ценить его внимание? Или еще недавняя ситуация: мы хотели сходить на одно мероприятие — концерт, созвонились, и я сказала, что мне задерживают зарплату и я не смогу за билет заплатить, на что он мне ответил: «Я тебе могу в долг дать». Я сказала, что не надо мне в долг давать, если не может меня сводить. Он стал говорить, что ему самому надо дотянуть до следующей зарплаты. А на следующий день он с другом поехал в бар, где потратил столько, что можно было и меня сводить, и еще осталось бы. Обидно мне...

Я понимаю, что это его жизнь и он так живет, для себя, но мне кажется, что я просто не могу больше это наблюдать... Иногда думаю, может, я себя уважать перестала, что до сих пор еще с ним? Я добавлю еще, что раньше я действительно не ценила все это, часто предъявляла претензии к нему, может, поэтому он и перестал это делать вовсе? Я вспоминаю, что раньше он просто так мог подарить мне что-нибудь. Например, мы шли по улице, ругались из-за чего-нибудь, а он вдруг разворачивался, доходил до палатки с цветами и возвращался с розой, причем купленной чуть ли не на последние его деньги. Такое было раньше и часто, понимаете — он сейчас стал другой! Наверное, я в этом виновата, он дарил мне подарок, пусть и скромный, а я хмурилась и говорила, что мог бы что-то и получше подарить. Еще были моменты, когда я завидовала своей подруге, которой мужчины дарили духи, водили в рестораны, и после общения с ней я своего парня просто обвиняла во всех грехах — мне казалось, что я заслуживаю большего, лучшего отношения к себе.

Еще раз скажу: мне не надо, чтобы меня содержали, мне просто обидно его отношение — на себя потратит, а мне ни цветочка. Ничего, ни сходить куда-нибудь. Может, просто мне надо его простить за его позицию в жизни и попробовать найти человека с другим отношением? Просто я вижу, что многие мужчины живут по другой позиции: и на женщин тратят, и все для них, а мой просто стал другой человек! Или мне просто перестать предъявлять претензии, и, может, тогда все изменится? Когда я говорю ему все это (иногда срываюсь), он отвечает, что я пока ему не жена, чтобы все это высказывать, и он хочет, чтобы отношения были не «за деньги». Но ведь я не об этом говорю! Или, может, он просто такой эгоист? Но ведь в начале отношений он был другим. Пожалуйста, объясните мне в чем тут дело? Даша».

А действительно, в чем тут дело? Случайны ли изменения, произошедшие с любимым Даши, или нет? Если вы научились понимать, в чем состоит суть воспитательных процессов по разрушению наших идеализаций со стороны Жизни, то вы сразу сделаете вывод, что они совсем не случайны.

У Даши имеется очень значимая для нее модель поведения мужчины ее мечты. Это кавалер, рыцарь, галантный и внимательный мужчина. Откуда она вынесла такой идеал, из письма непонятно, но не в этом суть. Влюбившись в молодого человека, она была недовольна, что он дарит ей всего лишь цветочки, а не дорогие духи, какие получает от мужчин ее подруга. Она была этим недовольна, предъявляла ему претензии и через упреки начала «корректировать» поведение своего любимого в нужную ей сторону. Она знает только одно: он должен дарить достойные меня подарки и достойно ухаживать. Должен, и все тут. А если он это не понимает, то она его научит. Как в армии: не можешь — научим, не хочешь — заставим.

Но отношения между любимыми, будь они в браке или без него, слегка отличаются от армейских. Изменить любимого можно, но только не путем попреков и обвинений — это тупиковый путь, никто не захочет меняться в таких условиях.

Она недовольна, что он дарит ей не те подарки — так он перестал дарить вовсе. А зачем дарить, раз все равно недовольна? Логика проста и понятна.

Значит ли это, что Даше нужно расстаться с любимым? Вовсе не обязательно. Для начала ей нужно понять и принять, что имеют полное право на существование отношения, когда мужчина не оказывает женщине никаких знаков внимания, и это нормально. Никто же не заставляет ее быть рядом с ним? Она же добровольно с ним встречается?

Если Даша сможет так отнестись к любимому и полностью снять свои претензии к нему (снять искренне, а не загнать их внутрь), то она может попробовать повлиять на него. Но не путем дачи подзатыльников: «Ты почему не принес мне цветы?», а совсем по-иному. Путем поощрения тех редких благородных порывов его души, которые когда-то имели место.

Например, при встрече, куда он придет с пустыми руками, улыбнуться ему и сказать что-то типа: «Дорогой, когда я вижу тебя, я наполняюсь радостью от воспоминаний, что ты мне подарил гвоздичку два года назад. Это было так чудесно, что я до сих пор тебе глубоко за это благодарна». Не исключено, что ему со временем захочется оставить еще один такой же светлый след в душе Даши. Если она восторженно поддержит этот порыв, то ситуация может повториться раз, другой и т.д. То есть вместо подзатыльников нужно будет использовать поглаживание. Или пряник вместо кнута.

Понятно, что не нужно делать резкого перехода к такому типу комментариев по поводу его поведения — он может счесть их за насмешку или издевательство. Постепенно, как с малым и неразумным обидчивым дитятей, Даше нужно делать свое дело по его воспитанию. Не нужно ставить перед собой быстрые цели. Пусть через год он подарит ей один цветок, на второй год — еще пару, а на третий ему это может понравиться и он будет дарить цветы гораздо чаще.

Конечно Даша может послать его подальше и постараться найти себе мужчину с другими взглядами на процесс ухаживания. Но где гарантия, что и он не изменится в худшую сторону через пару лет? Ведь и этот любимый, как пишет сама Даша, пару лет назад был вполне приличным парнем и делал ей подарки, но она была недовольна.

Стих в тему:

> *Хвалите, бабы, мужиков:*
> *Мужик за похвалу*
> *Достанет месяц с облаков*
> *И пыль сметет в углу.*
>
> И. Губерман

Прежде чем бросаться переделывать других, посмотрите на себя и поработайте с собой. Изменить себя значительно легче, чем другого. Но для этого нужно признать, что вы в данном (да и во всех остальных) случае не правы, а кто же на это согласится?

За свою правоту человек готов отдать все, что угодно: счастье, нервы, здоровье, отношения, любовь, спокойствие. Пусть я одинок, несчастен, беден, болен — **ЗАТО Я ПРАВ!**

• Какой поводок выбрать

Стоит ли доверять любимому (любимой)? Нужно ли его (или ее) тотально контролировать, или стоит позволить ему гулять на «длинном поводке»?

Логика рассуждений здесь очень проста. Если вы не доверяете любимому (любимой), если вы держите его на коротком поводке и контролируете каждый его шаг, ревнуете его, то, значит, вы опасаетесь, что он вам изменит. Вы боитесь измены, ухода, разлуки, потери счастья (эйфории) от его близости. А если помните, **наш страх есть заказ того, чего мы опасаемся**. То есть своими страхами мы привлекаем в свою жизнь то, чего боимся. То есть рано или поздно ваш любимый просто вынужден будет совершить то, в чем вы его подозреваете.

Вывод из этих рассуждений вытекает совсем простой: любите человека — доверяйте ему. Позволяйте ему жить в том числе и своей жизнью, а не только вашей совместной. Сделайте так, чтобы он был возле вас не по принуждению, а потому, что вы даете ему все, что ему нужно, и ему не нужно искать ничего на стороне. Кроме, разве что реализации каких-то своих дел или увлечений. Понятно, что не эротических — это он должен иметь в полном объеме дома. То есть предоставьте любимому (или любимой) гулять на максимально длинном поводке — он самый прочный.

Конечно все должно иметь разумные пределы. Даже в Библии мы встречаем рекомендацию: **не искушай**. То есть если вы в приступе доверия отправляете вашу молодую жену одну на курорт (или одного мужа), то последствия могут быть не совсем такие, как вы планировали. Отдых — традиционное место повышения сексуальной активности, и далеко не каждый сумеет сохранить там верность, невзирая на самые благие намерения. Поэтому, сохраняя в целом высокий уровень взаимного доверия, постарайтесь не создавать искусственно условий, когда ваше доверие может быть не оправдано, а для вас это явится большим стрессом.

• Идеализация доверия

Здесь же имеется еще одна типовая ошибка, которая называется «идеализация доверия». Совершают ее обычно женщины, исходящие из следующей логики: «Я отдала моему мужу все, что имела. Я полностью предана ему, и он обязан быть преданным мне».

Это означает, что вы имеете очень значимые ожидания того, как должен вести себя ваш муж. **Вы ждете оплаты за ваши добродетели!** А раз есть избыточные ожидания, то рано или поздно они должны быть разрушены. То есть ваш муж просто обязан будет предъявить вам свою любовницу. Причем иногда он даже не сможет объяснить, зачем ему это нужно. И в любовницы порой выбирают женщин менее интересных, чем жена.

Чтобы избежать этого неприятного процесса, нужно исходить из того, что ваша верность мужу — ваш добровольный выбор, и она ни к чему его не обязывает. Он свободный человек, и вы не ограничиваете его свободу.

Просто ему с вами лучше, чем с любой другой женщиной.

Конечно при этом вы не забываете о таком человеческом качестве, как примативность, которое может толкать его на подвиги помимо его воли. Поэтому вы делаете так, чтобы дома он получал все, что ему может потребоваться от любимой женщины.

То же самое касается и мужчин. Верность жене — это не гарантия того, что она вам будет верна, **верность — это не инструмент манипуляции другим человеком** и не способ вызвать у него чувство вины. Это ваш добровольный выбор. Если вам захочется упрекать свою жену, вспомните, что это вы приняли решение быть ей верным. За это никто ничего вам не должен.

Конечно такой подход требует значительно больших усилий, нежели применение традиционного допроса на тему «Где был(а)?» и тотальной ревности. Но это кажущаяся легкость, поскольку на ревность и контроль требуется огромное количество жизненных сил, времени и здоровья, поэтому лучше не делать такой выбор. Разве что вы любите экстрим в форме ревности и скандалов, но это уже будет выбор человека с нестандартной психикой.

А мы даем советы людям нормальным (если такие бывают).

• *Нужно ли бороться за власть?*

Стих в тему

Жалко бабу, когда, счастье губя,
Добиваясь верховодства оплошно,
Подминает мужика под себя,
И становится ей скучно и тошно.

И. Губерман

Еще одна традиционная ошибка, которую совершают молодые семьи, — это борьба за власть в семье. Понятно, что такой борьбы не может быть принципиально в семье, обоих членов которой устраивает модель патриархального или матриархального брака. Но таких семей сегодня осталось немного, в основном семьи строятся по демократической схеме, на основе взаимного уважения и доверия.

Но, как обычно, препятствием на пути к спокойной и счастливой семейной жизни становятся идеализации мужа и жены. Приведем пример такой ситуации вместе с диагностикой.

• Случай из жизни

«Здравствуйте! ...Ваши работы мне кажутся совершенно отличными от других. Когда я читала, у меня было ощущение, что я все это знаю, но вы как бы разложили это по полочкам и систематизировали.

Я, например, всегда была уверена, что мы сами формируем свою судьбу, что если чего-то хочешь — это сбывается, а если что-то не выходит — к лучшему, значит, жизнь покажет, может, тебе нужно что-то иное. Я очень люблю жизнь, стараюсь, как говорят, не гневить судьбу, всего, чего хочу, я добиваюсь.

Но есть одно «но». У меня трудно складываются отношения с моими близкими. С родителями, с мужем. Мне тяжело принимать их такими, какие они есть. И что интересно, на работе я могу общаться и работать с любым человеком, с любым начальством, для меня нет проблем, я нахожу подход ко всем и делаю свою работу на самом высоком уровне, поднимаясь по служебной лестнице без блата и протекций.

В семье все иначе. Мы с мужем на грани развода. Он ушел из дома пару дней назад и теперь не появляется. Я знаю, что он делает это из принципа, воспитывает и так далее, но я не знаю, как мне поступить сейчас. Я тоже не звоню ему и демонстрирую полное равнодушие, если я покажу, что переживаю, он подумает, что он прав.

Причина последней ссоры такая же, как и всегда. Его пристрастие к алкоголю, а точнее к пиву. Его он готов пить сутки напролет, в любых количествах, а теперь даже за рулем. Не вопрос — пропустить бутылочки три-четыре пивка... Я конечно понимаю, что это вопрос скорее уже к медицине, и все же везде корни психологические. В ответ на мои просьбы, а чаще уже просто возмущения он говорит, что это у меня комплексы на почве того, что у моего папы были с этим проблемы, а он все делает правильно.

Я понимаю, что изменить что-то сложно, я у него вторая жена, младше его на восемь лет, в первом браке он вел такой же образ жизни, и это считалось нормой. Но я боюсь другого, я просто боюсь за его здоровье, у него удален желчный пузырь, язва желудка, и пить ему вообще нельзя, а главное, я хочу, но боюсь иметь от него детей. Ведь если так пойдет и дальше, неизвестно, чем все закончится, а я не хочу воспитывать ребенка одна или чтобы он рос среди постоянных скандалов. И потом, я помню свое детство, алкоголизм моего отца причинял мне большие страдания, и теперь я действительно болезненно переношу излишнее пристрастие к алкоголю, но как же мне быть, как понять мужа? Может, действительно лучше расстаться, если у нас не совпадают взгляды на жизнь, вернее, на образ жизни? У нас сейчас ситуация, насколько я понимаю, вроде игры, кто первый пойдет на контакт, тот и должен принимать условия другого, но я не хочу просто помириться. Или все изменится сейчас, или никогда. Я умею прощать, я УЖЕ его простила, дело не в этом, просто завтра ведь все начнется снова: пиво — скандал — ссора — перемирие — обещание и снова пиво... А я так больше не могу, я устала биться головой о стену. Ни дипломатия, ни разговоры долгосрочных результатов не дают, может быть, этот человек просто не для меня? Неужели наши отношения можно променять на пиво?

Наверное, я сама это допустила. Спасибо, что дочитали это письмо, может, немного сбивчиво, но мне сейчас тяжело как-то правильно сформулировать свои мысли, переполняют эмоции. Я запуталась, мне очень нужен ваш совет. Спасибо, за то, что вы есть. Настя».

Как видим, Настя сама обозначила основную причину размолвок с мужем — они выясняли, кто в доме хозяин, по чьим правилам здесь будут жить: *«кто первый пойдет на контакт, тот и должен принимать условия другого»*.

К сожалению, в этой борьбе Настя не может победить принципиально. Если ее муж сдастся и она станет диктовать правила поведения в семье, то она сама же перестанет его уважать как более слабого. Перспектив счастливой жизни с таким мужем у Насти нет.

Если же она уступит, стиснув зубы и по-прежнему осуждая мужа за питье пива, то он, чувствуя ее недовольство, попробует самоутвердиться еще больше. И для этого начнет пить пиво, но уже... с водкой. Насте кажется самой ужасной нынешняя ситуация, и Жизнь легко докажет ей, как она ошибалась.

Поэтому борьба и осуждение в любом виде бесперспективны. Настя младше своего мужа на восемь лет, а вылезает с поучениями, как ему вести себя. С его точки зрения, это неуважение к старшим. И все из-за того, что ему не повезло — он оказался мужем Насти. Если бы он не был мужем, то пил бы себе пиво спокойно и горя не знал, и она бы не тратила свои нервы по этому поводу. Но хождение в загс изменило в сознании Насти отношение к мужу, она почему-то решила, что имеет право учить его, как ему жить. Неужели штамп в паспорте дает такие права? Там нигде об этом не написано.

В чем причина такой ситуации? Естественно, в Насте. Точнее, в ее стремлении к тотальному контролю (у нас это называется **идеализация контроля**). Отсюда ее поучения и попытка заставить мужа жить по своей указке, отсюда же ее страхи перед будущим. Она хочет держать всю жизнь под контролем, обеспечить себе безопасное и предсказуемое будущее. Результат такой попытки контроля получился обычный — муж уходит даже раньше, чем она это планировала.

Настя осуждала пьющего отца — Жизнь дала ей в мужья выпивающего (пока слегка) мужа. Она контролер в душе и не доверяет людям, а ее муж — образец самостоятельности и независимости, который она никак принять не может.

В чем выход? В переделке мужа? Настя уже испробовала все доступные ей средства борьбы с ним, результат — усиленная выпивка и уход мужа. Наверное, теперь нужно менять подход к ситуации. Ей нужно учиться давать близким людям жить той жизнью, которую они выбрали сами, не навязывать им свою модель жизни. Ее муж и пьет-то потому, что тем самым подсознательно пробует доказать свою самостоятельность, свое право на выбор. Если он сломается, то она быстро подомнет его, а потом станет презирать за слабохарактерность. Если бы Настя не осуждала его, то, возможно, он бы уже бросил пить по состоянию здоровья. Но в пылу борьбы за независимость здоровье не в счет, им можно пожертвовать, что он и делает.

Стоит ли ей жить с ним дальше? Это решать ей. Но пока что она не усвоила те уроки, которые могла бы вынести из этого брака. Если они разойдутся сейчас, полные взаимных претензий, то ситуация явно повторится.

Если Насте дорог этот человек, то нужно найти другой, более тонкий способ достижения своей цели, нежели нынешний. Она не старшина, он не рядовой, прямое указание приводит только к нарастанию конфликта. Нужно изменить тактику достижения желанной цели. Для начала нужно простить его, сделать медитацию прощения. Нужно не забыть медитацию прощения на отца, ведь он тоже пил не просто так, а потому, что что-то в жизни его не устраивало.

Затем Насте нужно поработать со своей страстью к контролю, довериться Жизни, позволить людям совершать ошибки и отвечать за них, как взрослым людям. Это не простой путь. Кажется, проще развестись и найти себе что-то получше. Но в таком случае, скорее всего, года через два-три Насте вновь потребуется помощь, чтобы разгрести очередную проблемную ситуацию. Где гарантия, что следующий муж будет трезвенником? Может быть, у него будет другой «заскок», который Насте придется не по вкусу?

На этом мы заканчиваем рассмотрение способов, которыми люди ломают грабли, и переходим к итогам.

ИТОГИ

- *Начиная семейную жизнь, молодоженам неплохо было бы договориться, какую именно модель семейной жизни они будут реализовывать, как будут распределяться между ними обязанности, по каким правилам они будут жить. Правила могут быть любыми, но важно, чтобы они устраивали обе стороны. Понятно, что эти правила могут меняться, но неплохо было бы их сразу озвучить, чтобы никому не приходилось догадываться, чего ожидает от него партнер.*
- *Если ваш супруг (или супруга) ведет себя не так, как вы ожидали, то попробуйте не бороться за свои идеалы, а поработать над собой и снизить значимость ваших ожиданий. Если вы будете настаивать на своих требованиях, то, скорее всего, получите обратное.*
- *Строя отношения с любимым человеком, лучше изначально доверять ему и давать некоторую степень свободы. Тотальный контроль и ревность будут приводить только к стремлению уйти из-под вашей навязчивой опеки.*

Долой привычные стандарты, или Как смириться с неизбежностью

> *Жили-были старик со своею сварливой старухой у самого синего моря.*
> *Старика звали Грей, а старуху — Ассоль.*
>
> Андрей Кнышев

Поговорим о брачной жизни. То есть жизни после того, как двое начали жить под одной крышей. А что там, под этой крышей, обычно происходит?

Происходят там вполне понятные события — наступает законный отдых после напряженной охоты на любимого (или любимую). Цель достигнута, желанный субъект закольцован, так что теперь можно расслабиться и заняться тем, чем приходилось раньше жертвовать. Можно наконец-то вволю поесть, попить, поспать. Можно заняться серьезным делом, например воспитанием ребенка или выращиванием картошки на даче (варианты: поехать на рыбалку, посидеть за компьютером, пообщаться с подругами). А любимый (любимая) и так никуда не денется.

В итоге через три—пять—семь лет совместной жизни происходят странные превращения. Прежде стройная любимая легко набирает десять—пятнадцать килограммов весу и ни за что не хочет принимать прежний чарующий облик. Или, точнее, хочет, но не желает для этого хоть в чем-то ограничивать себя. А зачем? И так сойдет.

Да и у прежде подтянутого любимого вдруг вырастает очаровательное, но все же брюшко, он перестает обращать на вас внимание в прежнем объеме, а все время тратит на свои идиотские дела, и т.д.

Стих в тему

Господь жесток. Зеленых неучей
Нас обращает в желтых он,
А стайку нежных тонких девочек —
В толпу сварливых грузных жен.

В общем, наступают будни совместного проживания, когда нужно существовать вместе, но выясняется, что результат успешно проведенной охоты теперь не такой уж вдохновляющий, как казалось прежде. А заниматься новой охотой нет ни времени, ни желания, ни снаряжения, то есть прежней внешности или азарта. Остается только смириться с реальностью, а это как раз очень трудно сделать. Отсюда возникают бесконечные взаимные претензии, которые так отравляют совместное существование. Можно ли что-то с этим сделать?

• Заменим стандарты

Понятно, что с объективной реальностью, то есть с весом жены или любовью мужа к компьютеру, сделать ничего нельзя. Остается только научиться принимать это, выражаясь юридическим языком, как не зависящие от нас «обстоятельства непреодолимой силы» вроде урагана, сильных морозов и других явлений природы, с которыми мы даже не пытаемся бороться, хотя и они порой не устраивают нас.

Как научиться спокойно относиться к партнеру по браку, если в нем происходят не устраивающие вас изменения? Попробуйте использовать следующий подход.

Говорят, что как-то Биллу Гейтсу, владельцу компании «Майкрософт», одному из самых богатых людей в мире, задали вопрос: *«Вы все свое состояние сделали на компьютерах. А вот что будет, если вдруг на планете перестанет вырабатываться электричество и все компьютеры перестанут работать?»* Гейтс подумал и ответил:

«Я предложу считать это новым стандартом и начну работать в новых условиях».

Надеюсь, вы поняли смысл его ответа. Но на всякий случай поясним его. Суть состоит в том, что Гейтс всегда готов к любым новым условиям. Он примет их как реальность и начнет столь же успешно работать уже в новых условиях, без электричества.

Неплохая рекомендация, не правда ли? Так используйте ее в своей жизни! У всех нас имеется множество стандартов (ожиданий, идеализаций), при нарушении которых мы впадаем в переживания, вместо того чтобы принять их как новый стандарт и начать жить в новых условиях.

Например, у большинства женщин есть стандарт, вынесенный из ранней юности: мужчина — это стройный, сильный, заботливый, преуспевающий субъект, ставящий интересы любимой превыше всего. Такой стандарт вполне годится на стадии отлова любимого — это своего рода идеал, который вы предъявляете Жизни, и она помогает вам найти что-то похожее.

Но уже лет через десять—пятнадцать его явно нужно менять на новый: **мужчина — это лысое морщинистое** (вариант — заросшее волосами) **существо с выпирающим животом, постоянно озабоченное тем, где бы ему выпить и с кем бы переспать**.

Это стандарт, то есть подавляющее большинство мужчин попадают под это определение. Если ваш муж такой — примите это как неизбежность и перестаньте расстраиваться по этому поводу. Смените стандарт. А если он чуть лучше стандарта, то есть не очень лыс или толст, то вам остается только тихо радоваться и благодарить Жизнь за то, что он послала вам такое совершенное создание.

Подобные изменения в стандартах можно порекомендовать и мужчинам. Например, у большинства мужчин в голове закрепился стандарт, что женщина — это стройное, изящное и миролюбивое существо, которое смотрит на мужчину восторженными глазами и всегда хочет секса. И это независимо от возраста женщины.

Где мужчины видят этот стандарт? Возможно, у своей любимой в ранней юности, а потом только в художественных фильмах, глянцевых журналах и рекламных роликах. Именно кинофильмы навевают те самые грезы, которые не дают потом мужчинам покоя. После двадцати лет стройными остаются только киноартистки и фотомодели, которых их пузатые продюсеры неимоверно гоняют за каждые сто грамм лишнего веса. То есть такие женщины действительно существуют, и большинство их мы знаем по именам. Их всего пара сотен. На всю планету.

Все остальные женщины не такие. На самом деле **женщина — это такое округлое существо, постоянно усталое и требующее денег.** Именно такой стандарт рекомендуется принять мужчинам после пяти—семи лет семейной жизни, и тогда у них не будет никаких проблем со своей любимой. Они перестанут предъявлять им свои дурацкие претензии. А если любимая чуть лучше стандарта, так тут остается опять же тихо радоваться и благодарить Жизнь за ее подарок!

Анекдот в тему

Жена подходит к мужу и говорит:
— Дорогой, мне нужно сказать тебе кое-что.
— Только коротко и ясно.
— Триста долларов!

Вы думаете, все эти рассуждения — это шутка? Вовсе нет. В новых стандартах мы указали типичные черты большинства **реальных** мужчин и женщин, особенно в возрасте после 35 лет. Конечно, в каждом конкретном случае возможна корректировка стандарта с учетом особенностей конкретного человека, но идея остается та же. Если вы не собираетесь разводиться, то смените свои ожидания. Примите новую реальность как новый стандарт и живите, исходя из него. А не из своих прежних или навеянных кинофильмами представлений о том, как должен выглядеть или вести себя ваш партнер по браку.

• Меняйте стандарты в других ситуациях

Кстати, предложенный прием смены стандартов можно использовать не только для того, чтобы снять претензии к мужу или жене из-за произошедших в них изменений. Возможности этого приема значительно шире.

Его можно использовать всегда, когда у вас есть какое-то ожидание от мира, навязанное обществом или инстинктом, которое является источником длительных страданий. Так бывает, когда реальность уже изменилась, а мы пытаемся видеть мир таким, каким он был когда-то. Примерами таких стандартных убеждений являются: «Женщина должна иметь семью», «Мужчина должен быть сильным» или «Мужчина должен быть кормильцем», «Ребенок не может жить без отца», «Семья должна быть одна и на всю жизнь» и некоторые другие.

Наш мир сильно изменился с тех пор, когда эти убеждения действительно отражали реальность. Лет сто назад мужчины действительно обычно были сильными и добытчиками, все они жили в семьях и воспитывали детей. С тех пор мир радикально трансформировался в основном благодаря тому, что женщины изменили свое позиционирование, стали более свободными и самостоятельными. Сегодня трудно встретить действительно сильного мужчину — в нашем цивилизованном мире им нет места. Миллионы женщин являются инициаторами разводов и живут без семей. Соответственно миллионы детей живут без отцов, точнее, отцы-то у них есть, но принято считать, что нет. Это наша реальность, которую мы не хотим принимать. В итоге жизнь кажется нам ужасной, хотя она такая, какая она есть. Но мы хотим видеть ее другой.

Это, конечно, возможно, но первый шаг на пути к изменениям есть принятие реального настоящего. И в этом как раз могут помочь новые стандарты, которые вы сами выберете для себя. Важно только, чтобы новые стандарты отражали реальность, а не были очередным плодом ваших фантазий.

Собственно, понятие стандарта очень близко к понятию идеализации, но оно более узко и является их частью. Стандарт отражает только те изменения, которые происходят в окружающей жизни. Их нужно уметь отслеживать и принимать как данность, а не цепляться за прежние идеалы.

Рекомендация по изменению стандарта не является аффирмацией по способу использования. Новый стандарт принимается **один раз и навсегда,** то есть до нового изменения. При этом себя не нужно долго уговаривать, достаточно один раз согласиться с тем, что реальность изменилась, и дальше исходить из нее. Если помните, порядок работы с аффирмациями несколько иной, поскольку там может быть большое внутренне сопротивление внедрению новой позитивной программы.

Еще раз о главном: — *не цепляйтесь за свои иллюзии, живите в реальном мире и принимайте его таким, каков он есть.*

Вот, собственно, и все рекомендации по принятию того, что есть, независимо от нашего желания, то есть по принятию неизбежного. Поэтому пора перейти к подведению итогов.

ИТОГИ

- *После нескольких лет совместной семейной жизни в супругах обычно происходят изменения, которые нам очень трудно принять, поскольку они не соответствуют нашим ожиданиям.*
- *Чтобы не испытывать длительных претензий к партнеру по браку из-за произошедших в*

нем изменений, рекомендуется принять его новый облик в качестве нового стандарта, которому он должен соответствовать. А если он соответствует стандарту, то у вас нет оснований для каких-то претензий к нему.

■ *Если прежние ожидания (прежние стандарты) для вас слишком важны и вы не можете их пересмотреть, то займитесь развитием своих способностей гибко реагировать на изменения в окружающей жизни. Станьте сами гибче, и тогда окажется, что в жизни все прекрасно и нет никаких оснований осуждать объективную реальность.*

Когда ревность забодала

> *Мотылек не спрашивает у розы: лобызал ли кто тебя? И роза не спрашивает у мотылька: увивался ли ты у другой розы?*
>
> Г. Гейне

Если вам, уважаемый читатель, не знакомо чувство ревности, можете сразу пропустить эту главу.

Интересно, есть ли такой читатель?..

• Что такое ревность?

Ревность... В эту ловушку попадаются мужчины и женщины. Молодые и старые. Замужние и свободные.

Дети ревнуют родителей друг к другу. Ревнуют родные братья и сестры. Сотрудники ревнуют любимого начальника. Мужчины ревнуют жен или любимых. Жены ревнуют мужей или любимых. Собака ревнует своего хозяина к его жене и т.д. Явление это многогранно и имеет множество разных объяснений.

Умная мысль

*Люта, как преисподняя, ревность;
стрелы ее — стрелы огненные;
она — пламень весьма сильный...*

Песнь Песней, гл. 8

Ревность проявляется в самых разных формах — от молчаливого отчаяния до громких обвинений, брани и рукоприкладства.

Есть ли что-то, что объединяет все эти случаи? Наверное, есть, и мы поищем это.

Во-первых, всегда есть **объект** любви (или привязанности) и ревности.

Во-вторых, всегда есть кто-то (**ревнивец**), кто считает, что он имеет какие-то права на объект ревности.

В-третьих, этот самый ревнивец **испытывает либо страх**, что его объект любви (привязанности, собственности) может быть утерян, **либо раздражение** по поводу того, что его объект привязанности ведет себя неподобающим образом (получает удовольствие и приятные чувства «на стороне»), или на него кто-то посягает.

Как видим, ревность всегда проявляется в виде негативных эмоций, поэтому мы отнесли ее к идеализациям.

Ревность стара как мир.

Именно поэтому кажется, что и избавления от нее нет никакого. Но это миф. Для того чтобы развенчать его, давайте разберемся в природе этого чувства.

• Источники ревности

Как всегда, интерес вызывает вопрос о том, откуда же берется ревность. Понятно, что это не вирус и не приносится извне. Она зарождается и вырастает в самом человеке, точнее, в его голове, поскольку в основе ревности всегда лежат какие-то мысли и идеи. А вот мысли мы порой получаем от окружающих людей, и в этом они подобны вирусам.

В своем первоначальном виде **ревность — это инстинкт**. У животных и приматов это была просто агрессия, которая позволяла защитить «свое» и таким образом самоутвердиться, оставить больше потомства.

Человек как вершина божественного замысла, должен был перерасти этот инстинкт. Однако **многие из нас пока еще напоминают бабуина, своим воинственным оскалом и криками отгоняющего от приглянувшейся самки (самца) других особей племени**. Представьте себя в этом светлом образе.

Красиво?

• Ревность — с неожиданной точки зрения

Часто **ревность представляется нам глубоким, возвышенным, а главное, очень драматическим чувством**, отражающим ранимость, тонкость нашей души и силу нашей любви. Некоторые даже считают, что ревность — это «лакмусовая бумага» любви, благодаря которой можно проверить, есть ли любовь или нет.

Но... вынуждены вас разочаровать.

Это ошибка. Ничего возвышенного и сложного в этом чувстве нет. Более того, никакого отношения к любви равность не имеет. Точнее, имеет, но вовсе не такое, как мы привыкли считать.

Ревности как таковой не существует. Просто люди придумали это слово, чтобы обозначить им «букет» из негативных эмоций, которые возникают в определенной ситуации. Что же это за эмоции?

Во-первых, **ревность — это страх**. Страх потерять то, что принадлежит вам «по праву». Это «право» дает:
- штамп в паспорте;
- наличие общих детей;
- «лучшие годы», отданные ему (ей);
- сложившиеся между вами отношения (от совместного проживания до комплимента, сказанного вам на прошлой неделе).

Ревность — это страх утраты прав или приоритетного права на свою «собственность». А также страх утери статуса «Единственной» (или «Единственного»). Это страх, что кто-то еще в этом мире доставит вашему любимому человеку удовольствие или радость (о, ужас!). Раньше этим источником удовольствия были вы, а теперь оказалось, что есть варианты. Жить, зная, что для вашего любимого мир может быть прекрасен и без вашего участия, — что может быть досаднее! Просто всякий смысл в жизни теряется!

И давайте будем смотреть правде в глаза. Иногда мы боимся потерять не самого человека, а то, что он нам дает: привычный образ жизни, деньги, возможности, статус, комфорт. А любви-то никакой уже давно нет. И все это маскируется под ревность.

Далее. **Ревность — это зависть.** Это самая простая, незамысловатая зависть. Удивлены? Вы никогда не думали о ревности в таком ключе? А между тем это именно так. Зависть к тому человеку, к которому вы ревнуете своего любимого.

Предположим, женщина ревнует своего партнера к подруге. Она завидует той, которую считаете своей соперницей. Почему? Потому что ей достается то, что, как вы считаете, должно по праву принадлежать вам: его внимание, восхищение, влюбленные взгляды, флирт и т.д. Кроме того, почти наверняка она завидует ее привлекательности. Разве вам не знакомы такие мысли: «Возможно, она ярче меня, красивее, успешнее, моложе, сексуальнее, она лучше меня, и он может уйти к ней».

И даже если ваша соперница старше вас, ничем не красивее и даже не умнее, вы все равно завидуете ей, просто к этому добавляется еще и возмущение: «Ну куда он смотрит?»

Более того, вы можете завидовать и своему партнеру, которого вы ревнуете: он позволяет себе то, что для вас недопустимо. Ведь вы тоже могли бы пуститься «во все тяжкие»! Но нет, вы свято храните верность, вы любите только его, а он между тем проявляет легкомыслие и аморальность, наслаждается жизнью! Просто возмутительно!

Далее. **Ревность — это обида.** Вас обманули в лучших ожиданиях. Подлецы. Как они могли? Вы всю душу вкладывали в этого человека, а он... Не оценил вашей любви, предал, покинул умирать, бросил одну на произвол судьбы!

Умная мысль

Лучшие годы женщины — это годы, посвященные неблагодарному мужчине.

Сардоникус

Наиболее ревнивы люди, идеализирующие верность и мораль. Чем выше моральный облик человека, тем сложнее ему принять тот факт, что верность в современном мире — явление редкое, а представить себя или своего супруга изменяющим, выше его сил. Естественно, Жизни приходится разрушать подобные идеализации, как правило, через измену или уход супруга.

Игра «жертва негодяя» или «жертва изменщицы» — это излюбленное занятие многих людей. В эту игру играют годами, подключая все возможные выразительные средства: слезы, депрессии, скандалы, молчание, скорбное выражение лица, угрозы самоубийства и т.д. Подключаются к этой игре и другие люди: дети, родители, соседи, друзья, коллеги. Сюжет, как правило, нехитрый (посмотрите любой сериал), а роли и вовсе одни и те же.

- *Жертва. Он(а) же главный герой, персонаж глубоко страдающий.*
- *Негодяй (Изменщица). У этого героя может быть два амплуа: либо это действительно развратный тип, либо падший ангел, попавший в сети коварного соблазнителя.*
- *Соперник (соперница). Он может быть один, их может быть несколько.*
- *Все остальные делятся на сочувствующих Жертве или Негодяю.*

Как и многосерийный сериал, игра эта нескончаема. Играются, пока не надоест. А если заняться, в общем-то, нечем, то можно и до конца жизни играть.

Вот о чем почти никто не думает: ревностью, страхом потерять контроль над любимым мы притягиваем это в свою жизнь, по сути, провоцируем любимых на измену.

Логика здесь такова. Женщина рассуждает: «Он замучил меня своей ревностью. Хоть головой об стену бейся, все равно он мне не верит. Что так я плохая, что эдак плохая. Лучше уж я ему изменю, хоть узнаю, что это такое». Отсюда можно сделать вывод, что ревность — это идеализация контроля окружающего мира. Ревнивец стремится контролировать свою «половину», где, с кем и чем она занимается. Понятно, что такой контроль раздражает и вызывает бунт. Чем выше контроль, тем сильнее желание контролируемого выйти из-под него. Для воспитания контролеров в пару им достаются люди независимые и свободолюбивые.

У женщин в основе ревности чаще всего лежит страх потерять любимого человека, то есть недоверие к Жизни, к будущему, к партнеру. Откуда может возникнуть этот страх? Оснований для него может быть множество.

- Это непоколебимый стереотип: **«Ты должна быть единственной для своего мужчины.** Пока ты единственна, ты любима. Как только ты не единственна — ты нелюбима, ты унижена, ты не нужна».
- Это то, как многие (почти все) женщины понимают любовь: **«Я тебя люблю, так будь мне верен, это докажет мне, что ты тоже любишь меня».**
- Это может быть **личный прежний опыт**, когда ей приходилось расставаться с любимым — кто через это не проходил?
- Это **бесплатные советы окружающих людей**, особенно близких, которые могут посоветовать вам

лучше присматривать за любимым — ведь у них тоже был свой опыт измен, и они хотят уберечь вас от него.

- Это **информационное давление среды**, где в форме кинофильмов, книг, анекдотов или просто бытовых разговоров так или иначе постоянно обсасывается тема мужской неверности, измены, предательства и т.д. Понятно, что далеко не каждая женщина (да и мужчина) может примерить к себе эти идеи и отвергнуть их, не сделав для себя печальных выводов.
- Это **инстинкт продолжения рода**, который требует иметь защитника и кормильца (возможно, только потенциального) для ребенка и поэтому порождает желание любой ценой уберечь «собственность» от возможной потери.

Все эти факторы мы обычно не осознаем, а они порождают страх перед неизвестным нам будущим, и мы начинаем бороться за свою безопасность в будущем, то есть ревнуем. С точки зрения методики «разумного пути», страх перед будущим есть **идеализация контроля окружающего мира**, то есть желание четко знать свое будущее. Но, как известно, что если мы не доверяем будущему, то есть испытываем страх перед возможным расставанием, то тем самым заказываем Жизни это самое расставание. И чем больше мы боимся, тем с большей вероятностью наши страхи реализуются.

У мужчин источник ревности может быть таким же, то есть это может быть страх потерять любимую женщину. Чаще такой страх встречается у мужчин слабых, не уверенных в себе, в своих силах и возможностях удержать любимую женщину.

Часть мужчин, особенно успешных, не испытывает особого страха потерять любимую. Их раздражает другое — любая попытка других мужчин посягнуть на их собственность. Так вожак в стаде обезьян (кур, оленей, собак и пр.) сексуально удовлетворяет лучших самок и не терпит посягательств на них других самцов. Такое посягательство он расценивает как неуважение, непризнание своего авторитета и вступает с ними в борьбу.

Поэтому у мужчин с **сильно проявленным инстинктом лидерства** любая попытка посягнуть на его самку (пардон, любимую) вызывает агрессивность и желание любой ценой отстоять свои права на нее. Фактически это та же **идеализация контроля окружающего мира**, только проявленная не в форме страха, а в форме агрессивного навязывания окружающим своей модели поведения. Агрессивность может быть направлена на окружающих мужчин, которые посмели заговорить или как-то еще посягнуть на вашу собственность (порой даже мифическую). Но чаще она направлена на любимую женщину, благо, она всегда под рукой и явно не даст сдачи — так безопаснее.

У женщин ревность тоже нередко принимает форму агрессивного поведения, упреков, затяжных конфликтов, попыток ограничить свободу любимого человека и т.д. То есть и им порой присуща идеализация контроля в форме агрессивного навязывания любимому своей модели поведения.

Умная мысль

> *Любимые люди являются излюбленным объектом ненависти.*
>
> Павел Мороз

Как видим, ревность чаще всего является одной из форм проявления склонности человека контролировать свою и чужую жизнь. Понятно, что жизнь — вещь очень сложная, и порой встречаются другие, более экзотические основания для ревности.

А теперь пришла пора подумать о том, как же можно отказаться от этой очень неприятной, навязчивой и неуправляемой собственной модели поведения.

Скорее всего, для избавления от ревности можно использовать все те приемы, которые рекомендуются для отказа от идеализаций.

Рассмотрим варианты их применения на примере конкретной ситуации.

• **Пример из практики консультирования**

Ольга, 43 года, три раза была замужем. Первые два раза разошлась с мужьями из-за того, что перестала испытывать к нему любовь. Третий муж ушел от нее сам, измученный ее ревностью. Третий раз она вышла замуж по сильной любви, но буквально через месяц стала ощущать страх потерять любимого. Она стала потихоньку контролировать своего мужа — проверять его карманы, записные книжки, номера звонков в мобильном телефоне и т.д. Никаких подтверждений измен не находилось, но страх не покидал ее. Кто ищет, тот найдет, и она обнаружила, что ее муж посматривает на девушек на улице, когда идет с ней по улице или едет на автомобиле.

Это усилило ее подозрения, и она понемногу стала высказывать их мужу. Он не понимал, откуда взялись такие подозрения, и пытался обратиться к ее разуму с доводами о беспочвенности ее подозрений. Но ревность, как и любовь, полностью отключает рациональное начало (разум) у человека, и Ольга не была исключением. Ее подозрения нарастали, претензии увеличивались. Она стала устраивать истерики, обвиняя его в изменах со своими подругами, женами друзей и т.д. Несколько раз она устроила ему сцены ревности прямо в компании знакомых на вечеринках. В конце концов он не выдержал и ушел.

Сейчас у Ольги есть друг, с которым она встречается около года. Теперь он стал объектом ревности для Ольги, из-за чего их отношения стали ухудшаться. Как-то он признался Ольге, что изменил ей, и подробно ответил на ее расспросы об измене. Они поссорились и разошлись, но через месяц Ольга не выдержала, позвонила, и они снова начали встречаться. Чуть позже ее друг признался, что он выдумал эту измену, и теперь она не знает, врал он или нет. Ревность Ольги усилилась, а ее друг периодически рассказывает о других женщинах, чем вызывает вспышки ее гнева. Когда его нет, она постоянно испытывает страх, что он к ней не вернется. В общем, жизнь с любимым проходит совсем не скучно, но перспективы этих отношений совсем печальные.

Как выйти из таких отношений, как перестать ревновать и портить себе личную жизнь? Ответ на это вопрос может быть дан на нескольких уровнях.

Как известно, человек есть сложное и многомерное существо. И когда он обращается за помощью к врачам, психологам или целителям, они могут воздействовать на разные его компоненты. Поясним эти утверждения на примере такого явления, как ревность.

Например, если приступы ревности вас достали и вы не знаете, как их утихомирить, вы можете обратиться к врачу-психотерапевту. Если ревность проявляется у вас в виде диких вспышек гнева, то он может прописать вам сильное успокаивающее лекарство. Попив его некоторое время, вы можете стать тихим и вялым, вас перестанет волновать абсолютно все, в том числе поведение любимого человека (примерно так лечат в психиатрических лечебницах). Лекарство (химическое вещество), попавшее в кровь, затормозит все жизненные процессы, в том числе и ревность.

Но такой способ борьбы с ревностью мало кого устраивает, поскольку наряду с пассивностью по отношению к любимой вы будете столь же пассивно относиться к работе, деньгам и т.д. Мало кому добровольно захочется вести жизнь такую «растительную» жизнь.

Можно прописать и более гуманные средства: массажи, успокаивающие ванные и прочие, но они обычно помогают ревнивцу, как мертвому припарки.

Стандартный путь релаксации с помощью алкоголя мы не рассматриваем из-за тяжелых последствий применения этого способа — социальной дезадаптации, то есть потери работы, семьи и всего прочего.

Поэтому лучше лечить ревность на других уровнях.

Ревность, особенно когда она проявляется не в депрессивной, а в агрессивной форме, дает человеку своеобразное возбуждение. Понятно, что это не кайф от выживания после смертельной угрозы и даже не кайф от сексуального оргазма, но тоже ничего себе возбуждение. Испытав его раз-другой, человек бессознательно стремится испытать эти острые ощущения еще и еще (так скалолазы все лезут и лезут в горы за острыми ощущениями, умом прекрасно понимая, как это опасно).

Так что приступы ревности дают ревнивцу своеобразный кайф в жизни, особенно если у него нет других источников острых ощущений (другие чакры у него закрыты). Поэтому сознательно он может стремиться избавиться от приступов ревности, а бессознательно будет стремиться испытать их вновь и вновь.

Если вернуться к рассматриваемому примеру с Ольгой, то она явно получает удовольствие, контролируя то мужа, то любимого (когда муж не выдержал и сбежал). Она не осознает этого, но стремится ощутить энергию контроля раз от разу. И удовольствие, которое она получает от приступов ревности, может быть больше, чем удовольствие от секса (вторая чакра не открыта). Если она перестанет получать возбуждение от приступов ревности, то и ревность перестанет быть для нее неосознаваемым удовольствием. Понятно, что одновременно ей нужно как-то научиться получать удовольствие от других сфер жизни (открыть другие чакры) или переключить свой контроль на другую сферу жизни (например, на политику), оставив любимого в покое.

• Поработаем со своими идеализациями

В основе ревности чаще всего лежит преувеличение (идеализация) своих возможностей контролировать поведение окружающих людей. Идеализации, как известно, характеризуются типовыми негативными мыслями, которые затем порождают соответствующие нерадостные эмоции. Какие же это мысли? Их не так много.

Мысли типа «Мир ненадежен. Я не знаю, будет ли мой любимый со мной завтра. Я боюсь, что он мне изменит (уйдет, бросит, разлюбит). Я должна удержать его любой ценой! Я не смогу жить без него! Я не могу удержать его!» Иногда они дополняются мыслями типа «Я недостойна его любви. Я слишком некрасива (стара, много вешу, неумна и т.д.) для него. Он обязательно меня бросит!», которые свидетельствуют еще и о наличии у вас идеализации своего несовершенства.

Такие или примерно такие мысли порождают страхи и вытекающие из них попытки удержать любимого (который при этом никуда не уходит!), необходимость контроля над ним, выяснения отношений и как неизбежное следствие, потерю любви.

Другой тип мыслей характерен для людей, проявляющих ревность в форме авторитарного контроля: «Как она смеет разговаривать (смотреть, дышать, звонить, общаться) с другим мужчиной! Она не должна так делать! Она принадлежит только мне, и никто не смеет посягать на нее!» Понятно, что такие мысли и вытекающие из них эмоции тоже не способствуют поддержанию любви, то есть ревнивец в итоге получает противоположное тому, к чему стремится.

Умная мысль

> *Открывая шкаф, лучше все же сперва постучать!*
> Андрей Кивинов

Чтобы перестать ревновать, нужно сделать так, чтобы эти мысли перестали возникать в вашей голове. Это очень сложно, но возможно при определенных усилиях. Этот метод называется «самопрограммирование», и заключается он в том, что вы много-много раз повторяете про себя (переписываете много раз, говорите окружающим, пропеваете) позитивные утверждения, противоположные по смыслу мыслям, порождающим ревность.

В случае, когда ревность порождает страхи перед возможной разлукой, рекомендуется много раз повторять про себя следующие утверждения: *«Я доверяю Жизни и любимому человеку. Я знаю, что у меня все есть и будет замечательно. Я позволяю своему любимому сделать любой выбор, я даю ему полную свободу. Я знаю, что он уже выбрал меня, значит, я — самая лучшая для него! Я знаю, что моя улыбка и хорошее настроение являются лучшим способом быть для него всегда желанной, поэтому я всегда искренне улыбаюсь. Я доверяю Жизни! Жизнь прекрасна! Мое будущее светло и прекрасно!»*

В случае авторитарного контроля фразы могут быть несколько иными: *«Каждый человек — это божественное создание, имеющее право на любой выбор. Я доверяю моей любимой! Я позволяю ей жить так, как ей захочется! Я знаю, что она уже выбрала меня, то есть я — самый лучший для нее. Я знаю, что моя улыбка и хорошее настроение являются лучшим способом быть для нее самым любимым, поэтому я всегда искренне улыбаюсь. Я доверяю Жизни! Я доверяю моей любимой! Наше будущее светло и прекрасно!»*.

Эти или подобные позитивные мысли нужно повторять много-много раз. Их можно записать на экране компьютера в заставку, тогда вы не сможете забыть о них. Их можно написать на листках бумаги и положить у себя на рабочем столе, в деловой блокнот, в кейс или сумку так, чтобы они как можно чаще попадались вам на глаза. Пройдет некоторое время (от недели до нескольких месяцев), и новые убеждения будут оказывать позитивное влияние на вашу жизнь. Ревность уйдет, и вместо нее у вас возникнет чувство тепла и глубокой благодарности к любимому человеку.

А если прежние мысли порой все же будут возникать у вас в голове, не отчаивайтесь, а спокойно вытесняйте их новыми, позитивными установками. И результат будет отличным!

• О чем важно помнить

1. Помните, что вы и ваш любимый человек — изначально две свободные личности, две свободные души, у каждой из которых свой путь, хотя какой-то отрезок времени они могут идти рядом. Поэтому никто не является вашей собственностью, и вы не являетесь ничьей собственностью. **Ваш партнер — свободная личность, хотите вы этого или нет**. Вы тоже свободны, а те ограничения, которые вы на себя накладываете, — это ваш добровольный выбор. Ваш партнер имеет право на свой выбор.
2. Вы любимы настолько, насколько вы сами себя любите. **Если у вас нет любви к себе, то ваш партнер не может сделать вас счастливее.**
3. Начинайте напоминать себе о том, что у вас отношения со свободным человеком, который рядом с вами только потому, что ему хочется. Даже если он ваш муж. Воспринимайте его не как собственность, а как доброго гостя в вашей жизни (даже если у вас общие дети).
4. Если у вас нет важного дела в вашей жизни, нет целей, нет работы, нет увлечения или хобби, в общем, того, чем вы занимались бы с удовольствием (домашние обязанности не берутся в расчет), то найдите себе это дело! Для начала займитесь чем угодно. Иначе ваша самореализация так и закончится на ревности!
5. Вспомните о том, что вы женщина (мужчина) и вами могут интересоваться представители противоположного пола. А не только ваш партнер. Вы можете позволить себе свидание, флирт (далее кто на что горазд). Но не назло партнеру, с последующим пересказом (типа: я тоже времени не теряю!), а для своего удовольствия!

6. Порадуйтесь тому, что ваш партер нравится другим. Это значит, он живет активно и интересно!
7. Повышайте свою самооценку всеми известными вам способами. Начните любить себя. Если человек себя любит, если он самодостаточен и счастлив независимо от обстоятельств, если ему интересно с самим собой и он не боится одиночества, то он и менее ревнив. Ему легче сохранить отношения, и ему легче отпустить другого человека с пожеланиями счастья. Чем больше человек себя любит, тем он ближе к состоянию безусловной любви, тем с большим уважением он относится к чувствам других людей. А безусловной божественной любви ревность незнакома. В старину говорили: «Не важно, где и с кем твой любимый, важно, что он есть». Это один из признаков безусловной любви: ты счастлив тогда, когда счастлив твой любимый, пусть с другим человеком, а не с тобой. И человек готов отпустить любимого к другому просто потому, что там ему будет лучше, а он желает счастья своему любимому. Это говорит уже о высоком духовном уровне человека.
8. Попробуйте осознанно отказаться от контроля. Перестаньте устраивать допросы, следить, наблюдать, искать подтекст в словах и поступках. Отпустите своего любимого (в данном случае «отпустить» не значит расстаться или бросить, отпустить нужно внутренне, в душе).
9. Повторяйте про себя следующее утверждение:

«Я — божественное создание. Я люблю себя и счастлив(а) независимо от обстоятельств. Я с удовольствием делюсь любовью и счастьем с другими. Я уважаю право моего (его, ее имя) на свободу, и я уважаю его (ее) чувства, его (ее) выбор. Я отпускаю его (ее) и позволяю делать то, что он(а) хочет. Я доверяю себе и Вселенной. В любой ситуации я радуюсь каждому мгновению своей жизни».

• **Примерьте колпак**

Есть еще один несложный прием, который может показать вам, как нелепо вы выглядите с вашими приступами ревности. В методике «разумного пути» этот прием называется жизненная позиция «Жизнь есть цирк». Суть его несложна. Нужно лишь вообразить, что вся наша жизнь есть цирковое представление, в котором все мы выполняем роль клоунов. Кто-то без конца обижается по одному и тому же поводу десятки лет — чем он не клоун, не умеющий делать выводов из очевидных фактов? Другой постоянно учит окружающих, как им жить, хотя у самого нет реальных достижений — чем он не клоун? Третий без конца рассказывает, как плохо ему жить, что он самый несчастный, и при этом ничего не делает для изменения этого положения — он тоже неплохо смотрится в цирке жизни.

Ревнивцы занимают почетное место в этой клоунаде. Ведь именно они обычно, не имея никаких реальных оснований, без конца испытывают приступы ревности и страха, раздражения или гнева. Именно они следят, подсматривают, подслушивают, устраивают беспочвенные разборки и публичные скандалы — они практически призовые участники цирка жизни! Посмотрите, нет ли вас в этих дружных рядах? А если есть, то что написано на вашем колпаке, какую роль вы играете в этом представлении? Названия ролей могут быть самые разные. Склонные к депрессиям личности обычно носят колпаки с надписями: «Выведу на чистую воду», «Меня не проведешь!», «Жертва изменщика», «Как я могла ему довериться!!!», «Сознавайся, где ты был?», «Будешь мой любой ценой» и т.д.

Агрессивные клоуны носят колпаки с надписями типа: «Не сметь дышать без команды», «Не морочь мозги своей любовью», «Осторожно! Бабуин без намордника», «Любовный террорист», «Отелло из Зачухрановки» и подобные.

Если вы примерили и обнаружили, что один из приведенных выше колпаков очень хорошо пришелся к вашей голове, то что нужно сделать? Нужно весело посмеяться над собой и над той ролью, которую вы играли долгое время — раз. Нужно мысленно снять и повесить колпак на вешалку — это два. Нужно выйти (мысленно же) с цирковой арены на зрительские трибуны и посмотреть со стороны на то веселое представление, которое продолжают вам показывать оставшиеся на арене клоуны. В результате вам станет смешна та дурацкая роль ревнивца, которую вы играли долгое время. И делайте эти шаги каждый раз, когда вы испытаете очередной приступ ревности.

Чтобы не забыть про цирк, сделайте из бумаги небольшой колпак и напишите на нем вашу характерную роль. Поставьте этот колпак у себя на рабочем столе, чтобы он почаще попадался вам на глаза. Вы будете улыбаться, глядя на него, а значит, значимая для вас идея станет смешной. А разве смешная идея может вызвать страх или гнев? Только улыбку! А это именно то, чего вы хотите достичь.

• Подружимся со страхами

Перепрограммирование своих негативных убеждений — очень полезная и конструктивная деятельность, дающая в итоге спокойное и благожелательное состояние духа.

Но что делать, если перепрограммироваться окончательно вы еще не успели, а очередные волны страха или раздражения захлестывают вас? Здесь может помочь прием визуализации, то есть работы с мысленными образами.

Мы уже рассматривали, как можно избавиться от негативных эмоций с помощью визуализации. Здесь мы еще раз рассмотрим, как можно работать по этому способу со страхом, который обычно является спутником ревности.

Для начала нужно **представить себе, как выглядит ваш страх**. То есть нужно придумать, как он мог бы выглядеть, если бы был живым существом. Он может быть похож на что-то неприятное: жабу, черного кабана, паука, грязный комок. Образ может быть более и благополучным — например, страх может принять образ испуганного старичка или старушки, опасающихся всего на свете.

Затем нужно **послать этому образу страха вашу любовь и благодарность** за заботу о вас. Ведь **страх имеет явно выраженное позитивное намерение** — он заботится о том, чтобы у вас все хорошо было в будущем, чтобы ваш любимый не изменил вам (или не бросил вас). Вот за это вам **нужно от души поблагодарить свой страх**, какой бы образ он ни имел. Мысленно поцелуйте его — если там есть что целовать, естественно. Возможно, что страх будет уворачиваться от ваших благодарностей и ласк, возражать против вашей легкомысленности, пугать вас грядущими бедами — ведь он совсем не привык к проявлениям ваших светлых чувств. Не обращайте на это внимания и благодарите его за всю его заботу о вашей безопасности в будущем.

А затем представьте себе, какие эмоции наполнили бы вашу душу, если бы вы были твердо уверены, что в будущем у вас все будет более чем отлично, то есть позитивные намерения страха полностью реализуются. Что вы будете при этом ощущать? Спокойствие, уверенность, любовь.

А теперь представьте, как выглядят эти позитивные чувства, какой образ они могут иметь? Представьте себе, что ваш страх под влиянием любви и благодарности трансформировался в спокойствие и уверенность. Каким он стал, как он теперь выглядит? Образ может быть любым, но светлым и позитивным.

Например, если страх имел вид кабана, копошащегося в луже грязи и периодически забрызгивающего вас изнутри этой эмоциональной грязью, то теперь он превратился в хорошенькую розовенькую свинку с симпатичным пятачком. Свинка хрюкает и веселится, поскольку уверена, что в будущем у вас все будет хорошо.

И она наполняет вас этой уверенностью и спокойствием. А чтобы вы не забыли о том, что теперь вы дружите только с хорошенькой розовой свинкой, то сделайте себе какую-то напоминалку о ней. Например, повяжите на руку розовую нитку. Или носите с собой в кошельке кусочек свежей капусты для нее. Или что-то еще, столь же неожиданное, что будет однозначно напоминать вам о твердом намерении впредь испытывать только спокойствие и уверенность в замечательном будущем. В итоге оснований для ревности, то есть страхов перед будущим, у вас не останется.

Если образ страха имел вид грязного облака, то он может трансформироваться в светлое облачко спокойствия, которое будет окутывать вас все время. Если он был похож на жабу, то теперь она превратится в замечательную золотую рыбку, которая плавает возле вас и наполняет вас уверенностью в будущем и т.д. Сделайте себе какую-то напоминалку, чтобы не забыть о новом образе ваших страхов. Придумайте своему новому другу хорошее и приятное имя (кличку) и периодически общайтесь с ним, особенно когда страх будет вновь пытаться погрузить вас в пучину ревности.

• Сменим стандарты

Еще один прием для борьбы с ревностью — попробовать сменить те стандарты, которые лежат в основе вашей ревности.

Например, вы замужем, любите своего мужа и предполагаете, что и он любит вас и полностью вам предан. Ваш стандарт относительно мужа: муж — это мужчина, имеющий в паспорте штамп о браке с вами и принадлежащий полностью вам. И вдруг в один прекрасный (или не очень) день вы застаете его в постели с другой женщиной. Или находите дома явные следы измены. Или ваши доброжелательные знакомые «стучат» вам на мужа и затем с удовольствием развлекаются, наблюдая, как вы корчитесь после этой информации. А вы активно подыгрываете им, нацепив на себя колпак с надписью «Выведу подлеца на чистую воду!» и организуя разоблачение изменщика. Для этого годится подслушивание телефонных переговоров, обыск одежды, просмотр кошелька и записной книжки, просмотр номеров телефонов в мобильнике. Если есть деньги, можно заказать профессиональную слежку. Если денег нет, можно носиться по городу самой, выслеживая мужа. Понятно, что параллельно вы устраиваете ему скандалы, допросы с пристрастием, организуете его отлучение от своего тела и так далее. В общем, вы ведете себя как заправский клоун, попутно сообщая радостным наблюдателям о ваших очередных достижениях и жалуясь на свою несчастную судьбу.

Если такой вариант развития событий вас устраивает и вам нравится разнообразить свою жизнь приступами ревности, то вперед. Если же вы уже устали от тех глупостей, которые вы без конца совершаете, то попробуйте сделать один фокус: измените стандарт. Примите новый, соответствующий реальности стандарт, который говорит, что **муж — это мужчина, который является вашей частной собственностью ровно настолько, насколько вы для него желанны и удовлетворяете его потребности по отношению к женскому полу**. И все. Штамп в паспорте всего лишь дает вам право на первенство по удовлетворению потребностей мужа. Если вы им не воспользовались, то он имеет полное право воспользоваться услугами лиц женского пола, имеющими номер второй, третий и т.д. И вы не имеете никаких оснований требовать от него изменить поведение. Можно даже усилить новый стандарт: **муж имеет право спать с таким количеством женщин, которое в совокупности удовлетворит его потребности в любви и сексе.**

Если вы сумеете принять такой стандарт, то все основания для ревности у вас исчезнут. Вы не использовали свое право первенства, и все. У вас никто не отбирал это право, оно у вас и осталось, и ничего не мешает вам им воспользоваться. Но не для скандалов и оскорблений, а для возврата любимого (когда-то) человека.

Эти же рассуждения относятся и к мужчинам. Частная собственность в нашей стране не распространяется на людей, поэтому штамп в паспорте не дает мужу никаких прав на жену. Даже если вы заплатили за нее много денег. Много — это для вас, а для нее, может быть, совсем недостаточно. У вас есть право первенства на ее тело и ее внимание и не более. Если вы им не пользуетесь, то она имеет свое право получить внимание и любовь от мужчин второй очереди.

Поэтому, чтобы не беситься от ревности, измените стандарт. **Жена — свободный человек, и штамп в паспорте дает вам право первым предложить ей свое внимание, деньги и секс.** И не более. **Жена имеет право спать с таким количеством мужчин, которые в совокупности удовлетворят ее потребности во внимании и сексе.**

Если вы сумеете принять такой стандарт, то у вас пропадут все основания для претензий к любимой, которая вам изменила. И появятся основания для размышлений о том, как вам самому нужно измениться, чтобы вы вновь стали для нее самым желанным мужчиной.

Понятно, что новые стандарты могут вызвать сильное возмущение, поскольку противоречат принятым в нашем обществе нормам морали и нравственности, религиозным убеждениям, будут провоцировать неуверенность в завтрашнем дне и т.д. Мы ведь не предлагаем принимать их сразу после брака — иначе и жениться не нужно было бы. Мы предлагаем принять новый стандарт **только после того, как измена случилась** (в реальности или в вашем изображении) и вы не знаете, как избавиться от этой напасти. Вот здесь-то и нужно менять стандарты.

А во все предыдущее время живите в любви и только друг с другом, и живите так долгие и радостные годы.

На этом мы заканчиваем рассуждения о смене стандартов.

Понятно, что все приведенные выше рекомендации по защите от ревности нужно использовать не по очереди, а вместе. Вместе они дадут желанный эффект — ревность постепенно уйдет из вашей жизни. А мы тем временем подведем итоги.

ИТОГИ

- *У ревности может быть множество источников, но все они имеют общие моменты, а именно: всегда есть объект ревности и есть ревнующая сторона, в основе поведения которой лежит либо страх потерять любимого человека, либо раздражение из-за посягательств на вашу частную собственность.*
- *В основе ревности всегда лежит идеализация контроля, проявленная либо в виде страха перед будущим, либо в виде авторитарного контроля.*
- *Для отказа от идеализации контроля можно составить себе несколько позитивных утверждений и без конца повторять их, чтобы вытеснить ими ваши претензии к любимому человеку.*
- *Еще один способ обесценивания своих переживаний — придумать себе смешную надпись на дурацкий колпак, который вы натягиваете на себя во время приступов ревности.*
- *Если у вас хорошо развито воображение, то вы можете представить свою ревность или страх в виде какого-то негативного образа, а затем трансформировать его в радостный и приятный вам образ. В итоге ваши переживания уйдут.*
- *Еще один способ избавления от ревности — это принять новый стандарт, соответст-*

вующий реальности. Но применять этот прием можно только после того, как измена произошла, и не ранее. А чтобы ее не было, постарайтесь оставаться всегда самым любимым и желанным для вашего мужа или жены.

Сделайте своему любимому подарок

> *Женщина — лучшее, что природа могла подарить мужчине. Осталось подождать, когда подарок будет замечен и оценен.*
>
> К. Митроу

Здесь мы хотим дать одну рекомендацию на тему улучшения отношений между мужем и женой, родителями и детьми и т.д.

В повседневной жизни люди порой испытывают множество самых разных эмоций. Если это будут радость или любовь, то все окружающие будут только рады общаться с человеком с таким настроем. Если же это будут раздражение, страх, гнев или что-то еще из этого рода, то такие эмоции вряд ли украсят вашу жизнь, в том числе семейную.

Почему люди испытывают негативные эмоции? Причин этому множество. Мы уже подробно рассматривали одну из них — наличие у себя избыточно значимых ожиданий (идеализаций) и длительные переживания, когда вам не удается воплотить в жизнь свои ожидания. Но причины могут быть и не такими серьезными.

Плохая погода, разговор с раздраженным или агрессивным человеком, неудача в каких-то делах, долгое ожидание в очереди и множество других подобных обстоятельств могут испортить настроение человеку. А потом уже он принимается портить настроение окружающим.

Семья — это то самое место, куда мы приносим плохое настроение с работы, от знакомых и из любых других мест. Семья — то место, куда мы приносим свои неприятности, усталость, беспокойство, раздражение.

Да и дома у нас может найтись множество оснований для недовольства: неубранная квартира, неприготовленный ужин, плохая отметка у ребенка или что-то еще столь же глобально важное. В общем, способов и оснований для того, чтобы отравить жизнь себе и окружающим, существует множество. Можно ли как-то облегчить эту ситуацию?

Один из способов — снятие претензий к жизни и людям — мы уже рассматривали. Это способ работы над собой, способ повышения своего настроения. А как быть, если с вами вместе живет вечно недовольный, раздраженный или испуганный муж (жена, мама, папа, бабушка и т.д.)? Можно ли как-то улучшить состояние духа и настроение окружающих людей, если они не желают меняться и считают, что они все делают правильно? Оказывается, есть. И способ этот очень прост — этим людям нужно подарить то, чего им не хватает.

- **Подари близкому человеку то, чего он добивается**

Понятно, что речь идет не о реальных подарках, поскольку вы не можете подарить мужу деньги или новую должность, маме — послушную дочь и т.д. Это не в ваших силах. Вы не можете сделать это в реальности, но ничего не мешает вам сделать им мысленный подарок.

Прием мысленного дарения людям того, чего они осознанно или бессознательно желают, используется во многих системах психологических методик, например в системе «Симорон». Суть этого приема очень проста.

Если вы видите, что близкий вам человек испытывает нерадостные эмоции, раздражен и предъявляет к вам какие-то нелепые претензии, то постарайтесь отвлечься от его слов и понять, чего он от вас добивается на самом деле. Внешне он может требовать от вас порядка, денег, чистоты, соблюдения известных только ему правил поведения и множество других серьезных или совсем странных вещей. Пусть себе требует.

А вы на время отвлекитесь от содержания того, что он вам говорит, и задумайтесь, чего же этому человеку нужно на самом деле. Оказывается, это несложно понять, поскольку почти всем людям нужно одно и то же: **внимание, уважение, признание их значимости**. Сюда же можно добавить уверенность в будущем, независимость, реализацию своих идей.

Как только вы понимаете, что ваш муж срывает на вас свою злость только потому, что он не может добиться признания своих заслуг и уважения на работе и теперь бессознательно вымогает их у вас через претензии, то **мысленно пошлите ему огромную порцию признания и уважения**. Пошлите сразу, не дожидаясь его бессознательного требования в виде нелепых претензий к вам. Пошлите их в избытке, и он, получив требуемое, отстанет от вас. Он отвалится от вас, как пиявка, насосавшись вашей крови.

• *Пошлите в избытке и смешно*

Как же можно послать человеку уважение или признание? Это ведь не стул или автомобиль, эти эмоции не имеют определенной формы, и непонятно, как их можно представлять себе. И как их дарить.

На этот счет имеются вполне простые рекомендации. Нужно мысленно дать человеку то, в чем он нуждается, но в преувеличенной форме.

Ваш муж переживает, что на работе его не ценят и не хотят использовать его идеи, и поэтому он постоянно раздражен? Прекрасно. Мысленно представьте, что его оценили и назначили президентом огромной корпорации со всеми атрибутами уважения: огромным кабинетом, секретаршами, лимузином и личной охраной. Пусть он ведет заседание совета директоров, и все внимательно слушают его. Все его идеи тут же подхватываются и внедряются даже раньше, чем он успевает рассказать о них. Подарите ему личного референта, который будет подхватывать и внедрять все его мысли, пусть даже невысказанные или невнятно пробормотанные, даже во сне (референт теперь будет дежурить возле вашей кровати ночью, чтобы не упустить его слов, высказанных во сне).

И все это — несколько раз, то есть пусть он будет главой сразу нескольких корпораций — вам не жалко. Пусть возле вашего дома стоит сразу очередь лимузинов, и их водители будут ссориться между собой, стараясь забрать вашего мужа к себе в офис. Конечно, эти лимузины создадут пробку возле вашего дома, но на что не пойдешь ради душевного спокойствия мужа!

Сделав такой мысленный посыл несколько раз, вы увидите, как раздражение вашего мужа пройдет, он смягчится и забудет о том беспорядке, который вы поддерживаете дома.

Если ваш муж озабочен сексом и все время посматривает на красоток в телевизоре, то мысленно подарите ему двести красоток, без памяти влюбленных в него и страстно желающих интима с ним. Вы увидите, как он расслабится и станет забывать включать телевизор.

Если он переживает по поводу того, что может не хватить денег на какие-то нужды, мысленно подарите ему мешки с долларами или евро. Пусть они падают на него с неба, и он только уворачивается от них и складывает их себе под кровать.

Если ваша мама без конца вмешивается в вашу жизнь с нелепыми рекомендациями и вы устали бороться с ней, подарите маме сотни три послушных и безропотных дочерей, с раскрытым ртом ожидающих от нее очередных указаний. Вы увидите, как она утешится и забудет про одну свою брыкливую дочь, то есть про вас. Она получила все, чего добивалась, и успокоится.

Если мама все время беспокоится о будущем, мысленно подарите ей подземное хранилище, полное воды, еды и другого имущества на сто пятьдесят лет вперед. И так далее.

В общем, нужно попробовать понять, чего же в действительности добивается от вас человек, предъявляя вам какие-то претензии. И мысленно подарить ему это в таком количестве, чтобы он полностью удовлетворил свои истинные нужды и забыл о вас. Прием не сработает, если вы вместо нужной человеку уверенности в будущем будете дарить ему деньги или власть. Он примет и усвоит только те ваши вибрации, которых ему не хватает и которых он бессознательно у вас домогается.

• Достоинства и недостатки

Этот прием имеет ряд достоинств и недостатков. Сначала о недостатках.

По сути, это прием скрытой манипуляции другим человеком, поскольку вы помимо его желания меняете его состояние духа. А манипулировать другими людьми вроде бы нехорошо, неэтично. Утешиться здесь можно тем, что вы оказываете очень хорошее воздействие на человека, переводя его в позитивное и спокойное состояние духа. Это не какая-нибудь черная магия, а самое хорошее позитивное воздействие на близкого человека с целью помочь ему не накапливать в себе эмоциональный негатив. Дело это доброе и полезное, так что приемом можно смело пользоваться.

Достоинством приема является то, что эффекта можно достичь быстро, в течение нескольких минут. Не нужно никаких внешних усилий, вся работа проводится у вас в голове. Понятно, что вы не должны быть раздражены или расстроены — тогда вы не сможете сделать добрый посыл. А негативный или раздраженный посыл не даст никакого эффекта.

В общем, попробуйте. Если получится, то пользуйтесь им на здоровье.

• Более широкое применение

В принципе, ничего не мешает вам дарить мысленные подарки всем тем людям, с которыми вам приходится сталкиваться по работе и в других местах. Это несложно, важно только понять, что может утешить этого человека. Если вы сделаете ненужный ему подарок, то никакого эффекта от него не будет.

Вечно раздраженному начальнику подарите повышение по службе и ценящего его руководителя (над каждым начальником всегда найдется еще больший начальник). Суровому профессору в институте подарите две тысячи прилежных студентов, исправно пишущих конспекты и посещающих все его лекции. Нервному сотруднику подарите уверенность, например, в виде его пребывания в роли вождя племени первобытных людей, которые слушают его, разинув рот, и опрометью бегут исполнять все его указания. Переживающей от неустроенности в личной жизни подруге (или кассирше в магазине) подарите сто пятьдесят любовников, которые будут толпой бегать за ней, петь серенады под ее окнами всю ночь, ломиться к ней в квартиру на девятом этаже через окна и т.д. Знакомой, переживающей по поводу плохих оценок своего сына, подарите еще сто двадцать сыновей-отличников, которые будут постоянно ходить за ней толпой и показывать ей свои дневники с пятерками. Женщине, громко и раздраженно ругающей работу продавцов или кассиров в магазине, мысленно пошлите власть в виде должности генералиссимуса, управляющего огромной армией пеших и конных воинов, окруженного толпой генералов и адъютантов.

Понятно, что здесь даны только варианты того, как можно подарить человеку то или иное качество. Вы можете придумать что-то свое, но оно должно быть веселое и должно содержать именно то чувство, которое нужно человеку для перехода в благополучное состояние духа.

• Дарите подарки незнакомым людям

Можно даже делать подарки тем людям, которых вы не знаете, но которые могут как-то решать ваши дела. Например, если нужная вам бумага готовится в организации и вы даже не знаете, кто именно ею занимается, то вы можете предположить, что может привести этого человека в хорошее состояние духа. Например, чиновнику в госучреждении вы можете мысленно подарить кучи денег (или посылать чеки с миллионом долларов каждый день), должность мэра или губернатора, жареного быка на вертеле и цистерну французского коньяка, полсотни любовниц и виллу в Испании. Если это женщина, то набор подарков может быть иным: любовники, цистерна французской косметики, косяк бравых мужей, деньги, престижная должность и т.д. Если вы не знаете, кто занимается вашим делом, то делайте подарки для мужчин и женщины сразу — вам ведь не жалко жареных быков и чеков с миллионами долларов, в вашем воображении их более чем достаточно.

• Делайте подарки и себе

И, наконец, включите в список людей, которым вы дарите мысленные подарки, самого себя. Вы-то хорошо знаете, чего вам не хватает, за что вы боретесь, чего вымогаете у окружающих. Подарите это самой себе.

Например, если вы ездите за рулем и вас раздражают пробки на дорогах, подарите себе 20 метров пустой дороги перед вашим автомобилем. Если вы ездите в переполненном автобусе, то подарите себе индивидуальный автобус, в котором вы будете кататься в одиночестве. Или даже целый автобусный парк, и чтобы за вами всегда ездил пустой автобус.

Если вас тревожит отсутствие мужчины возле вас, то попробуйте выйти и состояния стресса путем дарения себе толпы влюбленных в вас самцов самых разных видов и мастей. Пусть они бегают за вами по пятам, соблазняют вас или дерутся между собой ради права поднять уроненную вами перчатку. Вам станет смешна эта суета, то есть на вашем лице появится улыбка, непонятная окружающим. Но раз вы начнете улыбаться, то к вам обязательно потянутся уже вполне реальные самцы, вам останется только выбирать, учитывая наши предыдущие рекомендации.

В общем, не стесняйтесь. Дарите себе поездки в другие страны, деньги, необитаемые острова или, наоборот, роскошные отели. Дарите это так, чтобы вам стало смешно и приятно. А там Жизнь подкинет что-то хорошее улыбающемуся человеку, то есть вам.

• Подарите порцию душевного тепла

Что происходит на уровне тонких энергий, когда вы дарите другому человеку мысленный подарок? При этом вы посылаете ему порцию хороших и чистых энергий, то есть подпитываете его энергетику, ослабленную в результате длительных переживаний. Он получает порцию ваших энергий и ощущает себя лучше — именно поэтому его настроение улучшается, и он перестает нервничать.

Значит ли это, что, раздавая всем подарки, вы сами можете ослабнуть или даже заболеть от недостатка жизненных сил? Нет, не значит. Если вы преподносите подарки искренне и благожелательно, то вы делаете посыл не своих собственных жизненных сил, а выступаете только как канал для проведения хороших энергий, которые в избытке имеются во Вселенной. Это будет похоже на лечение по методу Рэйки, когда целитель выступает лишь проводником целительских энергий.

Так и при частом дарении подарков близким и незнакомым людям вы будете выступать проводником позитивных энергий, своего рода источником положительных энергий. Понятно, что тем самым будут улучшаться ваше собственное настроение, успешность и здоровье.

Нужно сразу сказать, что этот метод бесполезно использовать для достижения каких-то иных целей, кроме заявленных выше. То есть если вы захотите попробовать навязать другому человеку какие-то нужные вам мысли или поступки (полюбить вас, расстаться с кем-то и т.д.), то ничего не выйдет. Метод работает быстро и эффективно, когда вы дарите человеку то, в чем он искренне нуждается и что он вымогает у окружающих через конфликты. А если он в чем-то уверен и ощущает свою правоту (то есть силу), то бесполезно дарить ненужные ему вещи — он отвергнет их на бессознательном уровне, они ему не нужны. Так что давайте дарить другим и себе только уважение, радость, спокойствие и другие позитивные качества. И тогда все будет замечательно.

На этом мы заканчиваем рассмотрение метода дарения подарков и переходим к итогам.

ИТОГИ

- *Люди могут испытывать негативные эмоции как по серьезным, так и по самым пустяковым, с точки зрения окружающих людей, поводам.*
- *Часто истинная причина конфликтов с собой или окружающими людьми маскируется разного рода претензиями и требованиями. А на самом деле этим людям не хватает признания, уважения, самореализации и других составляющих человеческого существования.*

- *Для улучшения настроения нервничающего человека можно сделать ему мысленный подарок, подарив ему в образной форме то, в чём он нуждается.*
- *Мысленные подарки должны быть избыточными, слегка юмористичными и точно отражающими то, в чем человек нуждается.*
- *Мысленные подарки можно дарить себе и незнакомым людям, особенно если от них зависит решение каких-то ваших личных вопросов.*
- *Метод раздачи подарков может иметь только одно последствие — улучшение самочувствия и состояния души тех людей, которые их получают. Никаких других последствий он не имеет, то есть его бесполезно пробовать применять для навязывания другим людям каких-то мыслей или поступков.*

Зачем люди заводят детей?

— Вы любите детей?
— Детей — не очень, но сам процесс...

Откуда берутся дети, все взрослые люди знают. И то, что дети — цветы жизни, тоже всем известно. Но некоторых родителей эти цветы не просто выводят из себя, а иногда и доводят до полной потери гуманизма и рассудка.

Многие люди заводят детей, а потом погружаются в многолетнюю борьбу с ними. Самостоятельно или с привлечением педагогов и психологов. Каждому третьему ребенку приходилось слышать от родителя (как правило, от мамы) фразу: «В моей смерти ты виноват(а) будешь!»

Помните слова одной жалостливой песенки:

*И зачем я на свет появился,
И зачем меня мать родила?*

Порой хочется сказать родителям маленьких и великовозрастных чад: ну что же вы так мучаетесь?

Человек — это единственное существо, которое может сознательно выбрать и решить для себя: иметь или не иметь детей, сколько их иметь, когда их заводить и т.д. Все остальные существа не могут решать, иметь или не иметь потомство, когда его иметь и сколько. Они просто размножаются, и все.

~~~~~~~~~~~~~~~~~~~~~~~~~~~~~~~~~~~ *Умная мысль*

Все экологи сходятся на том, что единственная причина разрушения природы — человек. Но еще никто не предложил единственного в таком случае решения: свести численность этой особи до минимума.

Сардоникус

В этой статье мы не беремся оценивать, хорошо это или плохо, что человек сознательно регулирует рождаемость. Мы зададимся другим вопросом. Человек решил завести ребенка. Какие мысли предшествовали этому шагу? Что побудило его на это? И какие мысли родителей сопровождают появившегося на свет малыша?

Зачем люди заводят детей? Множество из них, как правило, не слишком сильно задумывается об этом. Просто они знают, что к определенному возрасту обычно все нормальные граждане заводят детей.

Но это только кажущаяся простота вопроса. На самом деле появление на свет ребенка сопровождается множеством мотивов, которые далеко не всегда очевидны. Во всяком случае, сначала. А осознаются они потом.

И когда оказывается, что мотивы эти не удовлетворены, виноватым бывает... ребенок.

Очень часто дети (и все, что с ними связано) является причиной множества проблем и переживаний. Поэтому неплохо было бы понять, из-за чего все так получилось. Если дети только планируются, то неплохо бы понять, зачем вам это нужно — чтобы потом не испытывать разочарования по самым разным поводам.

Если у вас нет детей, у вас все равно будет повод для размышлений.

Сразу хотим предупредить, что мы не беремся оценивать правильность или ошибочность этих мотивов. Просто мы рассмотрим все возможные их последствия.

Умная мысль

Любовь — это такое явление, которое, укорачивая жизнь человеку в отдельности, удлиняет ее человечеству в целом.

Феликс Кривин

• «Залётные» дети

Особям противоположного пола хотелось секса, а о последствиях думать не хотелось («авось пронесет»).

Это обычная ситуация в ранней и бесшабашной молодости. Но и немало взрослых умудряются сохранять эту юношескую непосредственность и живут только текущим моментом, не задумываясь о возможных последствиях своих поступков. Происходит все крайне просто и даже как-то неромантично: бурный поток гормонов полностью топит в пучине страсти и без того вялый мыслительный процесс. Наступившая беременность — как гром среди ясного неба.

~~~~~~~~~~~~~~~~~~~~~~~~~~~~~ Умная мысль

Нет времени на медленные танцы!

<div align="right">Андрей Кивинов</div>

Ну а потом начинается суета. И, в зависимости от обстоятельств и набора личностных качеств участников процесса, все заканчивается либо абортом, либо рождением ребенка в неполной семье, либо принудительным созданием семьи. Понятно, что такие вынужденные браки редко бывают долговременными или счастливыми.

Что в итоге?

- *Для родителей такой ребенок подсознательно (а иногда и вполне явно) становится виновником того, что их жизнь сложилась не так, как им бы хотелось: ведь он «вторгся» в нее, как бы не спрашивая их.*
- *Предположим, ребенок знает о том, что он нежеланный. Самое маленькое и безобидное из последствий — заниженная самооценка, мешающая ему жить.*

~~~~~~~~~~~~~~~~~~~~~~~~~~~~~ Умная мысль

Что жизнь — эффект побочный от занятий сексом!

Андрей Кивинов

• Так получилось... Ладно, пусть будет

В принципе эти хорошие люди — муж и жена, живущие в законном или незарегистрированном браке или просто влюбленные, — не против детей, возможно, когда-нибудь, потом... Не сейчас.

Но вот — ошибка. Ошибка, прокол, прорыв в расчетах или в средствах предохранения. Кто-то недосмотрел, и вдруг нежданная радость — беременность. Не к месту, не ко времени, в разрушение всех планов. Понятно, что наряду с некоторыми приятными эмоциями присутствуют досада, тревожность, страхи, иногда отчаяние. Понятно, что все эти нерадостные переживания сказываются на матери и на здоровье младенца.

Позитивным моментом этого варианта является то, что родители были в принципе не против детей, и это часто помогает быстрее и спокойнее принять произошедшее «досрочно» событие.

Что в итоге?
- *Предположим, дело все-таки доходит до появления ребенка на свет. В принципе ничего страшного в этом нет. Так рождается огромное количество детей. И ничего, живут. Раз уж родился — куда деваться?*

• Страх одинокой старости

Страх перед будущим — мощный двигатель рождаемости. Человек хочет, чтобы «в старости было кому стакан воды подать».

Но вот ведь как жизнь устроена.
- *В старости воды хочется меньше всего (а хочется человеческой заботы и тепла).*
- *Далеко не все детишки готовы на такое самопожертвование.*
- *В конце концов они могут жить далеко, быть вечно занятыми, находиться в затяжном конфликте с вами, в местах лишения свободы и т.д.*

В общем, стакана воды может и не оказаться.

Ведь что такое «стакан воды в старости»? Это прогнозирование себе такого будущего, когда вы будете ни на что не способны, вызванное страхом (идеализация контроля окружающего мира). Раз человек к такому будущему приготовился, куда же ему, этому будущему, деваться?

• Страх перед смертью

Речь идет о таком экзистенциальном мотиве, как страх перед смертью. Но это не просто страх умереть, а это страх не оставить после себя ничего живого. Никакого продолжения. То есть умереть окончательно.

Мысли при этом примерно такие: предположим, я умру, но останутся мои дети. Значит, я не совсем умру. Ведь в них есть что-то от меня!

Если человек умирает и знает, что остаются его дети, а у детей есть свои дети, а у тех будут свои дети и т. д., то и умирать не так страшно. Но вот когда ты умираешь, а после тебя не остается никого живого, в ком была бы частичка тебя, — вот это неприятно. В этом случае **появление ребенка — это акт самоутверждения.**

Эта проблема характерна для людей с материалистическим взглядом на жизнь, которые смерть считают окончанием всего, после чего нет никакого продолжения.

Что можно сказать на это? Наши дети — это «не мы». Иногда это настолько «не мы», что даже обидно.

Собственно говоря, в этом случае нет ничего страшного. Человеку хотелось оставить после своего ухода что-то свое, и он оставил. Просто иногда родителю становится обидно, что это вот «свое» оказалось таким... в общем, на свое совсем не похожим. И возникает разочарование: хотел вырастить себе подобного, нормального гражданина...

А ребенок, заметьте, не виноват.

• Что Бог даст

Этот вариант — скорее редкость в современной жизни. Особенно в урбанистической среде. Люди по каким-то убеждениям, иногда религиозным, доверяют планирование семьи Господу Богу. Иногда они даже не предохраняются и уж тем более не делают абортов. Жизненная философия этих людей такова: если Бог даст и кто-то родится, значит, так и должно быть. Не наше дело вмешиваться в этот процесс.

В таких семьях жена обычно всегда беременна и рождается много желанных детей. Появление очередного ребенка — не исключительное, а вполне рядовое событие.

Стих в тему

> *Лучше нет на свете дела,*
> *Чем плодить живую плоть!*
> *Наше дело — сделать тело,*
> *А душой снабдит Господь.*
>
> И. Губерман

• Манипуляция мужчиной

- *Вот рожу ему ребенка, наконец образумится. Станет ответственным.*
- *Станет отцом — наконец сам повзрослеет(!!!???).*
- *Если я забеременею и рожу, он не уйдет к другой женщине. Не посмеет.*
- *Если у нас будут общие дети, он перестанет бегать к детям от первого брака.*
- *Может, он станет уважать меня наконец как мать своих детей!*
- *Если я забеременею, мы поженимся.*
- *Будет у нас ребенок — он бросит пить.*

Пожалуй, ничто так не поднимает рождаемость в стране, как тайные или явные помыслы женщин повлиять на своего мужчину (без всякого осуждения! — *Авт.*).

Воззвать можно к совести (хорошо, если она есть), к порядочности (тоже не всегда в наличии), на худой конец к жалости (это тоже не частая добродетель). В общем, к чему угодно.

Понятно, что такой фокус проходит не всегда. Иногда мужчина не обладает ожидаемым благородством и отказывается от отцовства.

Но даже если мужчина соглашается жениться (бросить любовницу, бросить пить и т.д.), это вовсе не гарантирует любви и дальнейшей счастливой совместной жизни! Вот плохая новость!

> **Умная мысль**
>
> *Дети — это винты, скрепляющие родителей. Предполагается, что чем больше винтов, тем прочнее соединение.*
>
> Павел Мороз

Навязанное против воли решение может явиться источником затяжного раздражения, которое будет сказываться на всей семейной жизни и на отношении отца к ребенку.

В общем, там, где есть проблема двоих, третий не поможет. Само по себе появление ребенка может лишь обострить проблему или отложить на время ее решение! Но не решить!

• Психотерапия ребенком

Ситуация, близкая к предыдущей.

Иногда рождение ребенка используют для погашения конфликтов, возникающих между супругами, особенно если главным источником конфликтов является жена. Беременность и последующий уход за ребенком отвлекают ее, и она не имеет возможности продолжать выяснять отношения с мужем в прежнем объеме. То есть поставленная цель в целом достигается, особенно если сразу же вслед за первым появляется второй, а то и третий ребенок. Но дети при этом испытывают сильные эмоциональные перегрузки, вызванные раздражением матери, и это сказывается на их здоровье и характере.

• Наследник имущества

Редкий ранее, но более востребованный в последнее время случай. Нужно кому-то передать имущество (или даже власть). Понятно, что чтобы передавать что-то, нужно это иметь в достаточном количестве. То есть проблема обязательного производства наследников возникает в богатых семьях либо в правящих династиях.

Там возникают свои сложности — нельзя вступать в связь с кем попало, нужно жениться (выходить замуж) только за своих, то есть из своего круга общения и достатка. Помните: «жениться по любви не может ни один король»? А если в этом кругу нет никого, кто бы вам нравился и от кого вы бы хотели иметь детей? Приходится выбирать из того, что имеется в наличии, и с этим же производить наследников. Без всякого удовольствия, по обязанности.

• Потому что надо!

- *У всех «нормальных» людей должны быть дети.*
- *Не хотеть ребенка — это ненормально, это признак душевной деградации или физической неполноценности.*
- *У всех моих подруг (друзей) уже есть дети.*
- *Бог завещал нам: «Плодитесь и размножайтесь!»*
- *Если у тебя нет ребенка, ты нереализованный человек.*
- *Ты сам еще не взрослый, пока у тебя нет ребенка.*
- *Не иметь детей — это эгоизм (преступление перед человечеством, родом, нацией).*
- *Нельзя жить только для себя!*
- *Твои родители хотят нянчить внуков. Ты должен сделать это для них.*

Особенно эти стереотипы давят на женщин. Хотя и среди мужчин бывают мнительные особи.

В принципе ничего страшного в этом нет. Плохо только одно: если человек заводит ребенка только под давлением оных причин, без собственного желания, но следуя общепринятым установкам. Им движет понятие «надо».

Ну что ж, надо так надо. Только вот кому?

• Бег от одиночества

Одиночество? Не дай бог! Бежать от него куда подальше! Но куда? Самый надежный способ — родить ребенка.

Этот мотив особенно характерен для женщин, которые не сумели создать семью и уже отчаялись как-то решить эту проблему. Впереди маячит одинокая старость, она пугает, поэтому возникает идея родить ребенка, чтобы было с кем общаться или о ком заботиться.

В целом ребенок в такой ситуации получает большую порцию материнской любви и внимания, но обычно она же передает ему часть своей обиды на Жизнь, которая не дала ей возможность создать полноценную семью.

И еще одна проблема для такой матери — отпустить ребенка в самостоятельную жизнь. Это еще хуже, чем в армию.

• Воплотитель несбывшихся мечтаний

— *У меня не было нормальной жизни, пусть хоть у тебя будет!* — пафосно восклицает родитель. (Варианты: я не поступил в этот институт, но ты-то поступишь; я денег не заработал, но ты заработаешь; я не добился успеха, но ты добьешься и т.д.)

Что обидно, этот мотив обнаруживает себя довольно поздно, когда чадо уже подобралось к совершеннолетию. Но вдруг обнаруживается, что:
- *у ребенка имеются свои планы на жизнь,*
- *у ребенка нет вообще никаких планов на жизнь* (это еще хуже).

И тогда родитель бывает послан далеко и надолго. Причем в духе «сам дурак».
- *Тебе надо ты и поступай в этот институт.*
- *Тебе надо, ты и зарабатывай.*
- *Скажи отцу, чтоб впредь предохранялся!*
- *Я не виноват в том, что ты неудачник и т. д.*

• Просто хочется!

— *Кошмар какой-то*, — скажет читатель. — *Куда ни глянь — везде подвох какой-то. Так что же, теперь вообще детей не заводить и не воспитывать? Мы так, пожалуй, вымрем скоро. И зачем тогда вообще нужны дети? Ни тебе стакана воды к старости, ни наследника, ничего?*

А дело в том, уважаемые читатели, что в появлении детей, на наш взгляд, вообще заложен другой смысл. Они рождаются ни «зачем» и ни «для чего».

Заметьте: в основном все предыдущие случаи (кроме «залетных» и детей «сколько Бог пошлет»), которые мы рассмотрели, имеют сходство: принимая решение завести ребенка, я что-то хочу от него получить (стакан воды, верного мужа, спокойную совесть по поводу выполненного долга перед обществом и т.д.). Но **ребенок — вовсе не гарант исполнения ваших надежд.**

Самое здоровое желание иметь детей нельзя объяснить логически!

~~~~~~~~~~~~~~~~~~~~~~~~ Умная мысль

Родился сам — помоги другому!

Просто взрослый человек хочет, чтобы в этот мир пришел еще один маленький человек. Пришел с его помощью. Пришел и порадовался жизни. Причем порадовался не так, как считает нужным взрослый, а возможно, как-то по-своему. Задача взрослого вовсе не в том, чтобы сделать его похожим на себя. И не в том, чтобы решить с его помощью свои проблемы.

Это просто желание дать жизнь новой жизни. Без всяких задних мыслей о том, чем это облегчит вам жизнь. Отдать, а не получить. И тогда, как это ни странно, у вас гораздо больше шансов стать счастливым родителем. Если будет только один мотив — получить, вас может ждать разочарование. Здоровый и счастливый ребенок рождается тогда, когда он желанен, когда родители любят друг друга и ребенок является естественным результатом их любви, а не способом решить проблемы.

Такие вот дела с детьми. А нам пора подвести очередные итоги.

Итоги

- *Естественным результатом общения мужчины и женщины являются дети. И они же являются источником множества огорчений и разочарований для родителей.*
- *Существует множество мотивов, по которым люди заводят детей. И только часть из них приводит к тому, что ребенок является желанным и его рождение доставляет родителям радость. Во многих случая ребенок является нежеланным, что обязательно отразится на его психике и здоровье в будущем.*
- *Здоровый и счастливый ребенок рождается тогда, когда он желанен, когда родители любят друг друга и ребенок является естественным результатом их любви.*

О чем не рекомендуется думать во время беременности

> *Жизнь представляет самую счастливую из всех ошибок природы!*
>
> Павел Мороз

Теперь, когда вы чуть-чуть подумали о том, нужен ли вам ребенок и зачем именно, неплохо бы позаботиться о том, чтобы потом не пришлось жалеть или просто испытывать с ним массу проблем в течение многих лет. То есть пришла пора подумать о том, чтобы ребенок был таким, как вам хочется. А для этого нужно не совершить тех ошибок, которые часто делают матери во время беременности, не задумываясь о последствиях своих мыслей и поступков.

Большинство людей считают, что заниматься воспитанием и прочими хлопотами с ребенком нужно будет только тогда, когда он родится или даже станет что-то соображать. Это ошибка. Заботиться о будущем ребенке нужно почти сразу же после зачатия, поскольку именно тогда происходит подбор того, что мы называем «душа» человека. Она (душа) еще не живет в теле — там и тела-то нет, но уже приглядывается к тому, какой будет ее будущая жизнь. У нее начинает формироваться отношение к своим будущим родителям и к жизни вообще. И здесь уже включаются те скрытые от наших глаз механизмы, которые затем проявляются в характере и здоровье ребенка.

• *Жизнь дает свои уроки*

В полной мере через будущего ребенка Жизнь начинает давать нам самые разные уроки. То есть будущий ребенок, еще не родившись, уже начинает заниматься духовным воспитанием своих родителей! Каким образом? Да очень просто! Через ребенка они получают то, что не принимают или осуждают в жизни. То есть пословица «Яйца курицу не учат» в данном случае оказывается ошибочной. Учат, да еще как! Конечно, не сразу, зато долго и основательно.

Вспомним категорическое требование некоторых отцов: «Я хочу только мальчика, девочка мне не нужна!». Скрытый смысл этих слов: я не принимаю ребенка-девочку, я осуждаю девочек. Естественно, у такого родителя с очень большой долей вероятности рождается девочка. Один, второй, третий раз и т.д. Отец получает то, что не принимает в жизни.

Другой вариант мысленных устремлений и требований родителей: пусть будет обязательно здоровый ребенок. Или только умный ребенок. Или только красивый ребенок. И никакой другой! Естественно, когда родители высказывают такое категорическое требование, он получают свою противоположность, то есть то, что они не готовы принять, то есть косвенно осуждают.

• **Два примера**

На одном из наших семинаров встретились две молодые матери, которые рассказали о своих мыслях во время беременности. И о том, что они получили в реальности.

Первая — научный работник, кандидат наук, из профессорской семьи. Естественно, что в ее среде люди очень ценят уровень развития интеллекта человека и сторонятся (презрительно посматривают) людей примитивных, малоразвитых, с простейшими потребностями, то есть у них имеется идеализация образования, развития. Полностью разделяя взгляды своей среды, молодая мать страстно желала, чтобы ее ребенок был интеллектуально развитым. По ее словам, ее мысли относительно будущего ребенка имели примерно такой вид: «Пусть будет некрасивый, пусть со слабым здоровьем, все равно какого пола, но только чтобы был умный!» Когда ребенок родился, он был вполне здоровым. Но потом стали проявляться отклонения в развитии, и в школу он пошел в класс для детей с задержками в развитии. Понятно, что для матери такой ребенок поначалу явился источником огромного дискомфорта. Сейчас она смирилась с судьбой и делает все, чтобы ее ребенок получил то, что может дать ему любящая мать.

Вторая женщина рассказала о том, что она сама имела очень плохое здоровье. Беременность протекала очень тяжело, она почти все время находилась в больнице на сохранении. Естественно, что единственной ее мыслью было: «Лишь бы был здоровым! Пусть глупый, пусть некрасивый, все равно какого пола, но только с хорошим здоровьем!» Понятно, что при таком настрое и ее состоянии здоровья результат, скорее всего, был бы не очень хорошим. Что, собственно, предсказывали ей врачи. Но за полтора месяца до родов она спохватилась и сознательно изменила ход своих мыслей. Она стала мыслить следующим образом: «Приходи ко мне любой, я все равно буду любить тебя! Будешь ты умным или глупым, здоровым или больным, мальчиком или девочкой — я все равно буду любить тебя! Я люблю тебя всякого, только приходи!» И в итоге у нее, вопреки всем предсказаниям, родился абсолютно здоровый мальчик. Врачи были удивлены, как у такой больной матери мог родиться такой здоровый ребенок, это противоречило всему их опыту и здравому смыслу. Но это было.

Поэтому нужно понимать, что с большой долей вероятности мы получаем то, что заранее не принимаем в будущем ребенке. А если мы заранее принимаем в нем все, то ему нет необходимости давать нам какой-то урок.

Но это, к сожалению, не все.

• Разрушение идеализаций родителей

Еще одна функция, которую иногда берет на себя душа ребенка, — это задача разрушения избыточных ожиданий (идеализаций) родителей.

Родители, не задумываясь, часто возлагают на ребенка свои надежды или ожидания, строят по отношению к нему какие-то свои планы: какими чертами характера он должен обладать, какие интересы и устремления в жизни должен иметь, какую сферу деятельности или карьеру выбрать и т. д. И если эти ожидания для родителей очень важны либо они обладают какими-то качествами, проявленными избыточно, то ребенок вынужден будет предъявить им другую сторону жизни. То есть в ребенке уже через несколько лет после рождения могут проявиться те черты или качества, которые противоположны устремлениям его родителей или одного из них, если какое-то качество проявлено в нем очень сильно.

В частности, у избыточно духовных или религиозных родителей может появиться ребенок с преобладающими материалистическими устремлениями.

У родителей, обладающих избыточной мягкостью и деликатностью, может родиться ребенок с врожденной жестокостью.

У суперделовых и озабоченных карьерой родителей — расслабленный и наслаждающейся жизнью во всех ее сладких проявлениях.

У избыточно властных и энергичных родителей — безвольный и безынициативный ребенок, и наоборот.

Внешне это похоже на то, что на любую семью Жизнь отпускает примерно одинаковое количество ума и глупости, доброты и жестокости, духовности и материализма и т.д. И если родители забирают себе чего-то слишком много, то ребенку остается только противоположность. Такое вот интересное распределение, которое обязательно нужно учитывать в своих планах.

Если родители не сумели сами реализовать в жизни какие-то желания и возлагают большие надежды на ребенка, то он, скорее всего, вынужден будет их разочаровать. То есть если мама занималась музыкой, но не достигла больших успехов и желает видеть своего ребенка выдающимся музыкантом, то ребенок явно не будет разделять ее устремлений. Конечно, мама может силой загнать ребенка в музыкальную школу и он будет ходить туда, обливаясь слезами, но результаты этих усилий окажутся огорчительными. При первой же возможности ребенок с облегчением бросит музыку и никогда не будет к ней возвращаться. Особенно если мама будет сильно переживать при этом.

Ну и, конечно, еще раз повторим о необходимости сохранять хорошее настроение во время беременности. Если мать много нервничает, то происходит частое и самопроизвольное сокращение мышц ее живота. Мышцы случайным образом воздействуют на внутренние органы (железы), в результате железы выбрасывают в кровь избыточные количества различных веществ, и эта кровь попадает ребенку, находящемуся в матери. В результате у ребенка происходят нарушения в развитии и он рождается с разными отклонениями, начиная с дерматитов, аллергии и заканчивая более тяжелыми пожизненными заболеваниями. Соответственно, нервная мать на многие годы вперед обеспечивает себе нервную жизнь. А ведь этого можно было избежать, если бы она была более спокойна во время беременности. Как это можно сделать — мы об этом только и рассказываем в этой книге. То есть мысли у беременной женщины должны быть спокойные и позитивные. На деле они бывают более чем странными. Приведем пример таких мыслей.

- ### Письмо читательницы

«Уважаемый Александр. У меня такая проблема. Сейчас мне 25 лет, когда было 23, я морально уже готова была к ребенку, но не могла его завести по другим причинам. И в это время рожает ребенка жена старшего брата моего мужа. Я безумно ревновала и переживала: во-первых, мы узнали об этом только на восьмом месяце беременности, когда они и поженились, во-вторых, он такой бесшабашный, безработный был, а тут рожает ребенка. Ну и в-третьих, я ревновала к родителям мужа, старший брат и так любимый, а тут еще и первый внук от него будет. Мне очень не хотелось, чтобы ребенок рождался, и в душе я мечтала, чтобы он не родился, и в то же время переживала, что о таком мечтаю.

Потом узнали о беременности знакомой — тоже тайно возникали желания, чтобы был у нее выкидыш, хоть на секунду были такие мысли, а потом я раскаивалась.

Потом у друзей (других) как раз и был выкидыш, и я радовалась, что у них не получилось, так как у нас ребенка еще не было. Слава богу, я хоть не знала о беременности до выкидыша, иначе бы я еще и казнила себя, что выкидыш из-за моих злых мыслей.

К 25 мы решили обзавестись собственным ребенком, но не тут-то было. Пробовали мы полгода. В это же время моя лучшая подруга мучалась такой же проблемой, а потом выяснилась, что в начале весны она уже на третьем месяце беременности и минимум два месяца об этом знала, но говорила, что также не может иметь детей. Я недели две была в полной депрессии и даже не сколько потому, что у нас не получалось, сколько потому, что, на мой взгляд, она меня предала. Она меня уверяла, что у нее такие же проблемы, мы их часами обсуждали, а потом оказалось, что она мне врала. Я даже на эти недели перестала с ней общаться, просто не могла. Даже на форум «Хочу ребенка» обращалась, там меня немного успокоили, что у многих страстно ждущих ребенка такие мысли возникают.

Подруга лежала на сохранении, и опять возникали мысли о выкидыше, хоть я и старалась об этом не думать и просить потом прощения.

В конце месяца приехала двоюродная сестра на три дня. Она очень энергичный и увлекающийся человек. За эти три дня просто вдохнула в меня жизнь. Я себя почувствовала вырвавшейся из мертвого царства. Мы много общались и тусовались, и навязчивая идея о ребенке прошла. В жизни было так много интересного, впереди было лето, куча развлечений, и я решила забить на свою проблему до осени. Дня через два-три я забеременела.

Теперь началась другая проблема. У меня не было проблем с вынашиванием, меня не тошнило, как многих подруг, и я гордилась, что я такая исключительная, здоровая и спортивная. И тут на 14-й неделе мне сделали анализ на АФП, и он оказался плохим. Это анализ крови на синдром Дауна, правда, он неточный, его переделали, опять плохой результат, и предложили пункцию. Смысл такой — от пункции 4% выкидышей, ну, и если подтвердится синдром, то пришлось бы решаться на аборт. То, что я желала своим подругам!! С 14-й по 20-ю неделю беременности я постоянно была в состоянии слез, сменявшихся уверенностью, что у меня будет все нормально. Естественно, просила прощения у всех подруг и их рожденных и нерожденных детей. Анализ оказался нормальным. После этого не было никаких негативных мыслей ни себе, ни другим.

А вчера родила лучшая подруга. Пришлось делать кесарево, и я опять на мгновение порадовалась, что вот она такая неспортивная, чего же еще было ожидать. У меня так не будет. Ну и потом раскаяние... Решила написать вам.

Вопрос у меня такой. Это «наказание» с анализом за что? За мои злые мысли по отношению к другим или за гордость за себя, что я такая исключительная? Я не испытываю негативных эмоций за то, что я «лучшая», а наоборот, радость. Так же и когда плохое с другими случается, я тоже радуюсь и только потом раскаиваюсь, что желаю и радуюсь, когда другому плохо! Что мне с этим делать?! Заранее спасибо за ответ, Надежда».

Надежде не стоит бояться чего-либо, поскольку никакого наказания извне за наши мысли не бывает, человек волен делать и думать все, что он пожелает. Это легко заметить, если включить телевизор — там показывают множество людей с самыми разными убеждениями, причем многие из них, казалось бы, должны быть наказаны свыше. А они ничего, живут и здравствуют.

Другое дело, что своими мыслями мы сами создаем себе проблемы.

Например, пока у Надежды не было беременности, она откровенно завидовала своим знакомым и подругам. А что такое зависть? Это мысли типа: «Ну почему у нее есть (беременность), а у меня нет?» Поскольку эти мысли крутились у Надежды в голове часто, то она много раз заявляла Жизни, что у нее «нет беременности». Ее и не было, ее неосознаваемый заказ исполнился.

С другой стороны, Надежда придавала идее беременности избыточное значение, то есть **идеализировала цель**. Соответственно, Жизнь блокировала ей достижение этой цели, доказывая, что и без нее жить можно.

Потом приехала двоюродная сестра и переключила ее на другие цели. Она на время забыла о своем страстном желании, и оно тут же реализовалось, поскольку она перестала идеализировать свою беременность.

Затем у Надежды вылезла очередная идеализация — **идеализация своих способностей**: «я гордилась, что я такая исключительная, здоровая и спортивная». Чтобы доказать ей, что она не такая уж правильная, Жизнь организовала ей плохие анализы. Тем самым она сбила у Надежды гордыню, чтобы она поняла (должна была понять), что ее спортивность ничего не значит, если она неправильно мыслит. То есть ее будущий ребенок был готов родиться с серьезным заболеванием, лишь бы мать получила требуемый урок. Но это было бы не наказание, а воспитательный процесс, хотя принято считать по-иному.

Ну, и, естественно, радоваться чужим несчастьям и желать зла своим ближним, даже если потом раскаиваться, — дело очень плохое, поскольку ваши посылы могут вернуться к вам. Поэтому Надежде нужно постоянно следить за своими мыслями и не пускать туда пожелания зла.

Кроме того, Надежде важно следить за своими мыслями относительно ребенка. Естественно, что она будет желать ему добра, чтобы он был здоровым, красивым, умным и т.д. Но не нужно забывать, что Жизнь может дать то, что вы в ней не принимаете. То есть если в голове будут мысли типа: «Только не мальчик (не девочка)! Только не глупый! Только не больной!» и т.д., то вы получите то, чего опасаетесь. То есть вместо желанного мальчика получите девочку. Вместо «не глупого» получите ребенка с задержкой в развитии. Вместо «не больного» получите больного и т. д. И это будет «подарок» на многие годы вперед, практически до конца вашей жизни. Поэтому мысли у Надежды должны быть совсем другими, примерно такими: «Я жду тебя любого, кем бы ты ни был. Я буду любить тебя, будь ты мальчиком или девочкой, больным или здоровым, умным или глупым, красивым или не очень. Я буду любить тебя любого, приходи, мой желанный! И если ты будешь красивой девочкой (это уже идет ваше пожелание), то я буду радоваться тебе еще больше, если это возможно!»

Примерно такой ход мыслей отменяет воспитательные процессы со стороны Жизни, и даже самая больная мать может родить здорового ребенка. Если же в голове матери будут страхи, сомнения или другие переживания, то она своими мыслями притянет к себе то, чего боится.

Кроме того, у Надежды есть явная **идеализация отношений** — она сильно переживала, когда выяснила, что ее подруга скрыла свою беременность. А подруга просто защищала своего ребенка от возможной зависти и злобы — ведь она наверняка знала, как Надежда реагирует на чужую беременность. Она поступила мудро, а Надежда ее осудила, поскольку поведение подруги не совпало с ожиданиями Надежды. Но ведь это была проблема Надежды — у нее были избыточно значимые для нее ожидания, как должна вести себя подруга при наступлении беременности. В итоге Надежда обиделась на подругу, хотя нужно было поработать со своими ожиданиями.

В общем, люди могут испытывать множество самых разных мыслей и желаний, и многие из них могут сказаться на характере и здоровье будущего ребенка.

• Что делать

Что же делать будущей маме, как избежать своего же негативного влияния на своего ребенка? Это несложно. Нужно всего лишь максимально избегать разного рода негативных переживаний (радостных — сколько угодно) и не иметь каких-то избыточных ожиданий от него. Позвольте ему просто прийти к вам, поскольку вы заранее рады ему.

То есть нужно следить за своими мыслями и сделать так, чтобы в голове не было страхов, сомнений или любых других негативных эмоций. Не отвергайте никаких качеств вашего будущего ребенка, и тогда все у него будет благополучно.

Понятно, что хорошие мысли в голове не отменяют всех остальных рекомендаций врачей: хорошего и правильного питания, сохранения назначенного ими режима и т.д. Просто хорошие мысли и выполнение рекомендаций врачей дадут вам желанный результат — замечательного ребенка, который будет доставлять вам радость на многие годы вперед.

• Как насчет аборта

Здесь же, наверное, можно затронуть не очень приятную тему абортов. Можно ли делать аборты, является ли это большим грехом или это обычная медицинская процедура, не имеющая негативных последствий?

Ответ на этот вопрос вытекает из всей логики наших предыдущих рассуждений.

Если вы думаете (уверены, боитесь), что аборт является грехом и за него последует наказание, то так и будет. И наказывать вас будет не Бог, а вы сами — своими страхами и самоосуждением вы привлечете неприятности в свою жизнь. Нужно сказать, что множество людей, особенно высокопримативных и жаждущих поделить людей на «агнцев и козлищ», стремится внушить женщинам идею о недопустимости аборта. Религия тоже очень критично относится к этому процессу. Государство не одобряет аборты среди коренного населения, хотя и разрешает их. Все вместе они создают общественное мнение, которое может стать источником самоосуждения для женщин, решившихся на аборт. А самоосуждение, как понимаете, ни к чему хорошему привести не может. Длительное самоосуждение и чувство вины может дать любое заболевание, вплоть до онкологии. И это заболевание создаст не Бог или какие-то внешние враждебные силы, а вы сами.

Если же вы отнесетесь к этой процедуре просто, не испытывая страхов и вины, то никаких последствий она иметь не будет. Возникли некоторые обстоятельства, когда женщина беременна, а рожать ей нельзя. Она имеет полное право на ту жизнь, которую она желает иметь: на жизнь с ребенком или без него. Жизни все равно, будет на земле одним человеком больше или меньше в данный момент. Душа бессмертна, и когда именно она родится, не имеет никакого значения.

Происходит ли что-то с душой нерожденного ребенка? Скорее всего, ничего. Если исходить из системы знаний, принятой в восточных учениях, душа заселяется в тело младенца только после его выхода из тела матери. Первый крик младенца как раз и означает, что душа заняла свое место и требует внимания.

Скорее всего, в момент зачатия начинается только процесс подбора той души, которая согласится затем родиться в теле младенца. Она присматривается к родителям и примерно представляет себе, что ее ждет в будущем, какие уроки она сможет получить именно в этой семье. Или дать своим будущим родителям.

Иногда душа в последний момент передумывает заселяться в тело, и тогда младенец рождается со слабыми признаками жизни. Скорее всего, в этот момент идет срочный подбор другой души, желающей занять освободившееся место. На это уходит несколько минут. И если младенец, вроде бы не подававший признаков жизни, вдруг «приходит в себя» и начинает кричать, то это означает, что замена найдена. Скорее всего, эта душа окажется чуть менее качественной, чем запланированная к «заселению» раньше, то есть у нее будет больше проблем в жизни. Но родители все равно не знают, что должно было родиться, и радуются тому, что есть.

Если исходить из этой процедуры заселения тела младенца, то аборт не является убийством. Нерожденный младенец — всего лишь «заготовка» для будущего человека. И если эту «заготовку» по каким-то причинам изымают из тела матери, то освободившаяся душа начинает присматривать себе следующего младенца. Конечно, она может быть огорчена, что ее планы не реализовались, но все равно она остается «первой» в очереди на заселение в человеческое тело, и это происходит при ближайшей возможности.

Что же делать, если окружающие навесили на вас негативную программу в форме чувства вины из-за проведенного аборта и она гложет вас? Почитайте формулу прощения себя несколько часов. Попросите прощения у души нерожденного вами ребенка. Поймите, что ничего в этом мире не происходит без ведома Бога. И если он допустил аборт, то, значит, ваш потенциальный ребенок мог не приходить в наш мир в этот раз. Если бы Богу было угодно, чтобы он родился, никакие ваши усилия сделать аборт не принесли бы успеха. Такие случаи хоть редко, но бывают. Так что успокойтесь и радуйтесь жизни, Бог любит и заботится о вас. Хотя это не значит, что он одобряет такой способ контроля рождаемости. Будьте осознанны, используйте более современные средства контрацепции.

На такой позитивной ноте мы заканчиваем рассуждения о беременности и переходим к итогам.

ИТОГИ

- *Мысли матери во время беременности могут радикально повлиять на то, какими особенностями будет обладать будущий ребенок.*
- *Если мать не готова принять какую-то черту характера, пол или состояние здоровья будущего ребенка, то она с большой вероятностью получит то, чего опасается (или отвергает, осуждает).*
- *Чтобы избежать воспитательных процессов со стороны Жизни, необходимо быть готовым принять и любить любого ребенка. Хотя при этом можно заявить Жизни, что именно было бы вам предпочтительнее.*
- *Если у родителей имеются какие-то явно выраженные идеализации, то, с большой вероятностью, ребенок будет обладать чертами характера или устремлениями, которые будут направлены на разрушение идеализаций родителей (или одного из них).*
- *Аборт не является убийством кого-либо, это обычная медицинская процедура, хотя и не из приятных.*

Ваш ребенок — юный гений

> *Некоторым родителям следовало бы научить детей ничему у них не учиться.*
>
> Сардоникус

Теперь допустим, что все ошибки периода беременности вы благополучно миновали и на свет появилось новое замечательное существо — ваш ребенок. Понятно, что хлопот при этом прибавляется, и большинству людей они знакомы, поскольку все когда-то были младенцами, но только не все помнят об этом славном периоде своей жизни.

Сводятся ли хлопоты по выращиванию вашего ребенка только к вопросам правильного кормления и ухода? Конечно, нет, но мало кто из родителей об этом задумывается.

Только что родившийся ребенок является открытой и чистой книгой, в которую навсегда записывается то, что он видит, слышит, ощущает, особенно в первые годы своей жизни. И то, насколько будет развит будущий взрослый человек, какими интересами или личностными качествами он будет обладать, во многом зависит от первых трех-четырех лет жизни младенца. А родители обычно ждут, когда он подрастет и научится говорить, чтобы заняться его развитием. Конечно, учиться никогда не поздно, как завещал нам классик революции. Но то, насколько легко ребенок (а потом и взрослый) будет усваивать знания и какие из них ему будут близки, а какие будут неинтересны, во многом зависит от того, каким было его младенчество.

Раньше в деревнях было принято пеленать младенцев и на полдня убирать их за печку, чтобы они не мешали родителям заниматься своими бытовыми делами. Что мог увидеть или услышать младенец за печкой, какие основания для развития мог получить его мозг и нервная система? Понятно, что практически ничего. В итоге из младенца вырастал не обремененный избыточным интеллектом взрослый, не способный к усвоению каких-либо наук. Зато лучшим образом приспособленный к простой и тяжелой физической работе, не требующей никаких интеллектуальных усилий.

Сейчас времена изменились, любой труд, в том числе в сельском хозяйстве, становится механизированным и автоматизированным, в нем применяются сложные технологии, поэтому он требует работников с немалым уровнем интеллекта. А это является дефицитом, особенно в сельском хозяйстве.

Понятно, что причин этому много, но и способ воспитания младенцев вносит свой вклад в это состояние нашего общества.

Чтобы ребенок был умным, его мозгу нужно давать как можно больше пищи для обработки прямо с первых дней жизни.

Понятно, что и качество этой «пищи» имеет свое значение.

То есть если родители не прячут младенца за печку, но сами они обходятся минимумом слов, то ребенок получает минимум возможностей для развития. Если родители активно общаются, но это общение происходит в форме ругани и выяснения отношений, то младенец, не понимающий смысла слов, но хорошо чувствующий их интонацию (как животные), делает про себя вывод, что мир — это жестокое и суровое место, где нужно постоянно бороться за выживание. У него вырабатывается внутреннее убеждение, что наш мир — это опасное место, где все время происходят неприятности, где нужно бороться за свои права и т.д. А Жизнь, как известно, всегда исполняет наши внутренние убеждения, то есть уже во взрослом возрасте будет подбрасывать ему разные нерадостные события, чтобы подтвердить его убеждение. Понятно, что при таком настрое из младенца вряд ли вырастет хороший педагог, ученый, художник и т.д. Ему некогда будет творить, нужно будет бороться с проблемами, которые он неосознанно будет выпрашивать у Жизни.

Если же младенец растет в семье высокоразвитых людей, где между родителями существуют хорошие отношения, постоянно происходит доброжелательный обмен информацией, то младенец получает немало возможностей для развития. Если в доме часто играет хорошая музыка, дом обставлен со вкусом, лексикон родителей включает в себя множество слов, особенно на нескольких языках, то младенец имеет лучшие условия для развития интеллекта. Если, конечно, родители сами занимаются воспитанием ребенка, а не отдают его малограмотной няне или бабушке. Если няня или бабушка имеет хорошее образование, активна и занимается развитием ребенка с самых первых дней его жизни, то младенцу повезло — она может дать ему многое уже в самом раннем возрасте. Если же у них самих проблемы с интеллектом, то няня или бабушка, какой бы заботливой она ни была, может передать младенцу не больше, чем имеет в голове и в лексиконе сама. А лексикон бабушек по отношению к младенцам часто ограничивается набором «гули-гули» и «у ты мой хороший». И все.

Общение ребенка со взрослыми людьми можно проиллюстрировать следующим примером. Допустим, ваш самолет потерпел крушение над Африкой и вы попали в племя людоедов. Вас посадили в клетку, и вы судорожно гадаете, какая судьба ждет вас: съедят ли вас сегодня на ужин или оставят поправляться до следующей недели. Все попытки договориться бессмысленны — дикари не понимают вашего языка, а вы — их. Вам остается только одно — наблюдать за жестами, прислушиваться к интонации окружающих и делать выводы. Так и младенец — он на своем языке пытается объяснить нам, что не хочет, чтобы его пеленали или кормили сверх желания, но взрослые дикари, то есть родители, не понимают этого и делают все по своему. Поэтому ему остается только по их жестам и звукам делать выводы, каким будет его будущее и как нужно жить среди этих странных существ под названием «люди».

В общем, что посеешь, то и пожнешь. Посеешь интеллектуальную пустоту, ее и получишь в будущем взрослом. Посеешь одну заботу — пожнешь большую душевность и ничего больше. Дашь младенцу заботу и развитие — получишь развитого и душевного взрослого.

И это все при условии, что вы выполняете все остальные требования по питанию и физическому развитию младенца.

Интересный случай

> В уссурийской тайге геологами был найден ребенок, воспитанный стаей дятлов. Через неделю он всех задолбал.
>
> Андрей Кивинов

• Как насчет гения?

Что же нужно делать, чтобы вырастить гения? Понятно, что под словом «гениальность» подразумевается очень высокий уровень интеллектуального развития, который затем может проявиться в любой сфере нашей жизни: в науке, бизнесе, искусстве и т.д. Большинство родителей мечтают об этом, но не прилагают для этого усилий в тот момент, когда это особенно нужно. Большинство считает, что развитие можно получить в престижной школе или университете. Действительно, там можно получить хорошее образование, но стать гением, то есть достичь выдающихся результатов, там нельзя. Учебные заведения предназначены для передачи знаний, а не для развития талантов. Талант может лишь получить дополнительную огранку в хорошем учебном заведении. Но если человек талантлив, то при нормальном отношении к жизни он и в обычном учебном заведении получит больше, чем бесталанный ученик в самом престижном училище.

В общем, талант либо есть, либо его нет. Принято считать, что талант дается Богом, от людей он не зависит. Сегодня совершенно точно установлено, что зависит, и в первую очередь, от той среды, в которой ребенок пребывает в первые три-четыре года своей жизни.

Если эта среда доброжелательна, дает много пищи для размышлений и развития, то мозг младенца активно развивается и из него вырастает то, чем люди затем восхищаются. Они сами не стали такими, поскольку их родители не дали им достаточного развития в первые годы их жизни. Это ни хорошо, ни плохо, просто наша реальность такова. Но вам ничего не стоит изменить ее и создать вашему будущему ребенку все условия для развития его мозга. В итоге вы через несколько лет получите то, что даст вам все основания для гордости.

Что нужно делать, если вы желаете, чтобы из вашего младенца выросла неординарная личность? Условий здесь немало.

Прежде всего ему нужно дать свободу. Понятно, что все имеет свои пределы, но чем больше возможностей для самостоятельного познания мира он будет иметь, тем лучше.

Затем нужно создать младенцу условия для интенсивного интеллектуального развития. Информация, которую мозг младенца может получать и затем использовать для развития, поступает к нему по нескольким каналам. Они хорошо известны.

Тактильный, или осязательный, канал. Ребенок должен иметь множество игрушек самой разной формы, цвета и материалов, чтобы он мог ощущать их и научиться понимать, что вещи имеют разную форму и материал. Руки родителей — тоже один из путей познания мира, и существует множество рекомендаций, как общаться с ребенком в самом юном возрасте. Если ребенок все время туго спеленат (что очень удобно родителям), то его тактильный канал общения с миром не работает.

Зрительный канал. Чтобы мозг получал информацию по этому каналу, ребенок должен видеть множество разных картинок, познавать многообразие цветов. Чем больше видит ребенок, тем больше работает его мозг, пытаясь понять, что же происходит вокруг. Поэтому хороши любые способы, позволяющие ребенку увидеть что-то новое своими глазами. И желательно, чтобы картинки были разные, а не один и тот же вид комнаты или двора. То есть чем больше вы будете перемещать младенца по городу или поселку, включая дальние поездки, тем лучше. Конечно, при этом он не должен лежать в глубокой корзине или коляске, а должен видеть многообразие мира своими глазами.

Определенную помощь мог бы оказать в этом отношении телевизор, но там показывают слишком много насилия и катастроф. Конечно, младенец не может понять, что именно происходит на экране. Но он явно будет ощущать, какого рода идет передача — по интонациям людей, которые что-то говорят на экране. Полезными могут быть только детские и познавательные передачи о путешествиях, природе, животном мире и т.д.

Звуковой канал. Это канал, который родители не могут перекрыть даже при большом желании. Ребенок все слышит, его мозг обрабатывает услышанное и строит свою картину мира, учится распознавать мир по звукам. И в зависимости от того, что он услышит, такой и будет его картина мира.

Если между родителями существуют хорошие отношения, они активно общаются между собой и с ребенком, то младенец получает много информации для развития. Если же родителям некогда, и все общение с ребенком сводится к фразе: «У-у-у ты мой безмозгленький», то и результат будет примерно таким. Как говорится, как корабль назовете, так он и поплывет.

Относительно возможных проблем общения младенца с бабушками мы уже рассказывали. Но, кроме скудного набора слов, бабушка может снабдить ребенка, например, своими страхами. Или, например, если у ребенка сложности с наличием папы, то в речах бабушки явно будет преобладать мотив: «Ах ты, несчастненький, сиротинушка, безотцовщина», то есть ему сразу будет внушаться позиция жертвы, которую он затем будет бессознательно отрабатывать.

Поэтому желательно воспринимать даже самого маленького ребенка как самостоятельную Личность, пусть еще не обладающую необходимыми знаниями для общения и пачкающую пеленки. Но пройдет несколько лет, и ваши вроде бы бессмысленные разговоры с младенцем вернутся вам развитым и смышленым ребенком с высоким чувством собственного достоинства. А это многого стоит в нашем мире людей, большинство из которых испытывает переживания по поводу своего несовершенства.

Большое значение для развития ребенка имеет музыка. Но и здесь не все просто. Как вы знаете, музыка бывает разная: классическая, популярная, рок, частушки, фольклорная и т.д. И каждая из них оказывает свое воздействие на человека, будь то взрослый или младенец.

Здесь нужно учитывать, каковы корни музыки и какие скрытые мотивы заложены в ней. Например, многие русские народные песни обычно отражают идею страданий, печали и безысходности. Понятно, что частое прослушивание таких песен будет бессознательно создавать у ребенка ощущение обреченности и безнадежности бытия. А с таким настроем трудно будет потом преуспевать в жизни.

Современные быстрые и ритмичные мелодии — это хорошая музыка, но она отражает психологию несложного существа, радующегося жизни по типу: шел, нашел банан, съел — порадовался. Поймал червячка, съел — порадовался и т.д. В итоге подобные мелодии развивают только чувственные и потребительские аспекты психики младенца (энергии второй чакры), «заземляют» устремления души ребенка. Ребенок, выросший на таких мелодиях, очень сильно будет устремлен на потребительский стиль жизни, будет испытывать большое желание получить как можно больше материальных и иных благ (деньги, секс, алкоголь и другие удовольствия). И будет обладать минимальной способностью к благородным порывам души.

Более высокие устремления развивает классическая музыка (понятно, не вся, а только хорошая). Она развивает самые благородные струны в душе человека: человечность, благородство, открытость, милосердие и т.д. Но классическая музыка обычно слишком сложна даже для взрослых, не имеющих музыкального образования, не говоря уже о младенцах. Поэтому для развития младенцев желательно использовать специально адаптированную для них классическую музыку. Но где же ее взять? Оказывается, она есть.

• Специальные записи

Понимание важности развития мозга человека с первых дней его жизни пришло совсем недавно, и в первую очередь в высокоразвитых странах. Там появились специальные развивающие и обучающие программы для младенцев возрастом от одного месяца. Обычно это небольшие видеофильмы, адаптированные к восприятию младенцев. Родители включают телевизор и показывают своему младенцу видеофильм серии «Юный Бетховен», «Юный Леонардо» и тем самым получают полчаса свободного времени. А ребенок получает прекрасную программу, развивающую его музыкальные или изобразительные способности и тренирующие его мозг. Подобные программы пользуются огромным спросом у детей и их родителей.

В России тоже разработаны подобные видеофильмы для малышей от одного месяца. Они помогают ро-

дителям раскрыть безграничные способности их малыша, знакомят его с классической музыкой, родным языком, окружающим миром, цветом, формами и цифрами.

Один из таких фильмов называется «Маленький гений в мире игрушек». Этот фильм — адаптированное для младенческого возраста игровое представление, развивающее воображение малыша. Весь фильм сопровождается специально подобранной и адаптированной музыкой Моцарта. Опыт использования такой музыки показывает, что она имеет уникальную целительную силу и чудесным образом способствует умственному развитию ребенка, улучшает его настроение, сон, аппетит, развивает замечательный музыкальный вкус и душевные качества.

Второй фильм называется «Маленький гений в мире красок». С его помощью будущий гений впервые знакомится с цветом и красками, учится их различать и узнавать, учится произносить название цветов и очень радуется веселому приключению Кисточки — героини фильма. Этот фильм — первая экскурсия малыша в мир красок, действие на экране сопровождает радостная классическая музыка.

Третий фильм называется «Маленький гений в мире слов». Этот фильм — яркое представление, развивающее речь малыша. Педагогам хорошо известно, что развитие речевых способностей в течение первых трех лет жизни малыша определяет уровень его будущих интеллектуальных возможностей. Эта уникальная программа будит стимулировать запоминание слов родного языка, навыков употребления простых речевых оборотов. Ребенок будет легко запоминать стихи, частушки, песенки — великое наследие русского народного творчества.

Четвертый фильм знакомит будущего гения с миром Природы, с миром животных и растений, с обитателями воды и птицами. Авторские игрушки проведут увлекательную экскурсию для малышей в зоопарке, на ферме и во дворе. Он услышит забавные звуки, которыми общаются животные и птицы, узнает те цвета, в которые раскрашен этот мир.

Это только первые фильмы из серии «Маленький гений», а в дальнейшем их число будет возрастать. Выпуском фильмов и сопутствующих им товаров для малышей занимается фонд «Маленький гений». Каталог его продукции можно получить, если послать запрос по адресу: 109387, Москва, ул. Ставропольская, д. 14, «Разумный путь», или посмотреть на сайте www.sviyash.ru

Эти фильмы и игрушки будут чудесным подарком малышу и отличным помощником родителям в деле развития интеллектуальных способностей своего ребенка.

На этом мы заканчиваем рассказ о путях «выращивания» домашнего таланта и переходим к итогам.

Итоги

- *Уровень интеллектуального развития ребенка закладывается в первые годы его жизни. Если он получает большое количество информации для размышлений, то его мозг имеет отличные условия для развития.*
- *Если вы хотите вырастить из вашего малыша будущего гения и реализовать те безграничные возможности, которые даны каждому из нас от рождения, то нужно заниматься его развитием с первых дней жизни.*
- *Ребенок получает информацию об окружающем мире по тактильному, зрительному и слуховому каналам. Поэтому нужно давать возможность ребенку получать как можно больше информации по каждому из этих каналов.*

- *И это должна быть не просто какая-то информация, а способствующая развитию у ребенка позитивных качеств и способностей.*
- *Большую помощь родителям в этом вопросе могут оказать специальные видеофильмы из серии «Маленький гений», которые специально разработаны для развития малышей самого младшего возраста.*

Секс — когда он не в радость

Некоторым для того, чтобы заняться любовью, приходится себя насиловать.

Ничто так не связывает мужчину и женщину, как секс. Кто-то посчитает это утверждение спорным. Да, бывают, конечно, и другие варианты, объединяющие их, но здесь мы рассмотрим именно это явление, изначально предусмотренное Природой как мощный фактор взаимного притяжения.

Секс — это удовольствие, это огромный энергетический всплеск, яркие и запоминающиеся переживания. В жизни некоторых людей это чуть ли не единственное «достойное» удовольствие, которое они могут себе позволить.

Секс многогранен, можно обсуждать самые разные стороны этой темы. Здесь мы выделим только один аспект секса — энергетический.

• Секс как способ энергетической защиты

Секс называют встречей шаровых молний и разрядом грома. Его сравнивают с извержением вулкана, с девятым валом. Обратите внимание, все эти ассоциации связаны с буйством стихии.

Почему? Потому что в момент кульминации секса человек испытывает огромное потрясение. А что такое это потрясение? Это не что иное, как накопление огромного количества энергии и резкий прорыв, ее освобождение.

Представьте себе вулкан. Годами, тысячелетиями внутри него спит лава. Постепенно она начинает нагреваться, подниматься, распирать вулкан и вырывается наружу столбом пламени и раскаленных брызг, потрясая землю на несколько километров вокруг. Вспомните, когда у вас был долгожданный сексуальный контакт с желанным партнером. Разве это не было похоже на извержение Везувия?

Таким образом, в ходе сексуального контакта партнеры испытывают острое энергетическое возбуждение. А мы знаем, что для очистки нашего энергетического тела от всех напастей рекомендуется использовать сильный энергетический всплеск позитивной направленности.

Хороший секс, то есть яркий, сопровождающийся сильными эмоциями и ощущениями, отвечает этим требованиям. То есть смело можно утверждать, что в момент секса происходит очистка нашего энергетического тела от разного рода внешних энергетических «навесок» и от некоторых накоплений собственных негативных переживаний (негативных мыслеформ).

Что такое «навески»? Это не очень приятное явление возникает, когда кто-то на нас недобро посмотрел, мы это заметили и заострили на этом свое внимание. Когда нас кто-то покритиковал, а мы «зацепились» за это. Когда мы постоянно возвращаемся мыслями к тому человеку, к тем словам или обстоятельствам, которые неприятны для нас. Физически это ощущается как подавленность, беспокойство, упадок сил, тревога, повышенная нервозность, раздражительность.

То есть мудрая Природа при создании человека предусмотрела специальный механизм нашей защиты и очистки от стрессов — с помощью секса.

Следовательно, если человек регулярно занимается сексом и испытывает при этом всю гамму полноценных ощущений позитивного характера, то он может не бояться мелких напастей. А полноценное возбуждение и разрядка происходят только тогда, когда чисто сексуальное влечение (энергии второй чакры) соединяются с любовью, то есть с обменом душевными энергиями (энергии четвертой чакры).

• Если секс не по любви

Понятно, что все эти рассуждения относятся только к полноценному сексу, которым вы занимаетесь с удовольствием с любимым человеком, а не по обязанности, по принуждению или... по работе.

Секс по обязанности имеет место в семьях, где уже нет любви между супругами, но они по-прежнему живут вместе, и один из них (чаще мужчина) периодически испытывает потребность в сексуальной разрядке. Поскольку супруги спят обычно в одной постели, то наиболее удобным и нехлопотным способом получения сексуального удовлетворения является секс с тем, кто находится у тебя под рукой, а точнее, под боком. Понятно, что никакого полноценного энергокольца здесь не возникает из-за отсутствия сердечной (душевной) близости между супругами, а имеет место чисто механическое воздействие на тело и оргазм того из супругов, кто накопил избыточный энергетический потенциал. Соответственно, защитные и оздоровительные свойства этого процесса очень невелики. Эту форму секса мы отнесли к категории **«секс по обязанности»**, поскольку никакого насилия здесь нет, а имеет место лишь пассивное предоставление своего тела для сексуального действа в связи с должностными обязанностями жены (иногда — мужа). Это процесс добровольный, вызванный опасениями потери хоть нелюбимого, но все же имеющегося в наличии мужа.

Ведь если его не любить и не предоставлять ему возможности для удовлетворения его вполне естественных потребностей в сексе, то он начнет искать это на стороне. И никто не знает, чем все эти походы «на сторону» закончатся. Ведь если другая женщина будет давать мужчине более яркие и сильные ощущения, то ему наверняка захочется иметь их почаще, то есть он захочет переместиться туда навсегда. Эти совершенно простые рассуждения обычно лежат в основе «секса по обязанности», который является главной формой сексуальных отношений в семьях, где супруги живут вместе больше 7—10 лет, то есть в подавляющем большинстве семей. Задуманный Природой механизм оздоровления человека через секс в данном случае работает неэффективно.

Вторая форма секса — **«по принуждению»**. Это может быть прямое насилие, когда у женщины не спрашивают согласия на половой акт, а используют ее тело для секса. Либо это более мягкий вариант, когда женщина (редко — мужчина) сама соглашается вступить в половой акт с целью получения каких-то внешних выгод. Например, для получения желанного рабочего места или продвижения по службе, для сокрытия какой-то информации, чтобы отомстить любимому и т.д. Понятно, что в этом случае никакого обмена душевными энергиями нет, скорее наоборот, имеют место сильный выброс негативных эмоций, скрываемый или явный (при изнасиловании). Некоторое удовольствие от этого процесса испытывают мужчины, которые наряду с чисто энергетическим удовольствием при оргазме могут испытывать чувства удовлетворения собственного тщеславия, значимости, гордыни, презрения к сексуальной партнерше и т.д.

Секс **«по работе»** понятен — есть потребность у многих мужчин и некоторых женщин в получении удовольствия через половой акт, и они готовы платить за него деньги. Раз есть спрос, возникает и предложение. Женщины и мужчины за деньги предоставляют свои тела для удовлетворения половых потребностей клиентов. Мужчинам продавать себя, конечно, сложнее, поскольку от них требуется как минимум эрекция, а это довольно сложный процесс, требующий хоть минимальной душевной близости, которую не всегда можно создать по отношению к клиентке. Хотя говорят, что все это — вопрос профессионализма.

Конструкция женского тела не требует таких усилий над собой.

Понятно, что при таком сексе никаких обменов душевными энергиями не происходит.

• Что происходит при сексе

Что же происходит во время секса с биоэнергетической точки зрения? Постепенно нарастает возбуждение, то есть в организме интенсивно начинают вырабатываться дополнительные порции энергии. Откуда они берутся?

Скорее всего, они просто перераспределяются в теле, то есть собираются отовсюду и сосредотачиваются в области второй чакры. Такой вывод о простом перераспределении энергий возникает из того простого факта, что очень усталый или находящийся в депрессии (то есть в «проваленном» в энергетическом смысле) человек не может испытать полноценного возбуждения, как его ни возбуждай.

Энергии собираются во второй чакре и в момент кульминации выбрасываются из организма. В общем, происходит освобождение организма от лишних энергий.

А теперь давайте вспомним, где у людей резко повышается сексуальная активность? Правильно, на отдыхе. Там, где есть хороший сон, трехразовое питание (обычно к этому добавляется и очень калорийная выпивка), свежий воздух, разминка физического тела (зарядка, танцы, походы, купание и пр.), голова свободна от текущих забот и не забирает энергию, полно свободного времени. Организм интенсивно восстанавливается, и когда «внутренние аккумуляторы» полностью заряжаются, то возникает естественная потребность избавиться от избытка энергии, желательно с удовольствием. Именно поэтому у большинства людей на отдыхе резко повышается влюбчивость и сексуальная активность, а при возвращении в обычную повседневную суету, отнимающую множество энергии, потребность в сексе резко падает.

Короткий диалог

— Ты меня любишь? — спросила Ева.
— А что делать... — горемычно вздохнул Адам.

Андрей Кивинов

• Когда секс не в радость

Понимая этот энергетический механизм, можно легко предсказать, когда человек начинает избегать секса. Он старается пореже заниматься этим, когда испытывает недостаток жизненных сил. Куда обычно девается наша энергия, подробно рассмотрено в книге «Хочешь быть здоровым? Будь им!» [4]. Здесь лишь повторим основные источники утечки наших жизненных сил:

- *множество сил забирает интенсивная работа, как физическая, так и умственная;*
- *хроническое недосыпание приводит к истощению наших «аккумуляторов»;*
- *избыточное сочувствие и сопереживание есть процесс интенсивной отдачи наших жизненных сил другому человеку, в результате чего энергетическое тело разряжается;*
- *постоянный и неконтролируемый бег мыслей в голове есть процесс непрерывной посылки ваших жизненных энергий тому человеку, о котором вы думаете;*

- *постоянные негативные переживания есть процесс накопления негативных мыслеформ и блокировки естественных энергетических потоков в теле человека, в результате чего его энергетика падает;*
- *однообразная и неинтересная работа (домашнее хозяйство) часто приводит негативному восприятию своих действий и как результат — к оттоку жизненных сил;*
- *сильный выброс энергий происходит во время конфликтов, при частых скандалах возникают проблемы с энергетикой.*

Понятно, что существуют и другие каналы, по которым у человека могут забираться жизненные силы. Важно то, что в результате он ощущает себя усталым, обессилевшим, стремящимся только отдохнуть. Чаще такие состояния испытывают женщины, на которых ложатся хлопоты по дому, воспитанию детей, обычно совмещенные с зарабатыванием денег. Женщина устала и мечтает только об отдыхе, а тут муж: «Хочу секса!» Естественно, ее инстинкт выживания протестует против такого насилия и уменьшения жизненного потенциала, организм не хочет избавляться от энергии (при оргазме), которой и так в недостатке. Все это выливается в полное отсутствие желания секса, что часто воспринимается мужчинами с обидой.

У мужчин та же история. Если мужчина много работает, то он расходует весь свой потенциал в ходе работы, и на секс ему просто нечего «потратить». Организм начинает защищаться от вредного процесса потери энергии через блокировку возбуждения, то есть через импотенцию. Понятно, что у импотенции может быть множество причин, но и отсутствие лишних энергий является одной из них. Энергии немного, и она может пойти либо вверх — для работы головы, либо вниз — к половому органу, на оба места ее не хватает. Именно поэтому интенсивно работающие головой бизнесмены часто бессильны в половом отношении. Они пользуются большим спросом у женщин (высокий ранг в иерархии человеческих особей), но лишней энергии на секс у них нет, разве что на отдыхе. И наоборот, «низкоранговые» мужчины, занимающиеся примитивным трудом без интеллектуальной нагрузки, имеют большой энергетический ресурс и большую сексуальную активность, которая часто оказывается невостребованной женщинами.

Стих в тему

*Если жизнь излишне деловая,
Функция слабеет половая.*
И. Губерман

Так что секс становится не в радость тогда, когда у вас нет лишних энергий, которые вы могли бы с удовольствием потратить в половом акте.

• Почему мужчинам секс нужен больше

Принято считать, что мужчины являются более сексуально озабоченными. Причин этому много. Одну из них — инстинктивную, проявляющуюся в стремлении «покрыть» как можно больше самок, мы уже рассматривали. Мужчине общество прощает сексуальную активность. Женщине — нет. Хотя сейчас мы более демократично относимся к образу женщины-вампа и даже находим его модным и привлекательным, но все же традиционно считается правильным, если мужчина проявляет инициативу первым, а женщина либо соглашается, либо нет (и лучше, если нет, или хотя бы не с первого раза!).

Другая возможная причина — это избыток энергии, которая не тратится в домашних хлопотах, в уходе за детьми и т.д. Мужчины много едят, пьют, занимаются физическим трудом — все это способствует накоплению энергии. Именно поэтому мужчинам секс нужен более часто и даже без душевной близости — лишь бы разрядиться.

Кроме того, для мужчин секс требует напряжения определенных мышц, которым, как и любым мышцам нашего тела, необходима постоянная тренировка, иначе они ослабевают и перестают работать (именно отсюда проблемы с сексом у моряков дальнего плавания, заключенных и т.д.). Мужчинам секс нужен не реже пары раз в месяц, иначе возникает все та же импотенция.

Все эти причины поневоле вынуждают мужчин уделять этой стороне жизни большее внимание, чем уделяют ей женщины. Понятно, что бывают суперсексуальные женщины и индифферентные к сексу мужчины, но это скорее отклонение от стандарта.

Наблюдение из жизни

Супружеский долг отдавал под угрозой дефолта.

Борис Крутиер

• **Алкоголь**

Все знают, что алкоголь (в больших количествах) снижает потенцию. За счет чего? Одна из причин — чисто энергетическая. Алкоголь — это продукт, который для своего усвоения (расщепления) требует больших начальных энергетических вложений. Поэтому организм легко находит в себе ресурсы для усвоения небольших порций алкоголя — в результате принятия небольшой дозы повышается активность, в том числе сексуальная. Если же выпить много, то у организма не хватает ресурсов, чтобы быстро усвоить весь алкоголь (тем более что он расстраивает нормальное течение процессов пищеварения через воздействие на «главный компьютер» — мозг). В результате возникает похмелье, признаки которого (трясутся руки, больно шевелиться) явно указывают на полное энергетическое истощение. Человек становится большой «энергетической дырой», какой тут секс с его выбросами излишков — на жизнь-то не хватает!

• **Рекомендации**

Какие выводы можно сделать из всего изложенного выше? Их несколько.

Мужчинам можно порекомендовать следующее. Если вы хотите иметь в жизни такую радость, как секс, то нужно иметь избытки энергии самому и постараться сделать так, чтобы и ваша жена (любимая женщина) имела их тоже. Нужно постараться не загружать ее избытком работы, а, наоборот, создать возможность для отдыха. Нужно не «доставать» ее претензиями и конфликтами, а постараться создать хорошее настроение и т.д.

Женщинам можно порекомендовать более лояльно относиться к мужской сексуальной озабоченности — она обусловлена строением их тел и врожденными инстинктами, которые порой оказываются сильнее сознательного выбора. Не стоит использовать эту потребность для манипуляции мужчинами — подобная спекуляция никогда не приводит ни к чему хорошему. Нужно уважать друг друга, и тогда секс будет в радость вам обоим. А мы пока подведем очередные итоги.

ИТОГИ

■ *Мудрая Природа предусмотрела приятный способ продолжения человеческого рода — секс. И он же одновременно имеет большой оздоровительный эффект, поскольку является сильным энергетическим всплеском, во время которого наше тело очищается от разного рода энергетической грязи, своей и полученной от других людей.*

■ *Семейная жизнь обязывает людей выполнять какие-то обязанности, порой против их желания. Так и секс может быть желанным, а может быть вынужденным. При таком сексе уровень возбуждения и обмена внутрен-*

ними энергиями между мужчиной и женщиной гораздо меньше. Значит, и защитные или восстановительные свойства такого секса понижены.
- *Оргазм есть процесс выброса внутренних энергий. Значит, если человек не имеет больших внутренних ресурсов, которые он может использовать для свободного выброса, то его организм начнет препятствовать сексу и наступлению оргазма. В этом может состоять причина импотенции или фригидности людей, тратящих много жизненных сил на работу или общение с ближними.*
- *Чтобы восстановить потенцию, нередко нужно просто дать организму возможность восстановить свои силы.*

Где найти «сильное плечо» амазонке?

> *Идеальный мужчина — это кто-то, кого знала твоя жена, пока не вышла за тебя замуж.*

Эта глава книги посвящена прекрасному сильному полу, то есть тем молодым женам, которые пребывают в счастливом забвении и хотели бы оставаться в нем вечно. В принципе это возможно, если не совершать тех ошибок, которые мы рассматривали раньше. И не делать еще одну характерную ошибку, которая разрушает любовь и благополучие и почти блокирует возможность исправления ситуации.

• Есть женщины в русских селеньях...

Речь идет о таком явлении, как женская эмансипация. Для ощетинившихся амазонок сразу скажем, что ничего против этого явления мы не имеем. Дело это, конечно, хорошее. Женщины ничуть не хуже, а во многом даже лучше мужчин. У каждого пола есть свои достоинства и проблемы.

Борьба за равноправие полов активно поддерживалась в нашем государстве, и женщины лихо стояли у станка, плавили сталь и перепахивали сотни гектаров целины. В общественном сознании нарисовался образ «девушки с веслом», которая коня на скаку остановит, в горящую избу войдет.

Так, незаметно, возникло своего рода соревнование между полами. Кто окажется более успешным в том или ином виде деятельности? Конечно, в целом женщины проигрывали там, где требуется грубая физическая сила, но преуспели в других сферах жизни. Сегодня женщины занимают крупные административные посты в органах власти любого уровня. Они занимают самые разные руководящие должности в крупных и мелких фирмах. Они водят машины (мужчинам остается только язвить по этому поводу). Они успешно руководят коммерческими проектами и организациями. То есть во многих сферах жизни они оказались наравне с мужчинами. Не всех, но очень многих.

Почитайте любой модный журнал. Он ориентирован на преуспевающую леди, которая работает за десятерых, обедает в ресторанах, учит два языка одновременно, встречается с презентабельными мужчинами, быстро и успешно выходит замуж, рожает ребенка между деловыми встречами, два раза в год летает за границу полежать на пляже или покататься на горных лыжах. Вот такой стандарт жизни.

Неплохо?

• **Внутрисемейная конкуренция**

А что это значит — быть более успешным человеком? Это значит — иметь высокую самооценку, уверенность в себе, определенные амбиции (в хорошем смысле этого слова), умение принять правильное решение и настоять на нем вопреки всем препятствиям и т.д.

В общем, сегодня имеется огромное количество внутренне сильных женщин, которые сами решают, как им жить. Свою внутреннюю силу, не растраченную на выращивание множества детей, они направляют на бизнес и, к сожалению, не забывают померяться ею с любимым мужчиной. Понятно, что все это происходит не сразу, особенно в юности. Сначала любовь, прогулки под луной, душевные разговоры, яркий секс и т.д. Любимый мужчина представляется самым лучшим и вообще является кладезем достоинств. В таком состоянии женщина может пребывать год, два, три, а то и более. За это время обычно выясняется, что любимый не так уж успешен в жизни, он не может решить проблему с жильем, заработать достаточного количества денег и т.д. В общем, ему нужна помощь для решения бытовых проблем, и женщина решает оказать ему поддержку (или она делала это все время). И тут неожиданно выясняется, что она может зарабатывать больше денег, занимать лучшие должности или быть более успешным руководителем, чем муж.

В общем, она оказывается сильнее и успешнее. И все бы ничего, но рано или поздно в амазонке появляется непреодолимое желание хоть как-то продемонстрировать свои успехи и отметить его отставание. Тогда она нередко начинает высказывать любимому свои претензии (вслух или просто взглядом, значения не имеет).

Понятно, что мужчина обычно пытается взять реванш и стать лидером в семье, но иногда у него это не получается. Лидирующее положение жены приводит его в хронически раздраженное состояние, и он либо запивает, либо уходит.

Семейный диалог

> *Жена моет пол, муж с газетой сидит в кресле. Жена:*
> *— Подними ноги, я вытру пол.*
> *— Ты без моей помощи даже пол не можешь вымыть!*

Существуют и промежуточные варианты, когда мужчина периодически устраивает громкие скандалы с угрозами, пробуя испугать жену и тем самым самоутвердиться хотя бы в своих глазах. Либо мужчина становится полным «приложением» к жене, признавая ее полное превосходство и не пытаясь хоть как-то самоутвердиться и получить свою долю признания. Но такие мужья не интересны сильной женщине, ее инстинкт не признает такого мужа и не желает иметь от него потомство.

В общем, у активных и сильных женщин дела на семейном поприще очень часто (но не всегда!!) идут не самым лучшим образом. Подобные браки часто распадаются по инициативе женщины, которая характеризует своего бывшего мужа «размазня», «слизняк», «амеба», «бездарь», «тряпка», «никакой» и другими неласковыми словами.

• И все же хочется опоры

Это все замечательно, но наряду со своей внутренней силой почти у всех, даже у самых суперуспешных женщин, обычно остается подсознательное, точнее, инстинктивное желание иметь рядом с собой сильного мужчину. Природный инстинкт требует иметь рядом «высокорангового» самца. Обычно это выражается следующими словами: «Хочу иметь рядом сильное плечо, чтобы было к кому прислониться».

Мужчины менее привязаны к семье, они вполне могут довольствоваться пивом, компанией друзей во дворе и случайными сексуальными связями. Женщинам этого мало. Инстинкт требует иметь рядом надежного и сильного защитника, поэтому женщины значительно больше мужчин озабочены проблемой построения семьи. Без семьи жизнь многим женщинам кажется совершенно бессмысленной.

Все это же относится и к преуспевающим женщинам. Расставшись со слабым мужем, они могут преуспеть в делах, решить свои жилищные и финансовые проблемы. Они могут завести себе молодого любовника, но для души требуется другое — «сильное плечо», понимающий и преуспевающий мужчина. А вот с этим возникают совершенно очевидные проблемы. Давайте рассмотрим, какие.

• Пирамида успешности

Как известно, успешных людей в мире меньше, чем неуспешных. И чем выше забирается человек по лестнице жизненного успеха (деньги, карьера, социальный статус, власть), тем меньше становится круг равных ему людей. Фактически всех людей по степени успешности можно расположить в своеобразной пирамиде. Сверху будут самые успешные в силу тех или иных обстоятельств. Это президенты, короли, миллиардеры. Их совсем мало, это своего рода небожители, доступ к которым закрыт для большинства обычных людей.

Затем идут успешные бизнесмены с сотнями миллионов долларов. Их уже побольше, но все равно их круг очень узок по сравнению с населением планеты.

Далее идут просто богатые люди, которых тоже больше, но все равно в пределах одной страны они исчисляются несколькими сотнями. И так далее.

Все это можно представить в виде пирамиды из шаров, в которой сверху находится один шар, потом два шара, потом три и т.д., до десятка в нижнем ряду.

Нижний ряд означает множество неуспешных людей, не имеющих работы или продающих свой труд за мизерную зарплату. Их миллионы, и это неуспешные люди, имеющие низкий ранг в социальной иерархии. Конечно, они вступают в браки между собой, у них рождаются дети, которых они воспитывают, решая множество бытовых проблем, но все они мечтают подняться хоть на ступеньку выше.

В следующем ряду имеются уже девять шаров. Здесь располагаются люди, сумевшие продать свой труд чуть дороже, чем нищее большинство. Их много, но они тоже мечтают подняться выше.

В следующем ряду уже восемь шаров, потом семь, потом шесть и т.д. Каждому ряду соответствует множество людей, добившихся соответствующего уровня успеха, независимо от их пола. А теперь представьте успешную женщину, которая заняла высокое место в этой иерархии достижений. Допустим, она забралась на пятый ряд, что примерно соответствует уровню владельца успешно работающего магазина или салона. Ее бывший муж так и остался в «неудачниках» из третьего ряда, где он продает свой труд за небольшую зарплату. А она успешна, она среди тех, кого мы отнесли к пятому ряду. Понятно, что число этих людей сравнительно ограничено, особенно в пределах одного города. И часть из них деловые и одинокие женщины, которые мечтают о «сильном плече». А кто будет для них сильным плечом? Деловой партнер с пятого уровня? Вряд ли, такого уважать особо не за что, инстинкт требует чего покруче. То есть женщина с пятого ряда мечтает об успешном мужчине с шестого и последующих рядов. Но ведь это пирамида, и число людей на последующих рядах значительно меньше, чем на том же пятом. И часть из них — женщины, которые сделали карьеру и заняли шестой и последующие ряды, тем самым уменьшив потенциальное число «сильных мужских плеч». То есть между успешными женщинами возникает ситуация сильной конкуренции, когда спрос на каждого успешного мужчину резко повышается.

А ведь успешные мужчины частенько бывают женаты (есть у них такой недостаток), и обычно их жены совершенно не мечтают с ними расстаться, что еще больше обостряет конкуренцию. Они в свое время сделали правильный выбор и теперь пожинают плоды своего выбора. Как говорится, каждая женщина мечтает быть генеральшей, но для этого нужно выходить замуж за лейтенанта, а кому этого хочется?

Так что перспективы найти «сильное плечо» у сильных женщин ограничены. И чем более она успешна, тем меньше ее шансы найти то, о чем она мечтает (точнее то, что навязывает ей ее же инстинкт). Свободных мужчин в принципе множество, но они имеют низкий рейтинг и потому не вызывают интереса у успешных женщин. Такие вот грустные перспективы у тех, кто, казалось бы, сумел доказать свою самостоятельность и деловитость.

Мужчинам в этом отношении легче, поскольку инстинкт не заставляет их смотреть вверх и искать высокоранговую партнершу, скорее наоборот. Как бы ни был низок социальный статус мужчины, всегда найдется множество женщин еще более низкого статуса, для которых он будет желанным. Например, если мужчина работает дворником и живет в служебной квартире, предоставленной на время работы (второй ряд пирамиды успешности), то он не представляет большого интереса для женщин, живущих в этом городе, скорее наоборот. И в то же время он является желанным женихом для множества женщин из глухих и бедных провинциальных сел (первый уровень в пирамиде успешности), поскольку он живет в большом городе, имеет постоянный источник дохода и свое жилье. Может быть, именно поэтому неуверенные в себе городские мужчины предпочитают привозить себе жен откуда подальше? К сожалению, они не оценивают потенциал своих невест, полагая, что всегда останутся для них на недосягаемой высоте. Это ошибка, поскольку, как только провинциальная девушка становится городской, она тут же передвигается на следующую ступеньку социальной пирамиды и становится на одну ступеньку с мужем, после чего автоматически перестает уважать его. Ее инстинкт тут же заставляет ее смотреть на мужчин со следующей ступеньки, к которой ее муж обычно не относится. Если к этому времени у нее нет большого числа детей, то она бросает мужа-дворника и выходит замуж за более успешного мужчину с третьей или четвертой ступени пирамиды успешности, то есть за более высокооплачиваемого служащего или частного предпринимателя, имеющего небольшую торговлю. Здесь она может включиться в бизнес мужа, и через некоторое время ее собственный бизнес может пойти лучше, чем торговля мужа. Став более успешной, чем муж, она автоматически перестает его уважать и начинает заглядываться на мужчин со следующих ступеней пирамиды успешности и т.д.

А рождение в сельской местности сразу наделяет женщину незаурядной энергией и хваткостью, которую часто не может заранее оценить ее муж, ослепленный ее восторженностью и почтением на этапе влюбленности и женитьбы. Большая внутренняя сила позволяет ей добиваться больших успехов в делах, но ограничивает возможности устройства личной жизни — по общему правилу.

• Что делать?

Высказанная ситуация не придумана, она является частым предметом консультаций у психологов. Конечно, выход из нее есть, если не иметь страхов, ограничивающих убеждений и спокойно формировать своего любимого. Один свободный на вашу долю всегда найдется. Но не у всех так получается.

Наверное, есть смысл не доводить себя до такой ситуации. А это совсем просто. Если вы даже от природы сильны и успешны, так это не повод смотреть презрительно на того мужчину, которого вы сами когда-то называли любимым. Не нужно устраивать с ним соревнований, не нужно самоутверждаться за его счет и унижать его, указывая ему на его неуспешность. Если с детьми этот прием еще изредка срабатывает, то со взрослым мужчиной он дает противоположный эффект. Мужчина обижается, что еще больше понижает его энергетику и успешность в делах. Лучше поддержите его, но не свысока, а искренне. Если сможете, прикиньтесь слабой, малозарабатывающей, почти дурочкой — это может вдохновить вашего мужа на подвиги. Мужчина может свернуть горы, если видит надежду и поддержку в глазах любимой женщины, и наоборот. Известно множество случаев, когда сильные женщины без сожаления расставались со слабым мужем, а он потом становился преуспевающим бизнесменом. Он не мог подняться только рядом со своей сильной женой, поскольку все время комплексовал по поводу ее успехов. Как только они расставались, он умел реализовать весь свой потенциал. Понятно, что к своей прежней жене возвращаться он обычно не собирается.

Поэтому, если Бог наградил вас деловитостью и энергичностью, это не повод презрительно смотреть на своего менее удачливого мужа. Используйте свою силу и деловитость для помощи и поддержки мужа, и у вас будет замечательная и долгоживущая семья.

• Рекомендации для одиноких амазонок

«Это все понятно, — скажет прекрасная амазонка. — Да здравствует домострой, жена да убоится мужа своего. А как быть тем, кто уже (или еще) без мужа? И никакого намека на «сильное плечо» в радиусе пяти километров?!»

Вопрос законный. И для того чтобы ответить на него, предлагаем вам... посмотреть на себя глазами мужчины.

Вполне вероятно, что вы увидите особу, к которой и подойти-то страшно. Уж очень она деловая, самостоятельная и уверенная в себе. Вы, конечно, можете сказать, что это не так, и никакой заносчивости внутри у вас нет. Но это только ваше ощущение. Мужчины, которые видят лихую амазонку, не знают, что на самом деле она белая и пушистая.

Итак, дадим несколько рекомендаций прекрасному сильному полу.

Если сложилась ситуация при которой вы более или менее успешны, в прошлом у вас — муж-неудачник или романы, ничем хорошим так и не закончившиеся, а в настоящем о вас почему-то никто не грезит, а если и грезят, то заведомо «не те», это может означать следующее. У вас, скорее всего, накопилось **осуждение мужчин**.

«Ну что вы, — скажет удивленная амазонка. — *Я их люблю!»*

На самом деле это осуждение может быть глубоко подсознательным. Потому что обычно, когда такая женщина говорит о мужчинах, достаточно бывает посмотреть на ее выражение лица. И все станет ясно, поскольку на ее лице легко можно прочитать презрение и оценку. И еще одна деталь: вы можете утверждать, что любите мужчин, но о каждом конкретном мужчине, который встречался на вашем пути, вы не сказали еще ничего хорошего. Все сказанное было на тему: *«Вы представляете, а он... Ну разве это нормально?»*

То есть ваша любовь к мужчинам носит скорее формальный, а точнее, избирательный характер. На самом деле вы согласны любить только Джеймса Бонда. И в ваших глазах немой вопрос: *«Ну где они, нормальные мужики? Нету их, нету!»* И Вселенная отвечает вам: *«Нету!»* Мы всегда убеждаемся в том, в чем хотим убедиться. Поэтому...

- **Перестаньте осуждать мужчин как класс, как биологический вид.** Дайте себе установку: *«Меня окружают сильные, достойные мужчины. Каждый мужчина — совершенен».* И смотрите на всех (ВСЕХ!) мужчин с этой установкой. Пытайтесь разглядеть это совершенство в каждом.
- **Делайте комплимент каждому мужчине, которого вы встречаете.** Комплемент, разумеется, не вслух,

а мысленно. Прохожему на улице, заправщику машин, продавцу в магазине и т.д. Ваша задача — не выбирать мужчин, которым можно сделать комплимент, а делать его всем подряд. Причем это надо делать от души и искренне, а не с сарказмом и иронией. Например, вы сидите в метро, а напротив вас — тучный лысоватый гражданин. Обычно вы таких даже не замечаете. Но у вас есть задание — сделать ему комплимент. Поэтому начните разглядывать его с целью найти в нем что-нибудь хорошее. Как только найдете — делайте комплимент (опять же мысленно конечно, если хватит духу, то можно и вслух, но тогда вы должны быть готовы к последствиям). Например: *«Мужчина, у вас такие чистые ботинки... Как это приятно!»* Кстати, в этих комплиментах лучше не использовать таких слов, как «гражданин», «товарищ» и т.д. Гораздо лучше — «мужчина», «господин», «незнакомец» и т.п. Ваша задача — в каждом встречающемся вам мужчине найти что-то хорошее. В каждом! А не только в тех, кто ездит в дорогих машинах за темными стеклами. Им, разумеется, тоже комплименты делать нужно, но это не составит вам большого труда.

Конечно, это будет получаться не сразу. Сначала вам будет смешно, возможно, даже противно, а потом... Ну а результаты появятся очень скоро. Не будем о них рассказывать — лучше убедитесь в этом сами.

- **Смотрите на мужчин не оценивающе, а мягко, по-женски.** Повторяйте про себя: *«Я — совершенная женщина. Я излучаю женскую энергию. Я восхищаюсь мужчинами, а они восхищаются мной».*

- **Не демонстрируйте сразу свои успехи понравившемуся мужчине.** Например, если вы познакомились и произвели впечатление на особь мужского пола, которая вызывает у вас симпатию, не стоит сразу выкладывать ему свои достижения материального и социального характера. Даже как бы между прочим. Например, разговаривая с ним по телефону, не стоит бросать вскользь: «*У меня сотрудники по струнке ходят...*» Подождите, будет время, и он поймет, что вы тоже кое-чего добились. И поверьте, что ваши достижения — не самая главная составляющая вашей привлекательности. Во всяком случае, в его глазах.

- **Даже если вы решились дать какой-то совет мужчине, не делайте этого покровительственным тоном.** Даже если вы действительно лучше него знаете, где купить плитку для ремонта и как починить машину, не стоит это демонстрировать с видом искушенного знатока, разговаривающего с неучем.

- **Скрывайте свою силу, позволяйте заботиться о себе.** Вы наверняка знаете таких женщин, которые при появлении в компании никогда не положат сами себе в тарелку салат и не подвинут сами стул. Тут же каким-то непостижимым образом находятся мужчины, готовые это сделать. Понаблюдайте за ними. Если даже образ беспомощной дурочки вам не очень приятен, вам есть чему у них поучиться. Скажите себе: «*Я позволяю мужчинам заботиться обо мне (ухаживать за мной). Им приятно проявить свою силу рядом со мной*».

Конечно, вы можете сказать, что прикидываться слабой и глупенькой — это не ваше амплуа.

Вы можете сказать, что делать комплименты пьяницам и мойщикам машин — это не смешно.

Вы можете сказать, что скрывать свою силу — это просто глупо.

И, возможно, будете правы. Но подумайте еще раз: вам нужна ваша правота или счастье почувствовать себя любимой и желанной?

На этом мы заканчиваем рекомендации амазонкам и подводим последние в этой книге итоги.

ИТОГИ

- *Женская эмансипация привела к тому, что множество женщин получили возможность проявить свой незаурядный потенциал, занимая высокое положение в социуме.*
- *При этом они бессознательно вступают в борьбу с мужчинами, чаще с мужем. Если жена оказывается более успешной, чем муж, ее инстинкт перестает признавать его как мужчину, достойного быть рядом с ней. Она начинает смотреть на мужа презрительно, что приводит к нарастанию семейных проблем и разводам.*
- *При этом даже у самых суперуспешных женщин обычно остается инстинктивное желание иметь рядом с собой сильного мужчину. Природный инстинкт требует иметь рядом «высокорангового» самца.*
- *Но к высокоранговым инстинкт относит только тех мужчин, которые имеют более высокий социальный статус, чем тот, что имеет женщина. То есть чем выше она взбирается по лестнице успешности, тем более успешным должен быть тот мужчина, которого она согласна полюбить.*
- *Число успешных людей уменьшается по принципу пирамиды — чем более успешны люди, тем меньше их число. Поэтому для успешных женщин возможность найти себе «сильное плечо» сильно уменьшается по мере ее продвижения по лестнице успеха.*
- *Чтобы сохранить семью, невзирая на собственную успешность, женщине нужно научиться уважать и поддерживать мужа, не выпячивая свои достижения. Презрение и попреки приводят только к нарастанию конфликтов, разводу и одиночеству.*

■ *Любая женщина с любым внутренним потенциалом имеет возможность построить семью и найти себе достойного ее мужчину, если она будет хорошо относиться ко всем мужчинам, невзирая на их достижения и недостатки.*

Несколько невыдуманных историй

В заключение книги мы приведем несколько примеров диагностики жизненных ситуаций с помощью предлагаемого подхода. Такую диагностику мы проводим по письмам читателей и публикуем либо в журнале «Разумный мир», либо в бесплатной интернет-рассылке, которую получают более 10 тысяч человек во всем мире (подписка на рассылку на сайте www.sviyash.ru кнопка «Рассылка»). Понятно, что мы отвечаем далеко не на все письма, а только на те, которые могут быть интересны многим людям. Имена и другие данные авторов писем, естественно, меняются. Сугубо индивидуальный разбор конкретной ситуации — это уже работа, требующая оплаты, и подобную услугу мы тоже оказываем.

• Это — причинная диагностика

То, чем мы занимаемся в ответ на обращения читателей, называется «причинная диагностика». Этот подход позволяет диагностировать ситуацию и выдавать человеку рекомендации даже заочно. Все остальные психотерапевтические и психологические методики (психоанализ, гештальт-терапия, НЛП) основаны в основном на анализе переживаний человека и требуют обязательного контакта психолог—пациент. Конечно, и при причинной диагностике такой контакт желателен, по-

скольку позволяет выявить множество дополнительных подробностей, упущенных в письме. Но все же она позволяет проводить заочную диагностику и давать полноценные рекомендации людям только по их описанию проблемной ситуации.

Это возникает потому, что обычно люди совершают один и тот же набор ошибок, только в разных сочетаниях. Поэтому инструменты избавления от этих ошибок достаточно универсальны и предназначены для самостоятельного применения, то есть не требуют присутствия специалиста.

Ниже будут приведены несколько писем с той диагностикой, которую получили авторы писем в ответ на свое обращение. Изучение чужих проблемных ситуаций и путей выхода их них часто дает новое видение своей жизни, своих ошибок и того, к чему они привели у других людей. В итоге у читателя появляются новые идеи и инструменты для улучшения своей собственной ситуации.

• Письмо 1

«Здравствуйте, Александр Григорьевич! Очень надеюсь на вашу помощь. Как и большинство женщин, меня «достала"» жизнь на личном плане. Все дело в том, что у меня не складываются отношения с мужчинами. Я симпатичная, интересная, веселая женщина (по словам все тех же мужчин), а — никак! Они сначала встречаются со мной какое-то время, а потом исчезают. Пыталась с помощью ваших рекомендаций и методик изменить ход своей жизни, но ничего из этого не получилось.

Я не представляю своей жизни без любимого человека, мне нужно мужское участие, любовь, внимание, а отношения с ними не складываются. На фоне всех этих неудач у меня развивается комплекс неполноценности. Я стесняюсь СЕБЯ!!! И уже при следующем общении с мужчиной я заранее настроена на поражение (хотя по вашей методике нужно мыслить позитивно). Но как можно этому научиться, если у тебя одни неприятности и неудачи? И дело в том, что я не вижу впереди никакого просвета! Стали появляться мысли о никчемности моей жизни. Я стала нервной, всем и вся завидую, появилась обида на жизнь. Как мне с эти справиться? Я перестала верить в Бога... Заранее благодарна вам.

Валентина».

Ответ. Валентина, здравствуйте! К сожалению, вы совершаете все те ошибки, которые только можно совершить на пути к личному счастью.

Например, вы пишете, что «я не представляю своей жизни без любимого человека...», то есть вы тем самым осуждаете жизнь в одиночестве. А то, что мы осуждаем, то и получаем вновь и вновь. Именно поэтому ваши мужчины вынуждены покидать вас вновь и вновь, порой сами не понимая, почему так получается. Я не буду подробно останавливаться на причинах вашего стремления к наличию возле себя мужчины — это очевидное проявление инстинкта продолжения рода, и вы, вроде бы разумное с виду существо, полностью попадаете под его влияние.

Далее вы пишете: «я стесняюсь СЕБЯ!!! И уже при следующем общении с мужчиной я заранее настроена на поражение». Здесь уже нет воспитательных процессов, а есть прямое указание Жизни, как должны складываться события. Вы заявляете Жизни, что вы недостойны любви, что вас должны бросить, в итоге так и происходит — все ваши истинные желания сбываются. Вы — волшебник, который заказывает себе одни неприятности.

С точки зрения нашей методики у вас имеется очевидная **идеализация своего несовершенства**. Вы считаете себя неудачницей, обреченной на одиночество. Пока вы так считаете, то так и будет.

Зависть тоже есть заказ себе неприятностей, поскольку в ее основе лежит простая мысль: «Ну почему у других есть мужчины, а у меня нет?» Если много раз повторить: «У меня нет, у меня нет», то именно так все и будет. Жизнь с радостью исполняет все наши желания, какими бы странными они не были.

Дальше вы пишете, что перестали верить в Бога. Разочаровались, видимо. Он оказался не таким, как вам бы хотелось? Видимо, Бог, вопреки вашим явно выраженным желаниям, должен был постараться впарить вам какого-то мужика. Вы много раз заявляете: «Я буду одна, меня никто не полюбит, я недостойна любви», а Бог, понимая вашу глупость, должен поступать вопреки вашим заявлениям? Такого Бога не бывает.

Бог, Жизнь (или, точнее, вы сами) всегда исполняют наши желания, какими бы чудаковатыми они ни были. А то, что вы перестали на него надеяться, может быть, даже хорошо: перестанете надеяться на чужую помощь и начнете решать свои проблемы сами. Хотя какие тут проблемы? Проблемы нет, есть одни страхи и суета в голове.

Вы еще нескромно умалчиваете относительно того мужчины, который вас бы устроил. Я думаю, что у вас совсем не хилые претензии (красивый, богатый), какой-нибудь замухрышистый мужчинка вас явно не устроит. И это все при вашей заявленной полной никчемности! Ведь для любви нужны две стороны, то есть желанный мужчина должен полюбить вас, а сможете ли вы быть для него желанной? Вы можете представить себе мужчину, который бы изъявил желание полюбить закомплексованную, стеснительную, прячущуюся от чужих взглядов девушку? Мне — трудно. Любой мужчина мечтает видеть возле себя веселую, полную жизни и доброжелательную спутницу.

В итоге круг замкнулся. Вы готовы стать веселой и доброжелательной только после того, как вас полюбят. А вас могут полюбить не раньше, чем вы ею станете.

Каков выход из этого тупика? Только один — меняться самой, не дожидаясь появления для этого достаточных оснований. Начинайте улыбаться и смеяться, хотя бы над собой. Придумайте себе смешной колпак, что-то вроде: «Любовный инвалид», «Подайте хоть какого мужичонку» или «Дефектная хочет замуж». Или что-то подобное. И смейтесь над собой каждый раз, когда вспомните, что у вас чего-то нет. У вас есть ВСЕ! Вам только нужно открыть в себе любовь, радость, оптимизм, доброжелательность. *Ваш любимый на подходе, он готовится к встрече с вами, и вы ждете его с улыбкой на лице и верой в сердце.*

Параллельно не забывайте делать все то, что написано в книге «Улыбнись, пока не поздно!», то есть вести Дневник самонаблюдений и прощать всех людей и Жизнь. Займитесь позитивным самопрограммированием с помощью утверждений типа: *«Я — божественное создание! Я излучаю любовь и свет! Я люблю себя! Я самодостаточна! Все, что я делаю, — божественно! Я люблю себя! Я дарю свою любовь и радость людям и не требую ничего взамен! Я люблю всех мужчин! Я дарю им свое внимание и любовь! Я позволяю им проявлять свои лучшие качества, ухаживая за мной. У меня все прекрасно! У меня все есть! Я божественное создание!»*

Если вы будете повторять эти слова, то плохие мысли скоро уйдут от вас, а на вашем лице появится улыбка. И мужчины слетятся к вам, как комары на свет. Вам останется только выбрать то, что вам по душе. А тут уж постарайтесь не совершать ошибок и не попасть под очередной воспитательный процесс со стороны Жизни. Это полностью в ваших силах.

• Письмо 2

«Здравствуйте, Александр! С недавнего времени с большим интересом читаю вашу рассылку. Меня заинтересовал ваш подход к решению психологических проблем, захотелось и самому кое-что спросить. А вопрос, конечно, банален... С вашего позволения, вкратце изложу его предысторию.

Мне 20 лет, с рождения я был очень застенчивым ребенком, типичным «ботаником», отрицавшим все виды обще-

ния с лицами другого пола. Ближе к 18-летию образумился, скинул комплексы, начал знакомиться с девушками и т.п. И вот встретилась мне на жизненном пути одна девушка, Светлана. Практически можно сказать, что она стала для меня первой — и в плане дружбы, и в плане секса. Я готов был отдать ей все, и самого себя в том числе, а впрочем, не только «был» — и сейчас, наверное, тоже... Отношения развивались очень стремительно — через неделю девушка призналась мне в любви, через какое-то время я просто вынужден был сделать то же самое. Сейчас об этом иногда жалею, так как никогда не мог сказать, что я ее люблю.

Я в жизни многое перенес, в том числе две клинические смерти, и иногда мне кажется, что любовь в моем сердце никогда не поселится. В общем, первые полгода мы были как молодожены — большую часть времени проводили вместе, нам было интересно друг с другом. Потом словно что-то сломалось — мы стали постоянно ссориться по пустякам. Поняли, что мы совершенно разные люди: я городской, она из села, я убежденный идеалист, ее убеждения я назвал бы мещанскими. Да, между нами много общего, но все чаще нам обоим кажется, что эти разногласия перечеркивают все перспективы. Я знаю, что Светлана меня по-настоящему любит, но не могу сказать того же о себе. Да, она для меня самый дорогой и желанный человек, но чего-то нам не хватает.

Александр, посоветуйте, пожалуйста, как нам быть? Ситуация сейчас такова, что внешне все очень неплохо, но мы все чаще подумываем о том, чтобы разойтись и все независимо обдумать, хотя бы на время. Но я боюсь, что это будет концом отношений, и могу признаться, что мне этого очень бы не хотелось... Буду очень благодарен за ответ! С наилучшими пожеланиями, Николай».

Ответ. Николай, подумайте, что именно вас держит возле человека, который вам, возможно, чужд по образу мыслей и стилю жизни? Привычка? Страх? Секс? Боязнь никогда не получить тех ощущений любви, которые давала вам ваша любимая?

Хотя вы сами ответили на этот вопрос: *«Иногда мне кажется, что любовь в моем сердце никогда не поселится».* Это страх того, что ваша любимая уйдет и вы никогда больше не сможете испытать того же приятного чувства, которое она вам подарила. Это чувство, похоже, уже ушло, но вы судорожно пытаетесь его удержать. Понятно, что это вовсе не то чувство, которое захватило вас поначалу. Удержать и законсервировать любовь никогда не удается. Ее можно только дарить. А дарить можно только то, что имеется в наличии.

Поэтому ваша идея на время разойтись и все обдумать неплоха, но только для вас. Ваша любимая вряд ли одобрит это решение. Она сельская, а вы — городской, вы для нее как приз, который просто так не отпустит. Поэтому не идеализируйте ее разумность и свои способности договориться, иначе вас ждут дополнительные переживания. Кстати, у вас есть прекрасная возможность продиагностировать свой набор идеализаций — вы ссоритесь с любимой, значит, каждый отстаивает свои избыточно значимые ожидания. Вы сами пишете, что вы — «убежденный идеалист», это значит, что любая нормальная женщина вас не сможет устроить. А стоят ли эти идеи тех чувств, которые вы в итоге теряете? Что дают вам ваши идеалы? Недовольство, раздражение, претензии к тому, кто подарил вам самые светлые минуты в жизни. Так ли вы разумны, как претендуете, если производите такой обмен? Рекомендую задуматься над этим.

В любом случае вы должны сделать правильные выводы из этой встречи, и даже в случае расставания вы должны быть благодарны вашей любимой за те уроки, которые она вам дает. А иначе следующая ваша избранница просто вынуждена будет дать вам жару на порядок сильнее, чем сейчас. Успехов вам!

• **Письмо 3**

Следующее письмо от женщины, живущей в гражданском браке с мужчиной, которого она не любит, но не хочет бросать из-за вполне понятных причин.

«Уважаемый, Александр Григорьевич! Я благодарю вас за книги. Они действительно написаны очень доступным языком и помогают понять и осознать многое.

Возможно, мой вопрос вам покажется банальным, и я понимаю, что моя жизнь зависит только от меня, от моего поведения, моих мыслей и поступков. Но в данной ситуации я не знаю, что мне делать, а вы единственный человек, который может мне помочь, подсказать...

Мой гражданский муж — прекрасный и очень заботливый человек, он делает для меня все, что в его силах. Но наша главная проблема: я его не люблю. Он меня раздражает, даже какие-то мелочи, на которые, когда любишь человека, не обратишь внимания, меня приводят в состояние уныния и недовольства. Я — эгоистка. Я понимаю, что несчастлива с этим человеком, и, вероятнее всего, он несчастен со мной (так как он видит и знает, как я могу любить, как я люблю своих близких, даже свою собаку, в которой вижу своеобразную отдушину). Но из-за его великолепного отношения ко мне я боюсь с ним расстаться, так как думаю, что он — уникальный, молодой мужчина, с нехарактерными для нынешних молодых мужчин качествами, и мне так повезло в жизни, что он рядом со мной. Он полностью оградил меня от каких-то забот, предоставил возможность заниматься своими делами, продолжать обучение. Я много думала о своей жизни, и понимаю, что он единственный мужчина, который так прекрасно ко мне относится, к моим близким, тем более на контрасте с бывшим мужем, который не любил меня. И я понимаю, что Бог дал мне шанс быть счастливой рядом с прекрасным человеком, но я его не люблю. Я пытаюсь концентрироваться на его положительных качествах, стараюсь думать только хорошо, но у меня это не получается. Вот уже полгода мы на грани разрыва, но я каждый раз, когда меня переполняет негатив, пытаюсь ухватиться за что-то, чтобы не расстаться с ним. И это меня мучает. Я обратила внимание, что вот уже несколько месяцев меня преследуют какие-то неполадки со здоровьем, не очень серьезные, но не прекращающиеся, распространяющиеся на различные органы. «То одно, то другое». Меня раздражает многое: его пессимизм, отсутствие жизненного тонуса, какие-то бытовые моменты... Я заранее благодарю вас.

С уважением Ирина».

Ответ. Ирина, очевидно, что ваши болезни истекают от внутреннего недовольства и насилия над собой, когда вы заставляете себя жить с нелюбимым человеком.

А истоки вашей нелюбви очевидны — вы подсознательно не признаете его лидерства, высокого ранга. Ваше подсознание готово влюбиться в сильного мужчину с явными лидерскими качествами (практически — в самца), который будет смотреть на вас сверху вниз. Но умом (сознанием) вы понимаете, что этого делать нельзя, что лучше той жизни, что вы имеете сейчас, вы не получите. Мы уже рассказывали об инстинктивных механизмах влечения мужчины и женщины. У вас возник конфликт подсознательного (инстинктивного) отторжения вашего мужчины и осознанного его принятия. Кому вы позволите победить — решайте сами.

Если решите, что ваш сознательный выбор важнее, то можете использовать самые разные инструменты для изменения своего отношения к нему. Это медитация прощения на него и на себя — чтобы очиститься от накопленного раздражения и не испытывать его вновь. Это многократное повторение позитивных утверждений типа: «Мой мужчина — самый лучший для меня! Я ценю его заботу и внимание ко мне, испытываю к нему самые лучшие чувства, он — мой подарок Судьбы, и я благодарю Жизнь за такой подарок. Я очень рада, что со мной рядом есть такой замечательный человек». То есть вам нужно уговорить саму себя, что рядом с вами то, о чем другие могут только метать. И вы будете совершенно безумной, если потеряете этот подарок. Но не ждите, что у вас вспыхнет огненное чувство к нему, — вам будет просто хорошо и комфортно рядом с ним.

• Письмо 4

«Здравствуйте, Александр Григорьевич! Мне 46 лет. Замужем — 18 лет. Сыну 17. Я угодила в тупик, понимаю, что сама я из него выбраться не сумею.

Много читаю, пытаюсь разобраться в своей ситуации, честно самой себе признаюсь в своих ошибках и стараюсь исправить дело и своим поведением, и своими мыслями, которые, как известно, материальны. Эффект — ноль! И я поняла, что бесполезно стараться исправить что-то в жизни, если исправлять пытается только один из двоих. Так не получится ничего путного, если один ищет и находит в себе неприемлемое для двоих, а другой упивается собственной «непогрешимостью» и ничего не хочет ни найти в себе, ни тем более исправить.

Все, казалось бы, у меня хорошо: и муж много работает, и нет измен (надеюсь, что не ошибаюсь в этом), но нет у него желания понять, что для счастья в семье нужны не только деньги, чтобы живот набить да за квартиру заплатить. (Про джип он тоже не забывает, приобрел третью машину.) Хотя, если уж о деньгах говорить, то я как женщина не избалована, много-много чего не хватает даже из одежды, на которую «у нас пока нет лишних денег». Да и требовать я не имею права, поскольку так уж сложилось в моей жизни, что сижу дома без работы, то есть на обеспечении мужа. Эта зависимость давит более всего на меня. По специальности я — учитель музыки. Уехав из своего родного города, я потеряла и работу, и педагогический стаж, потом на новом месте старалась как могла поддержать мужа в его деле и его профессиональном росте. Но как-то этот факт для него ценности особой не представляет. Это обидно.

В том городе, где раньше жили, где оба родились и женились, была квартира, которую мы получили, уже находясь в браке. Эту квартиру он решил практически подарить своему сыну от первого брака. (Мы с мужем познакомились, когда там было уже все кончено.) У того сына сейчас семья, которую он завел с 9-го класса школы, не пожелав учиться дальше. Чтобы сыну не идти в армию, там нарожали детей, даже не скрывая истинной цели их появления на свет. Это все, с моей точки зрения, отвратительно. Но беда в том, что муж не разделяет мое мнение. Это тоже обидно.

Душа его, чувствую, там, где внуки, которых он обожает. А еще — там все просто до примитивности, без особых духовных исканий и устремлений, на уровне покушать–поспать–покушать. А это — ну совсем хорошо!

И среди всего этого болота — он, мой муж, как единственный хозяин положения, истинный домостроевец (в самом худшем понимании), не принимающий никаких советов и не уважающий никого, кроме себя самого. После каждой его встречи с сыном он приезжает оттуда совершенно чужим человеком. Как будто не было тех лет или месяцев, которые были до этого. Идеал жены, с точки зрения моего мужа, должен быть таков: слепоглухонемая биомасса передвигается по квартире и делает, делает, делает... стирает, готовит, варит, печет, моет грязную посуду и обязательно улыбается, переполненная счастьем от того, что ей предоставили этакую вот возможность.

У нас один сын, но муж мечтал превратить меня в маменьку кучи детей, обложенную мокрыми пеленками, пропахшую насквозь детской мочой и перемазанную манной кашей, которой некогда не то что в книгу заглянуть, на себя бы в зеркало посмотреть! Все это — не про меня и не со мной! А это уже обидно ему! Потому что я и стираю, и пеку, и прочее, но еще и что-то вкладываю в это от своей души, и жду, чтобы это с душой принимали.

Да и неплохо было бы еще и уважать в собственной жене ее мысли и чувства, на которые она тоже имеет право.

Но мужа устраивает жена со взглядами на жизнь Буренки, которой дали кров и что поесть, на том и хорошо. А недовольна — можно и хлыстом пройтись. В качестве хлыста пока что выступает его заявление: «Не нравится, подавай на развод!», при этом он прекрасно знает о моей полной зависимости от него.

Так он «ценит» свою жену после 18 лет заботы, о которой в народе говорят «в попу дует», которая воспитала (пока он был в бесконечных командировках) хорошего сына, за которого не стыдно перед людьми и, кстати, мужу теперь есть чем гордиться. Сейчас я вижу, как он старается «перетащить» сына на свою сторону. Теперь сын взрослый, умный, можно разговаривать с ним на языке профессионалов, так, чтобы и жена заодно почувствовала себя дурой в их разговорах, можно на готовой почве разгуляться.

Я вложила в сына и сердце, и душу, развивались мы с ним и душевно, и духовно. Сейчас он уже взрослый, понимает меня, поддерживает, когда совсем уж худо на душе, это умный человек, слава богу, у него я могу найти хоть какое-то утешение. Надеюсь, что муж не выхолостит это из него! Кроме того, я пытаюсь эти годы расти духовно (иначе не заинтересовали бы меня и ваши книги), и развиваться, как могу, в духе времени. Освоила компьютер, достаточно свободно общаюсь и обращаюсь с ним. Могу теперь разговаривать на одном языке со своим сыном, он прекрасно закончил школу и учится уже на 3-м курсе в университете по специальности программист.

Наверное, для многих моя жизнь не казалась бы тупиком. Ну что еще надо, не работает, есть время для саморазвития, есть где жить и что есть, все то, чему бы рада была любая. Но для меня небезразлично, что в душе у человека, с которым я живу, какие у него мысли и чувства, совпадают ли они с моими, и уважает ли он их, и считается ли с ними.

Только не надо думать, что я зациклилась на всем духовном! Вовсе нет, даже более того, если бы было побольше понимания и принятия меня как личности, а не только как служанки-подавальщицы в доме, то больше бы было гармонии во взаимоотношениях. Мы разные люди. Я из тех, кто отдаст в сто раз больше, если увидит в отношении себя понимание и любовь.

Не могу понять, что это — кармический брак, который я должна принять и покориться своей участи и жить и принимать все как должное, или это моя ошибка, которую я буду потом искупать в другой жизни, что это?

У меня прошлой зимой врачи на УЗИ обнаружили врожденный порок сердца, видимо компенсированный, если я дожила до таких лет с ним. Они удивились этому. Я принялась пить разные таблетки, вот уже девять месяцев живу на них. Стало получше. Два дня назад я прекратила пить их. Возможно, это будет выход.

Всего вам доброго, Александр Григорьевич! С уважением и благодарностью за то, что вы все это прочитали, Инга».

Ответ. Инга, здравствуйте! Если вы читали мои книги, то знаете, что Жизнь всем нам дает уроки духовного воспитания. Суть их проста — ты без конца получаешь то, что не можешь принять, с чем не можешь смириться, что осуждаешь.

У вас эта ситуация проявилась в очередной раз. У вас есть очень значимая для вас модель семейных отношений. Вы прямо пишете, что «для меня небезразлично, что в душе у человека, с которым я живу, какие у него мысли и чувства, совпадают ли они с моими, и уважает ли он их и считается ли с ними». То есть вам очень важно, чтобы ваш муж считался с вами, чтобы его мысли и чувства совпадали с вашими. Заметьте, не ваши мысли и чувства должны совпадать с его, а наоборот. Вы — главная, а он должен к вам подстраиваться. И никак не наоборот. Знаете, как это называется? Гордыня. Я умная, духовная, изучила компьютер, вырастила отличного сына. И мне унизительно жить с низким и примитивным существом, которое мечтает превратить меня в биомассу. У него ничего не выйдет, я не поддамся его влиянию, лучше умру (это к вопросу о таблетках). Либо он станет жить так, как я желаю, либо я умру. И после своей смерти буду ему вечным укором, то есть навешу ему такое чувство вины, что ему не в радость станут его джипы и еда. Это называется манипуляция с использованием запрещенных средств.

Поскольку у вас есть гордыня, то Жизнь должна вас как-то унижать. Своим инструментом она избрала вашего мужа, который делает это очень гуманно, ограничивая вас в средствах и с юмором относясь к вашим претензиям на высокую духовность. Вам достался очень гуманный воспитатель, поскольку другие мужья в таких случаях нередко используют физическую силу. И это было бы вполне уместно при вашей явной идеализации отношений.

Есть ли у вас какой-то выход из этой ситуации, кроме избранного вами прекращения приема таблеток? Я думаю, их как минимум два.

Первый — это обрести свободу и независимость и реализовать все ваши духовные и прочие искания. Что вам мешает развестись и жить свободной и творческой жизнью? Только одно — ваш страх полной неприспособленности к жизни в социуме, неумение преуспевать в нем. Поучитесь этому у мужа — у него это хорошо получается. У вас под боком прекрасный учитель жизни, а вы ходите с перекошенным лицом и только осуждаете его, обзывая всякими неприятными словами. И это при высокой духовности-то! Он ценит в вас то, что вы реально умеете делать — содержать дом, воспитывать детей и т.д. Никакой другой реализации у вас нет, так за что же вас ценить еще? За ваши тонкие духовные искания? А в чем они проявляются, кроме недовольства мужем и той жизнью, которую он вам создал? Если бы вы действительно были духовны, то бы были примером радостного и доброжелательного отношения к людям, в том числе к своему мужу, который является далеко не худшим экземпляром мужчины, даже не изменяет вам. В действительности одни претензии, и больше ничего, при больших заявках на свои высокие душевные качества. Поработайте над собой, повысьте самооценку, и вы найдете себе реальную сферу применения своих сил и потенциала. Если решите разводиться, то ваш семейный муж явно не бросит вас без копейки, так что все дело в страхах, недоверии к Жизни и в неверии в свои силы. И больше ни в чем.

Второй вариант — найти применение своим силам без развода. У вас скопился избыток сил, которым нет выхода, и вы обратили их в работу вашей «словомешалки», накапливая претензии и обиды к мужу. Если бы у вас действительно было двое-трое детей, то вам некогда было бы так развлекаться — они отбирали бы все ваши силы. Но вы сделали другой выбор, и ваш муж с ним согласился, хотя мечтал о другом. Теперь сын вырос, и вам некуда девать свой потенциал в четырех стенах. Найдите себе занятие вне дома, и все ваши проблемы уйдут. Пусть поначалу это будет занятие без денег, лишь бы оно вам нравилось и отнимало все свободное время. Понятно, что ваш муж будет посмеиваться над вашими делами, но нужно быть к этому готовой. У него-то любое действие приводит к деньгам, а вам до этого расти и расти.

Третий выбор вы уже сделали. Но он не самый удачный, поскольку приведет к возникновению кармического узла. Если вы заботитесь о своей душе, то неплохо бы подумать об этом.

Ваше письмо полно претензий и обиды. В цирке жизни вы играете роль клоуна, надпись на колпаке которого гласит: «Жертва бездуховного примитива» (кстати, обострение болезни есть подтверждение вашей позиции жертвы). А кто его выбирал в мужья двадцать лет назад? Вас кто-то силой загонял в брак? Сомневаюсь. Это был ваш добровольный выбор, и вряд ли ваш муж тогда сильно отличался от нынешнего. Тогда он вас устраивал, а что случилось теперь? Вы изменились и он стал плохим? Или из вас начало вылезать то, что раньше находилось в зачатке и не могло прорасти из-за материальных и иных ограничений? А теперь, когда муж создал вам все условия для жизни, открылась ваша истинная сущность. Не хотелось бы так думать.

Но, как бы ни складывалось прошлое, вы можете создать любое будущее, начиная прямо с этого момента. Все в ваших руках и голове. Желаю вам навсегда вернуть улыбку на лицо и благодарность к Жизни в сердце. Успехов вам на пути к самой себе!

• Письмо 5

Это письмо мужчины, который мечется между нелюбимой женой и любимой женщиной. Множество идеализаций не позволяют ему принять хоть какое-то решение.

«Здравствуйте, Александр! Хочу попросить у вас совета. Ситуация, которая сложилась у меня, такая: восемнадцать лет назад, когда я был молод и энергичен, я женился. Женился на девушке, которую любил. Однако не потребовалось много времени, чтобы разочароваться. С этого момента и начались мои злоключения. Неоднократно я пытался развестись, но она всегда меня возвращала. Естественно я ей постоянно изменял. Несколько лет назад я повстречал женщину. Вначале это было просто любовное приключение, но после того как из-за меня у нее ушел муж, отношения стали более серьезными. Я стал помогать ей материально. Так продолжалось до тех пор, пока о наших отношениях не узнала моя жена. Был скандал. Я прервал свои отношения. Снова меня вернули в семью. Я не стану рассказывать, какую рану этим я нанес любимой женщине.

Так я промучился еще год. Когда возник очередной скандал с моей женой, я снова ушел к той женщине. Ушел с серьезными намерениями. Ушел, как я думал, окончательно. И снова меня вернули обратно. Теперь, помня о том, как я заставил страдать эту женщину, я не могу более расстаться с ней. Теперь у меня две жены. Одна дома, которую я не люблю, но не могу бросить. Вторая, любимая, которую не могу постоянно видеть. Сидеть на двоих стульях очень тяжело, особенно когда они начинают тянуть каждый в свою сторону. Силы мои на исходе. ПОЖАЛУЙСТА, ПОМОГИТЕ СОВЕТОМ! *Олег*».

Ответ. Олег, вы натянули на себя столько колпаков, что невольно проникаешься к вам сочувствием. Первый колпак — «Жертва любви». Вы женились по любви, но скоро разочаровались в любимой и пытались уйти, но она вас, бедного, все время возвращала в лоно семьи. В отместку вы ей все время изменяли, чувствуя себя, наверное, своего рода героем-подпольщиком в тылу врага.

Потом вы влюбились по-настоящему, но жена опять возвращает вас к себе. Теперь у вас на голове колпак с бубенцами с надписью «Бычок на веревочке». Теперь вас таскают к себе уже две женщины, и я еще удивляюсь, что их только двое. Видимо, другие о вас еще не знают, а то и они поучаствуют. Как может нормальный взрослый человек, якобы мужчина, жаловаться: «Меня вернули в семью». Как? Вас били палкой, вели на цепи, конвоировали с автоматом? Или делали что-то еще, столь же ужасное? Скорее всего, вами пошло манипулировали, используя какие-то ваши идеалы.

Но это так, бесплодное взывание к отсутствующему разуму. Теперь давайте посмотрим, зачем вы сами создали себе эту ситуацию, какую выгоду вы из нее извлекаете. Ответ здесь очевиден, выгод множество. Первая — можно открыто жить с несколькими женщинами. Вторая — эта ситуация дает вам огромное чувство собственной важности и нужности. Как, за вас бьются насмерть сразу две женщины! Какой вы крутой мужик! Наверняка у вас есть большие проблемы на работе и там вы не получаете достаточной дозы уважения и признания (когда голова все время занята разборками с женщинами, времени и энергии для работы обычно не остается). Зато вы получаете все это с избытком в своих семьях.

Третья выгода — вы не принимаете на себя ответственность за ситуацию, позволяя себе плыть по течению. Кто сильнее навалится, с тем и пойду. Да, больно и невесело, зато не нужно думать и брать ответственность на себя. Здесь, видимо, выплывает ваша идеализация. Скорее всего, это идеализация своего несовершенства в форме: «Я не могу позволить страдать женщине (по очереди) из-за меня. Я должен быть хорошим для всех». Что-то вроде роли Басилашвили в фильме «Осенний марафон». Человек, который нестерпимо хочет быть хорошим для всех, обязательно оказывается в ситуации, когда он отвратителен для всех (включая себя). Вы являетесь типичным примером такой ситуации.

Конечно, здесь еще примешана идеализация отношений в виде желания не идти на скандал — именно так, видимо, вас возвращают домой. Ваша жена прекрасно знает ваши идеализации и ловко манипулирует вами через угрозу скандала, взывание к вашей совести и отцовскому чувству. Обычно в таких случаях еще используется угроза суицида (самоубийства) и даже делаются попытки имитировать его. Тем самым на вас плотно навешивается чувство вины — и все, бычок позволил накинуть на себя веревочку, его можно надолго привязать к домашнему колышку. Поведение вашей жены понятно — она боится неизвестного будущего и всеми силам цепляется за то, что у нее есть. Пусть плохонький муж, гулящий, но все же имеется, деньги домой приносит. А если уйдет, то как жить дальше?

Кроме того, вы не написали, есть ли у вас дети. Обычно подобные «борцы за независимость» в перерывах между набегами на другие объекты успевают сделать своей жене пару-тройку детей. Чтобы она все время была при деле и не мешала мужу заниматься творческими поисками. Но теперь это может сработать в обратную сторону. С одной стороны, наличие малолетних детей и ответственность за них увеличивает страх жены перед одиноким будущим и заставляет ее еще сильнее цепляться за уходящего мужа. С другой стороны, у вас должен проявляться отцовский инстинкт (инстинкт продолже-

ния рода), и вам становится трудно оставить семью с детьми. А жена, прекрасно понимая это, будет дополнительно манипулировать вами через угрозу полного отлучения от детей.

Еще одна ваша идеализация — разумности. Вы явно много раз пытались объясниться с женой и договориться о разводе по-хорошему, а она в ответ высказывала вам совершенно безумные доводы. Но так ли вы разумны, как это представляется вам и является основанием для осуждения жены? Зачем вы заводили второго ребенка (если это так), когда уже было ясно, что хорошей совместной жизни уже не будет? Так просто, мимоходом, чтобы отстала, случайно? Это ли поведение человека разумного?

Вот такая нерадостная ситуация, которую вы создали сами в напрасной попытке жить без ответственности, попытке растянуть свое детство на многие годы, когда родители принимали за вас все решения. Пришла пора становиться мужчиной и принимать на себя ответственность за свои поступки. Выход здесь прост — вы не можете дальше жить так, чтобы быть для всех хорошим (собственно, такого и не было в реальности, это была лишь ваша иллюзия). Нужно стать для кого-то плохим в действительности, то есть нужно сделать выбор, и чем скорее, тем лучше. И не нужно пытаться переложить его на гадалок, астрологов, психолога Свияша или кого-то еще. Любая попытка еще раз увернуться от ответственности не приведет ни к чему хорошему, она лишь продлит агонию. Кого вы выберете, решать вам. Вы можете выбрать семью и детей, можете выбрать любовь, но надолго ли ее хватит? Действительно ли ваша любимая сильно отличается от вашей жены и не стремится любой ценой обеспечить свое будущее? Если это так, то почему бы не выбрать любовь сейчас, пусть даже не вечную. При таком выборе у вас появится необходимость оформить развод, но, наверное, этот вопрос всегда можно решить с помощью юристов, денег и т.д., было бы желание. Пока что у вас его нет.

В общем, решайте сами. Но, сделав выбор, запретите себе метаться и сомневаться в нем. Позвольте себе стать плохим для одной из сторон. Понятно, что стенания и попытки вернуть вас обратно будут еще продолжаться пару-тройку месяцев. А затем все закончится, ваши жены примут вас в новом варианте и начнут приспосабливаться к жизни в новой ситуации (деньги-то все равно остаются у вас, а не у них). Понятно, что они будут пробовать манипулировать вами через ваши идеализации, но вы должны быть готовы к этому. У вас уже не должно быть идеализаций, то есть тех скрытых идей, которые управляют вами помимо вашей воли и сознания. Станьте осознанным и отвечающим за свои поступки, и ваша жизнь вновь засверкает всеми своими радостными цветами. Успехов вам на Разумном пути!

На этом мы заканчиваем обзор писем. С ответами на десятки других писем вы можете познакомиться в книгах «Уроки судьбы» [9, 10], на сайте www.sviyash.ru (кнопка «Ответы на вопросы») и в архиве рассылок на сайте, (кнопка «Рассылка»).

Заключение

> *Ах, если б на своих ошибках*
> *Можно было учиться заочно!*
>
> Борис Крутиер

Всякая встреча рано или поздно заканчивается. Так и наша встреча на страницах книги подошла к концу. Понятно, что многое из очень сложной темы построения счастливых (или хотя бы не конфликтных) отношений мы не смогли охватить, многие аспекты отношений между людьми остались в стороне. Ну и что?

Познать все вряд ли возможно, поэтому давайте хотя бы начнем использовать то, что уже знаем. То есть применяйте к себе и своей ситуации то, что вы здесь прочитали. И ваша ситуация обязательно изменится к лучшему.

Мы пытаемся построить нормальные, с нашей точки зрения, отношения и от этого стать счастливыми. Вот были два несчастных одиноких человека, встретились и стали счастливы.

Попробуйте наоборот: станьте счастливым и поделитесь своим счастьем. Привнесите счастье в те отношения, которые у вас уже есть (или только будут). Не требуйте, а делитесь. Вместо того чтобы получить счастье от кого-то (от чего-то), поделитесь им. Это эффективнее в тысячу раз.

Суть отношений не в том, чтобы получить от них что-то (воспитать ближнего), а чтобы выразить себя через эти отношения, каким бы ни был ваш партнер. Выразить себя как счастливого, великодушного, прощающего, щедрого и любящего человека. Каковым вы на самом деле и являетесь. Просто не всегда помните об этом.

И помните: семья (отношения) — это не залог, не условие и не причина для счастья. Есть миллионы людей, которые счастливы без семьи. Есть миллионы людей, которые несчастливы в семье.

Подумайте об этом.

• Что дальше?

Возможно, вам показалось, что материалы подобраны не очень системно. На самом деле, они отражают те вопросы, с которыми к нам чаще всего обращаются люди. Многие темы мы рассматривали раньше в других работах [1—11], здесь вы нашли приложение методики Разумного пути к вопросам личной и семейной жизни. Примерно так, как раньше было рассмотрено приложение методики Разумного пути к вопросам денег [8] и здоровья [4].

Мы рассказали все, что знаем, и этого может быть достаточно для радикального изменения своей жизни к лучшему.

Но некоторым людям не хватает только прочтения книги, им нужен проводник, помощник, наставник. Как говорится, прочитав книгу, невозможно стать Мастером. Это все равно, что учиться плавать по учебнику плавания. Можно изучить движения, технику правильного дыхания и т.д. Но это еще не значит, что вы будете чемпионом по плаванию. Как ни крути, нужно плавать.

У вас есть такая возможность. Тренинги нашего центра «Разумный путь» наши тренеры проводят во многих городах России и за рубежом. Вы можете получить индивидуальную консультацию по вопросам личной жизни у наших специалистов. Вы можете также получить заочную диагностику по нашей методике с помощью Интернета. Информация о наших услугах приведена на последних страницах этой книги.

Вы можете задать свой вопрос в письме, и мы постараемся ответить на него на страницах нашего журнала «Разумный мир», подписка на который имеется во всех отделениях связи (подписной индекс 39047 в Каталоге «Пресса России»). Наконец, вы можете прислать свой вопрос по электронной почте и получить ответ в одной из еженедельных бесплатных рассылок по Интернету (подписка на рассылку на сайте www.sviyash.ru).

В общем, мы открыты для общения, и у вас есть все возможности сделать свою жизнь более осознанной и счастливой.

• Непридуманная история

В заключение приведем письмо еще одной нашей читательницы и выпускницы тренингов.

«Здравствуйте, уважаемая редакция журнала «Разумный мир» и Центр А. Свияша!

Приношу вам огромную благодарность за помощь в изменении своей жизни.

Весной я впервые попала на первый базовый тренинг Центра «Разумный путь». До июля прошла все три ступени, и с июля начались бурные изменения в моей жизни.

На тот момент у меня был свой большой частный дом с удобствами во дворе, а я хотела, чтобы у меня было все, как в коттедже. Дело было в малом — в деньгах. К сентябрю я должна была заработать 1500 долларов и отдать их за проведение системы водоснабжения. На втором семинаре по формированию событий жизни я формировала... систему водоснабжения в своем доме. Моя аффирмация, с которой я работала после этого семинара и вплоть до третьего семинара (примерно месяц), звучала так: «Я легко провожу систему водоснабжения в своем доме». Многие на семинаре мне советовали: заведи себе мужчину — он тебе все бесплатно сделает.

На тот период времени я два года ни с кем не встречалась, папа умер, вторая мама ушла в монастырь. Замужем я никогда не была. Мне 35 лет, детей нет, и на мужчин, как на спутников моей жизни я просто не смотрела, так как уже успела порядком в них разочароваться.

К слову сказать, претензий к мужчинам у меня был целый ворох, а характер жесткий, я лидер по натуре. Но после первого семинара я начала пересматривать свою жизнь и поняла, что все в моей жизни неслучайно. Я работала с медитацией прощения, но все равно на своей семейной жизни поставила крест, а общения и на работе мне хватало через край, и в этом отношении меня все устраивало.

После третьего семинара я подошла к соседу, который должен был мне устанавливать систему водоснабжения, и сказала, что я не смогу собрать всю сумму к сентябрю, придется эту работу переносить на следующий год. Но он решил сделать водоснабжение сейчас, а с сентября брать за нее у меня деньги частями. Так сработала моя аффирмация, и к середине июля вся работа была сделана. А через месяц я смогла отдать все деньги за установку водоснабжения, так как неожиданно много заработала за этот месяц. Но это еще не все чудеса.

Когда мой сосед закрутил последнюю гайку, он заинтересовался незнакомым мужчиной за соседским забором. Я думала, что это молодой муж внучки соседей, а оказалось, что это холостой племянник хозяина, который хотел познакомиться со мной еще год назад, но соседи отговорили (мужчины, мол, меня не интересуют, только хозяйство).

И тут я захотела с ним познакомиться! Буквально через несколько дней мне представился такой случай... и с этого момента начался наш роман.

К слову сказать, никто из мужчин, с которыми я раньше встречалась, не хотел детей. Костя же буквально с первой ночи просил меня: «Роди мне ребенка».

И вот он, хэппи-энд: в мой день рождения и день рождения Костиной мамы мы расписались, и уже к маю мы ждем нашего ребенка!

Конечно, мне постоянно в семейной жизни приходится пересматривать свои взгляды, так как только теперь я поняла, насколько сильна была моя **идеализация семейной жизни**. Но сейчас я не иду вслепую, методом проб и ошибок, после семинаров у меня есть стержень.

*Я приношу огромную благодарность Центру позитивной психологии Александра Свияша «Разумный путь» за то, что научили меня снимать претензии к миру и людям. Спасибо вам!!! **Катя**»*

И это не сказка, это реальность, которая легко может прийти и в ваш дом. Решайтесь!

Успехов вам и до встреч на страницах новых книг.

Юлия Свияш
Александр Свияш
14.11.2003

Литература

1. *Свияш А.* Жизнь без конфликтов. — СПб.: Питер, 2000. — 256 с.
2. *Свияш А.* Исправляем ошибки. — СПб.: Питер, 2000. — 284 с.
3. *Свияш А.* Решаем проблемы. — СПб.: Питер, 2000. — 220 с.
4. *Свияш А.* Хочешь быть здоровым? Будь им! — СПб.: Питер, 2002. — 220 с.
5. *Свияш А.* Разумный мир. Как жить без лишних переживаний. — СПб.: Питер, 2001.
6. *Свияш А.* Как формировать события своей жизни с помощью силы мысли. — М.: Центрполиграф, 2001. — 219 с.
7. *Свияш А.* Как быть, когда все не так, как хочется. — М.: Центрполиграф, 2001. —285 с.
8. *Свияш А.* Хочешь быть богатым? Будь им! — М.: Центрполиграф, 2001. — 235с.
9. *Свияш А.* Уроки судьбы в вопросах и ответах. — М.: Центрполиграф, 2002. — 348 с.
10. *Свияш А.* Уроки судьбы в вопросах и ответах. Диагностика ситуаций. — М.: Центрполиграф, 2003. — 266 с.
11. *Свияш А., Свияш Ю.* Улыбнись, пока не поздно. — М.: Астрель, 2003. — 320 с.

Научно-популярное издание

**Свияш Александр Григорьевич
Свияш Юлия Викторовна**

**СОВЕТЫ БРАЧУЮЩИМСЯ,
ЗАБРАКОВАННЫМ
И СТРАСТНО ЖЕЛАЮЩИМ
ЗАБРАКОВАТЬСЯ**

Зав. редакцией *Т. Минеджян*
Редактор *И. Александров*
Художественный редактор *Л. Сильянова*
Технический редактор *Т. Тимошина*
Корректор *И. Мокина*
Компьютерная верстка *Л. Быковой*

ООО «Издательство Астрель»
143900, Московская обл., г. Балашиха, пр-т Ленина, д. 81

ООО «Издательство АСТ»
667000, Республика Тыва, г. Кызыл,
ул. Кочетова, д. 28

Наши электронные адреса: www.ast.ru
E-mail: astpub@aha.ru
Редакция приглашает к сотрудничеству авторов
E-mail редакции: artshist@astrel.ru
tatyanam@astrel.ru

Отпечатано с готовых диапозитивов в типографии
ФГУП "Издательство "Самарский Дом печати"
443080, г. Самара, пр. К. Маркса, 201.
Качество печати соответствует качеству предоставленных диапозитивов.

Книги издательской группы АСТ вы сможете заказать
и получить по почте в любом уголке России. Пишите:

107140, Москва, а/я 140

ВЫСЫЛАЕТСЯ БЕСПЛАТНЫЙ КАТАЛОГ

Вы также сможете приобрести книги группы АСТ по низким
издательским ценам в наших **фирменных магазинах:**

Москва

- м. «Алексеевская», Звездный б-р, д. 21, стр. 1, тел. 232-19-05
- м. «Алтуфьево», Алтуфьевское шоссе, д. 86, к. 1
- м. «Варшавская», Чонгарский б-р, д. 18а, тел. 119-90-89
- м. «Крылатское», Осенний б-р, д. 18, к.1
- м. «Кузьминки», Волгоградский пр., д. 132, тел. 172-18-97
- м. «Павелецкая», ул. Татарская, д. 14, тел. 959-20-95
- м. «Перово», ул. 2-я Владимирская, д. 52, тел. 306-18-91, 306-18-97
- м. «Пушкинская», «Маяковская», ул. Каретный ряд, д. 5/10, тел. 209-66-01, 299-65-84
- м. «Сокол», Ленинградский пр., д. 76, к. 1, Торговый комплекс «Метромаркет», 3-й этаж, тел. 781-40-76
- м. «Сокольники», ул. Стромынка, д. 14/1, тел. 268-14-55
- м. «Таганская», «Марксистская», Б. Факельный пер., д. 3, стр. 2, тел. 911-21-07
- м. «Царицыно», ул. Луганская, д. 7, к. 1, тел. 322-28-22
- Торговый комплекс «XL», Дмитровское шоссе, д. 89, тел. 783-97-08
- Торговый комплекс «Крокус-Сити», 65—66-й км МКАД, тел. 942-94-25

Регионы

- г. Архангельск, 103-й квартал, ул. Садовая, д. 18, тел. (8182) 65-44-26
- г. Белгород, пр. Б. Хмельницкого, д. 132а, тел. (0722) 31-48-39
- г. Калининград, пл. Калинина, д. 17-21, тел. (0112) 44-10-95
- г. Краснодар, ул. Красная, д. 29, тел. (8612) 62-55-48
- г. Курск, ул. Ленина, д. 11, тел. (0712) 22-39-70
- г. Н. Новгород, ул. Горького, д. 1/16, тел. (8312) 33-79-80
- г. Новороссийск, сквер имени Чайковского, тел. (8612) 68-81-27
- г. Оренбург, ул. Туркестанская, д. 23, тел. (3532) 41-18-05
- г. Ростов-на-Дону, пр. Космонавтов, д. 15, тел. (88632) 35-99-00
- г. Рыбинск, ул. Ломоносова, д. 1 / Волжская наб., д. 107, тел. (0855) 52-47-26
- г. Рязань, ул. Почтовая, д. 62, тел. (0912) 20-55-81
- г. Самара, пр. Кирова, д. 301, тел. (8462) 56-49-92
- г. Смоленск, ул. Гагарина, д. 4, тел. (0812) 65-53-58
- г. Тула, пр. Ленина, д. 18, тел. (0872) 36-29-22
- г. Череповец, Советский пр., д. 88а, тел. (8202) 53-61-22

Издательская группа АСТ

129085, Москва, Звездный бульвар, д. 21, 7-й этаж

Справки по телефону:
(095) 215-01-01, факс 215-51-10

E-mail: astpub@aha.ru   http://www.ast.ru

- *Одни считают, что в этой жизни все предопределено...*
- *Другие говорят, что никакие психологи не помогут, если вам действительно плохо...*
- *А кто-то думает, что наша «необычная психология» — это обман и шарлатанство...*
- *Мы слышали о себе, что внушаем людям ложные надежды...*

И каждый по-своему прав.
Они еще не познакомились с нами.
А тот, кто уже изменил свою жизнь,
рекомендует нас друзьям, родным
и самым дорогим людям.

Центр позитивной психологии
Александра Свияша
РАЗУМНЫЙ ПУТЬ

Мы для тех, кто хочет большего!

ДНИ ОТКРЫТЫХ ДВЕРЕЙ – ДВА РАЗА В МЕСЯЦ

Звоните: (095) 995-20-30, 350–30-90, www.sviyash.ru
Санкт-Петербург: (812) 373-71-51, 173-14-78
E-mail: sviyash@orc.ru
Наш адрес: 109387, Москва, ул. Ставропольская, 14
(вход со двора, 1-й этаж).

Проезд: М. «Волжская»: 1-й вагон из центра, трол. или маршр. такси 74 или автобус 658, 713. Остановка «Оптика». **М. «Кузьминки»:** 1-й вагон из центра, трол. 74, автобус 658, 713, маршр. такси 74, 658, 713. Остановка «Оптика». **М. «Текстильщики»:** посл. вагон из центра, маршр. такси 41 (до места), автобусы 54 (ост. «40 лет Октября»), 29, 30, 623, 633, 641, 650 до остановки «ул. Ставропольская». Далее пешком по Ставропольской.

• Индивидуальные консультации

В ситуации, и на первый, и на второй взгляд безвыходной, вам помогут профессионалы, подготовленные Александром Свияшем. Консультации по проблемам в бизнесе, семейной или личной жизни. Предварительная запись.

• Коучинг

Длительное сопровождение до достижения результата.

• Встречи Александра Свияша с читателями

Базовая программа Центра «Разумный путь»

Первый базовый тренинг

> «Как понять уроки Жизни
> и управлять собой».
> Причинная диагностика событий,
> чистка накопленного негатива

- *Основной тренинг по методике «Разумного пути»*
- *Выявление и устранение причин возникновения проблем в разных сферах жизни*
- *Работа с идеализациями (как жить без лишних переживаний)*

- Нейтрализация негативных программ сознания
- Управление собой без подавления эмоций
- Чистка накопленного негатива и освобождение ресурсов, заблокированных ранее

Второй базовый тренинг

> «Как формировать нужные события».
> Сила мысли работает на вас

- Тренинг для целеустремленных людей, которые хотят жить, достигать, любить
- Как мы формируем события своей жизни, сами того не замечая
- Внутренние ресурсы нашего сознания – наш помощник
- Почему мы до сих пор не имеем того, чего хотим
- Как мысль помогает достичь заветной цели
- Преодоление внутренних барьеров, ограничивающих вашу жизнь

Третий базовый тренинг

> «Как привлечь к себе деньги».
> Как направить денежный поток
> в свою сторону

- Цель этого тренинга – повысить ваш материальный достаток за счет изменения внутренних установок вашего сознания и подсознания
- Диагностика факторов, блокирующих приход денег
- Провокации и упражнения, выявляющие внутренние ограничители денежного потока
- Разбор жизненных ситуаций
- Работа с «обедняющими» нас идеализациями

«Технология достижения целей». От мечты – к результату

- *Эффективные технологии достижения целей, которые осознанно или подсознательно применяет подавляющее большинство успешных людей*
- *Сплав прикладной психологии и современных бизнес-технологий, преобразованных для достижения личных целей*
- *Участники тренинга проходят путь от выявления своих целей до составления четкого плана действий*

«Школа Разумного пути»

- *Это **12 занятий в течение 6 недель в удобное для вас время** (в будние дни)*
- *Вся методика «Разумного пути», индивидуальный подход к каждому*
- *Как стать привлекательным и успешным человеком*
- *Как освободиться от внутренних комплексов и зажимов, которые мешают достигать цели и радоваться жизни*
- *Как легко привлекать к себе удачу, а не гоняться за ней до изнеможения*
- *Как не создавать проблем самому себе*
- *Как любить – без страданий, работать – без конфликтов, жить – без болезней, воспитывать – без борьбы*

А также

- **Авторские тренинги Александра Свияша** *по повышению личной эффективности для менеджеров, руководителей, деловых людей*

- Ежегодные летние и зимние **выездные фестивали** *«Разумного пути»* с широкой программой тренингов
- Большая программа факультативных тренингов

Академия успеха «Разумный путь»
предлагает двухлетний курс обучения

«ТЕХНОЛОГИЯ ЛИЧНОГО УСПЕХА»

- Подробное изучение методики Разумного пути
- Диагностика и самоанализ причин возникновения сложных ситуаций в жизни
- Техники личной эффективности и их применение
- Защита от манипуляции
- Имидж
- Развитие способностей
- Занятия два раза в неделю
- Гарантированное достижение личных целей

Тел.: (095) 995-20-30, 350-30-90

Журнал позитивной психологии «Разумный мир»
Главный редактор – Александр Свияш

Вот уже четыре года наш журнал является другом, советчиком и поддержкой для тысяч людей по всей России.

Это периодическое издание, выпускаемое Центром Александра Свияша «Разумный путь». Он создан для тех, кто хочет улучшить свою жизнь в профессиональной, семейной (личной) жизни. С «Разумным миром» вы выйдете на новый уровень понимания себя, взаимодействия с людьми и обстоятельствами.

Рубрики:

- **Что нового?** Александр Свияш делится своей методикой (этого еще нет в книгах!).

- **Где искать истину?** Психологические и эзотерические, духовные и религиозные школы. Что там и страшно ли это?

- **Лабиринты души.** Все мы хотим быть любимыми и счастливыми в любви. Не так ли? Любовь и секс. Верность и измена. Прочтите эту рубрику, и вы ответите себе на многие вопросы.

- **Получилось!** Читатели пишут о «чудесах» или просто успехах, которые произошли в их жизни, и рассказывают, что они для этого сделали.

- **Советы знающих.** Профессионалы своего дела открывают секреты. Ими пользуются читатели нашего журнала.

- **Разговор с читателем.** Консультации Александра Свияша и его коллег. Ответы на ваши письма. Спрашивайте!

- **Мастерская успеха.** Люди, достигшие успеха, делятся полезными приемами, хитростями, правилами и даже уловками.

- **Шутки со стороны.** Вы узнаете, как смеются люди на Разумном пути! Ой, как смеются!

Мы выходим 6 раз в год.
Подписной индекс в Объединенном каталоге газет и журналов
(зеленого цвета) – **39047.**